Blue Book
ON THE DEVELOPMENT OF CHINA'S BANK CARD INDUSTRY

中国银行卡产业发展蓝皮书

中国银行业协会银行卡专业委员会

中国金融出版社

责任编辑：张怡姮
责任校对：张志文
责任印制：张也男

图书在版编目（CIP）数据

中国银行卡产业发展蓝皮书.2019／中国银行业协会银行卡专业委员会编著.—北京：中国金融出版社，2019.9
ISBN 978-7-5220-0227-9

Ⅰ.①中… Ⅱ.①中… Ⅲ.①银行卡—银行业务—研究报告—中国—2019 Ⅳ.①F832.24

中国版本图书馆CIP数据核字（2019）第167099号

中国银行卡产业发展蓝皮书（2019）
Zhongguo Yinhangka Chanye Fazhan Lanpishu（2019）
出版
发行 中国金融出版社
社址 北京市丰台区益泽路2号
市场开发部 （010）63266347，63805472，63439533（传真）
网上书店 http：//www.chinafph.com
（010）63286832，63365686（传真）
读者服务部 （010）66070833，62568380
邮编 100071
经销 新华书店
印刷 北京侨友印刷有限公司
尺寸 169毫米×239毫米
印张 18.75
字数 301千
版次 2019年9月第1版
印次 2019年9月第1次印刷
定价 80.00元
ISBN 978-7-5220-0227-9

《中国银行卡产业发展蓝皮书（2019）》编委会名单

PREFACE ONE 序 一

2009 年，在监管部门和各会员银行的大力支持下，中国银行业协会银行卡专业委员会成立，并发布了第一本《中国信用卡产业发展蓝皮书(2009)》。十年后的今天，第十本银行卡产业年度发展报告——《中国银行卡产业发展蓝皮书（2019)》(以下简称《蓝皮书》) 出版面世。

回首十年，银行卡专业委员会积极履行行业自律职责，扎实有效地开展各项工作，引领和助推行业稳健发展。作为社会各界了解银行卡产业发展的高端、专业服务窗口和重要平台，《蓝皮书》发轫于梳理中国信用卡产业发展历程，聚焦银行卡产业转型，透视支付结算创新潮流，展现银行卡营销模式升级，解析客户服务管理变革，总结银行卡欺诈趋势，引领全行业夯实风险防范堤坝，吸引社会各界为中国银行卡产业的规范健康发展建言献策。

“十年易春秋，风华正茂；十年载耕耘，硕果累累”。十年间，我国消费金融市场释放出巨大的发展潜力，银行卡产业在此大背景下，抓住机遇，坚持可持续发展，取得了丰硕的成果。

——十年来，银行卡累计发卡量持续增长，信用卡发卡量从 1.86 亿张增长到 9.7 亿张，交易总额从 3.5 万亿元增长到 38.2 万亿元，借记卡累计发卡量达 68.6 亿张，交易总额 751.4 万亿元，银行卡渗透率持续增长，成为扩大消费、拉动内需和服务民生的重要力量；

——十年来，银行卡受理市场迅速发展，境内受理商户从 156.65 万户增长到 2 733 万户，POS 终端机从 240.83 万台增加到 3 414.8 万台，ATM 终端从 21.49 万台增长到 111.1 万台；

——十年来，银行卡产业紧抓“一带一路”等政策新机遇，积极走出去，主动请进来，加快海外市场拓展，境外受理国家和地区总数从 83 个增至 171 个，受理商户总数从 55.7 万户增长到 2 637 万户，并不断丰富境内银行卡清算品牌；

——十年来，银行卡产业紧跟时代步伐，积极拥抱科技变革，持续强化基础设施建设，推进支付方式转型升级，不断提升银行卡使用的安全性与便利性；

——十年来，银行卡产业积极服务客户综合金融需求，增进民生福祉，助力商户发展，服务实体经济。方寸卡片已发展成为集信贷、理财、现金管理、商户收付款结算等功能于一体的综合化金融工具。

面向未来，在消费市场规范度不断提升、金融科技蓬勃发展、支付市场加大开放的大背景下，银行卡产业各方更应顺应行业发展潮流，积极迎接发展新机遇，多措并举，从以下几个方面加大力度，齐心协力开创银行卡产业下一个美好十年。

一要强化合规意识，坚守合规经营底线，加强行业自律。近年来，人民银行、银保监会等部门不断加大金融乱象治理、市场秩序规范整治力度，引导支付行业回归本源，特别是对各类支付主体、支付创新手段、备付金集中存管、断直连清理等方面的严格管控，正逐渐规范我国支付市场及金融行业的运行秩序。面对新形势，产业各方要时刻保持风险意识与合规意识，强化科学、合理的业务发展和经营策略，摒弃粗放式营销发卡，加强综合授信管理，加强交易用途真实性管理，依法依规开展催收工作，切实保障消费者权益，以优质的经营管理和自律合规能力为可持续发展夯实基础。

二要坚持风险管理文化理念，构建智能化风控体系，严控生产经营风险。当前，大数据、云计算、人工智能、区块链等前沿技术与金融深度融合，开辟了触达客户的新路径，有效突破地理和距离限制，提升银行卡业务服务客户的能力。产业各方要主动跟踪宏观经济形势，高度重视持卡人债务风险苗头，引入全流程风险思维，创新风险管理工具，覆盖客户获取、准入、经营、维护、退出的全生命周期，加强行业风险联防联控，助力打造全社会多层面、多层级的风控生态体系，共同构建银行卡产业健康发展生态圈。

三要聚焦普惠，服务民生，支持实体经济发展。古人云："万物得其本者生，百事得其道者成"，银行卡作为大众化的消费信贷载体，其业务本质确定了其唯有聚焦普惠，服务民生，方能有更为远大的发展前景。产业各方要继续加大普惠金融发展力度，加大服务民生，支持实体经济力度，以客户为中心，创造更优质的金融体验，服务更广泛的民生群体，持续完善消费金融业务体系，打造商户业务综合化金融服务方案，支持实体经济，服务小微企业，助力乡村振兴战略，实现银行卡业务的“普”与“惠”。

“雄关漫道真如铁，而今迈步从头越。”银行卡专业委员会将在梳理十年发展成果的基础上，始终秉承“自律、维权、协调、服务”工作宗旨，紧贴产业发展实际，及时响应社会热点诉求，携手成员单位加强行业自律，一如既往地汇聚内外共识，落实监管要求，引领成员单位共同迎战消费新时代，共同构建竞争有序的银行卡市场环境，携手驶向专业化、市场化、国际化、特色化、差异化转型发展之路。

中国银行业协会党委书记、专职副会长

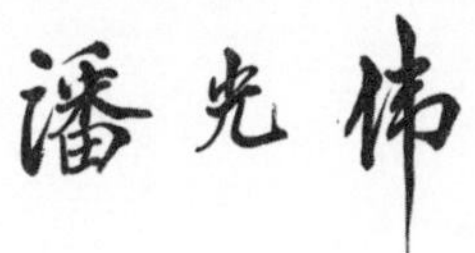

PREFACE TWO 序二

回顾2018年，随着供给侧结构性改革深入推进，我国产业结构优化升级提质增速，国内经济实现平稳增长。银行卡作为最重要的支付介质，在我国消费市场发展中继续发挥着巨大作用。一年来，银行卡产业在各领域不断创新，通过在技术创新、场景搭建、跨界合作等领域持续发力连通上下游产业各方，带动了相关产业的快速发展，也持续提升了对个人和商户的服务质量。

银行卡产业在过去一年里取得了令人瞩目的成绩。综合经济形势及产业发展阶段等因素来看，我国银行卡产业未来仍有较大的发展空间。从发卡市场状况来看，银行卡发卡量及规模保持稳步增长，截至2018年末，累计发卡量78.3亿张，其中信用卡发卡量快速增长，信用卡累计发卡量9.7亿张，同比增长22.8%；从交易状况来看，银行卡交易笔数显著增长，为2 103.6亿笔，同比增长40.8%，交易金额达789.6万亿元；从市场受理状况来看，境内外受理市场环境不断改善，境内和境外受理商户分别达2 733万户和2 637万户；从风险管理状况来看，我国银行业银行卡风险管控水平整体可控。

银行卡产业发展向高质量、精细化方向迈进。从产业规模来看，累计发卡和交易规模持续增长，市场规模不断扩大；从产业变革来看，随着产业市场主体多元化、结构复杂化、国际化步伐加快，银行卡产业转型正持续推进，主动深度融合场景，积极拥抱金融科技，不断加速创新升级；从产业政策来看，多项政策支持消费金融的发展，监管政策红利不断释放，市场发展日益规范。在快速变化的经济环境和时代背景下，银行卡产业将不断自我突破，在产品设计、支付结算、市场营销、客户服务、风险管理与法律规制等方面朝着多元化、个性化、智能化等方向不断发展，为经济发展贡献力量。

银行卡产业助力消费增长，促进服务发展，推进“普惠金融”。多年来，银行卡产业经历了从无到有、从小到大、从起步到完善等一系列变化，在我国消费市场中发挥了巨大作用，其对于消费的支持和拉动作用也趋向于更加强力、更加主动和更加全面。另外，产业通过服务于消费的两端——个人消费者与商家，积累了大量的技术、资源和经验，对个人和商户的服务质量不断提升。同时，银行卡产业不忘自身使命，在产业自身不断发展的同时，加大推动“普惠金融”建设力度，致力于为更大范围、各个阶层的群体提供高质量、更有效率的金融服务，不断提升普惠金融服务水平。

协会已连续十年发布《蓝皮书》，系列丛书记录了银行卡产业的创新发展之路。2018 年是中国银行卡产业转型发展的重要一年，本书详细分析了 2018 年银行卡产业的市场环境、运营状况、创新发展以及规范运营情况，深度阐述了银行卡产业对消费的服务和促进，展望了未来产业发展的潜在机遇。希望本书能够帮助社会各界加深对银行卡产业的认知，助力银行卡产业的健康持续发展，为推动我国社会经济增长贡献力量！

中国银行业协会第四届银行卡专业委员会主任
中国光大银行副行长

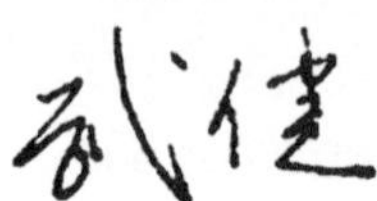

FOREWORD 前言

2018 年是改革开放 40 周年，是贯彻党的十九大精神的开局之年，是决胜全面建成小康社会、实施“十三五”规划承上启下的关键一年。2018 年中国经济增速进入换挡期，消费对经济起到了稳定器的作用，国家大力支持消费的战略逐步落地。在此背景下，银行卡产业蓬勃发展，业务规模持续扩大，精细运营不断加深、生态构建继续完善，差异化、年轻化、科技化战略成为行业共识。

2018 年，我国银行卡产业整体保持了平稳健康的发展态势，客户规模和交易规模持续增长，风险平稳整体可控。一是银行卡累计发卡量快速增长，信用卡发卡量增速高于总体增速。截至 2018 年末，银行卡累计发卡量 78.3 亿张，同比增长 11.4%。其中，借记卡累计发卡量 68.6 亿张，信用卡累计发卡量 9.7 亿张，同比增长分别为 9.9% 和 22.8%。借记卡活卡率为 66.8%，连续两年上涨；信用卡活卡率为 73.2%，在 2017 年基础上继续上升。二是银行卡交易规模持续较快增长，交易笔数较上年大幅增加。2018 年，银行卡交易金额 789.6 万亿元，同比增长 7.5%。全国共发生银行卡交易 2 103.6 亿笔，同比增长 40.8%。银行卡交易总额占全国社会消费品零售总额的比重为 49.0%，较 2017 年提高 0.3 个百分点。三是境内受理市场环境持续改善，境外银行卡受理环境进一步优化。截至 2018 年末，我国境内受理商户累计 2 733.0 万户，同比增长 5.4%，POS 机累计 3 414.8 万台，同比增长 9.5%；境外受理银联卡的国家和地区总数增至 171 个，境外受理商户总数达到 2 637 万户，同比增长 12.8%。四是风险防控工作有效开展，欺诈风险整体平稳可控。截至 2018 年末，信用卡延滞率为 0.7%，较上年同期上升 0.24 个百分点，以年率计的当前损失率为 1.3%，较上年上升 0.10 个百分点，银行卡欺诈率为 1.16BP，较上年下降 0.20BP。

在保持业务良好发展的同时，我国银行卡产业持续转型升级，在洞悉市场需求和把握市场热点的基础上，推进产品、支付、营销与服务等方面一系列的创新和优化。一是深化跨界合作，推进产品向精准化方向发展。加强卡产品与重点生活和消费场景融合，推进与大数据、科技企业互补互利，以科技引领创新，以文娱IP激活年轻客群。二是支付监管体系完善升级，支付场景不断深化。支付领域开放的相关法规政策已基本确立，“断直连”等市场规范举措落地实施。银行卡产业以政策为指导，为更多民生领域搭建更安全便捷的支付环境，进一步深化支付场景。三是打造立体化营销网络，促进传统营销向多元、双向互动营销发展。银行卡产业将互联网思维深度融入营销中，丰富渠道布局，借助创意营销强化营销效果。四是移动互联渠道升级，金融移动服务向智能化、场景化、个性化、综合化的目标迈进。移动端金融服务功能日趋完善，受众不断扩大，利用科技创新实现精准触达和风险智能防控，持续打造差异化场景和个性化服务，提升用户体验。五是跨境业务持续向好，金融科技赋能业务创新。银行业结合时代热点，搭建多元化跨境场景，以线上化、平台化服务优化用卡体验，持续打造品牌化营销方案，通过业务创新进一步挖掘境外市场发展潜能。

银行卡产业基础设施持续强化，服务覆盖范围日益扩大，利用科技引领产品、服务和营销等方面开展一系列创新转型活动，在不断提升业务规模和质量的同时，为消费者带来便利和快捷的客户体验，并联结银行、消费者、商户以及卡组织等多个主体形成产业“全链条”，对于消费的支持和拉动作用趋向于更加强力、更加主动和更加全面。在服务客户方面，银行卡产业搭建特色场景，变革服务方式，持续拓展互联网金融生态圈，不断增强提供特色金融服务的能力，提升服务质量。在服务商户方面，银行卡产业深入贯彻落实人民银行移动支付便民工程工作要求，并且开展商户联合营销活动，提升商户活跃性。未来，银行卡产业将不断自我突破，通过在场景搭建、技术创新、跨界合作等领域持续发力，连通上下游产业各方，为用户提供便捷的一体化综合金融服务。

银行卡产业能够有效拉动消费增长、促进消费升级，离不开监管部门和行业自律组织的支持。监管机构持续出台一系列有关风险防范、银行卡交易及支付相关的监管措施，旨在为银行卡产业发展创造更规范、更利于公平竞争的市场环境。中国银行业协会银行卡专业委员会及中国支付清算协会银行卡基支付工作委员会，围绕搭建银行业间交流平台、持卡人安全用卡教育、行业风险联防联控、优化产业发展环境等方面开展工作，有力推动了我国银行卡产业的稳定健康发展。在监管部门和自律组织指导与支持下，银行卡产业各方加强协同配合，通过加强制度建设、强化联动机制、推进智能化风控体系建设等方式不断提升风险防控能力，维护支付产业的良性健康发展。

银行卡产业各方始终保持为人民服务的初心，为经济与社会发展贡献自己的力量。银行卡产业作为零售金融服务的重要组成部分，积极响应国家完善促进消费体制机制、深化金融体制改革、增强金融服务实体经济能力、适应消费新业态新模式、扩展普惠金融服务的相关指示精神，从拉动消费增长、助力健全征信体系建设、引领金融科技创新和支持实体经济发展等方面践行社会责任，为经济与社会发展贡献力量。此外，银行卡产业积极推进消费者权益保护，广泛开展金融知识宣教，同时利用各种方式深入参与社会公益，承担社会责任。

《中国银行卡产业发展蓝皮书（2019）》是中国银行业协会银行卡专业委员会第十年向社会发布的产业性发展报告。与往年相比，本年度蓝皮书加大了中国银行卡产业对于消费促进和服务的阐述。中国银行卡产业经历了从无到有、从小到大、从起步到完善等一系列变化，其对于消费的支持和拉动作用也趋向于更加强力、更加主动和更加全面。回望过去，银行卡在消费大发展时代凭借其便利性和安全性有效地提升消费交易效率，凭借其信贷功能强力助力消费升级。放眼未来，银行卡产业顺应经济发展的新常态，将继续依托金融场景、消费场景进行产品和服务升级，支持实体经济发展，助力千家万户消费升级。本书既是2018年银行卡产业历史发展的记录，也是银行卡产业从业人士努力不倦的见证，更是以前瞻视角探讨未来银行卡产业业务发展的过程。“雄关漫道真如铁，而今迈步从头越。”新时代下，银行卡产业人必将以积极的态度发展普惠金融，提升产品和服务的覆盖率、可得性、满意度，以支持实体经济发展。

本书在编写过程中得到了中国人民银行、中国银行保险监督管理委员会、中国银行业协会、中国银联及银行卡专业委员会全体成员单位的大力支持，在此表示由衷的感谢。受时间和编写人员能力所限，本书仍有诸多改善的空间，诚盼有识之士不吝指正。

《中国银行卡产业发展蓝皮书（2019）》课题组

CONTENTS 目 录

2018 年，我国银行卡产业整体保持了平稳健康的发展态势，累计发卡和交易规模持续增长，其中信用卡增速较快；受理环境不断优化，境外受理国家和地区持续增加；受外部环境影响，信用风险略有上升，但产业各方强化协同，推进智能风控，整体风险平稳可控。

2018 年，银行卡产业转型持续推进，主动深度融合场景，积极拥抱金融科技，洞察年轻客群偏好，灵活把握市场热点，推进产品、支付、营销与渠道等方面一系列的创新和优化，有效提升了智能化综合服务能力，响应政策端进一步完善促进消费体制机制、激发居民消费潜力的号召，实现了银行卡产业创新发展。

业界聚焦

3

第三章 2018 年我国银行卡产业的规范运营

2018 年，面对较为复杂的内外部形势，人民银行、银保监会等监管部门持续强监管态势，出台了一系列风险防控、业务规范、交易及支付安全等监管措施；产业各方在银行业协会等自律组织的带领下，持续强化自身全面风险管理能力的同时，进一步强化行业协同，深入推进持卡人安全教育，多方共进，推进银行卡产业规范有序发展。

业界聚焦

4

第四章 2018 年我国银行卡产业的责任与贡献

丰富产品、创新营销和多元化渠道推广推进了银行卡产业的创新发展，也是银行卡产业始终抱持的为人民服务的初心。作为我国人民日常生活消费和收支结算最主要的工具，银行卡成为金融机构连接客户和消费者的重要纽带。各商业银行积极推进消费者权益保护工作，广泛开展金融知识宣教，利用积分等方式深入参与社会公益，服务消费、鼓励消费，为社会发展贡献力量。

业界聚焦

5 第五章 2018 年我国银行卡产业对消费的服务和促进 171

消费在经济发展中发挥着重要作用，2018 年我国最终消费支出对国内生产总值的增长贡献率达到 76.2%，较上年增长 18.6%，消费在拉动经济增长和推动经济结构转型中的作用越来越突出。银行卡作为一种电子货币，具有支付、转账结算以及消费信贷的功能，其便利性和快捷性为消费者带来完全不同于现金支付的消费体验，同时也促使消费者的消费决策更加迅速和消费行为更加活跃。

业界聚焦

6

第六章 我国银行卡产业的前方之路 205

伴随着改革开放和经济发展的进程，我国银行卡产业攻坚克难、抓住机遇取得了一系列辉煌的成就，对民生的服务进一步加强，对经济效率的提升发挥了关键性的作用。进入新时代，面对互联网、大数据、云计算、人工智能、区块链等科技的迅猛发展和在金融领域的广泛应用，面对金融开放进程的进一步加快，银行卡产业将迎来新的发展机遇，同时也面临巨大挑战。展望未来，银行卡产业如何在转型中充分运用科技赋能，开创产业新篇章，本章将呈现来自行业内不同的声音。

附　件 251

1

第一章

2018年中国银行卡产业发展状况

2018 年，我国银行卡产业整体保持了平稳健康的发展态势，累计发卡和交易规模持续增长，其中信用卡增速较快；受理环境不断优化，境外受理国家和地区持续增加；受外部环境影响，信用风险略有上升，但产业各方强化协同，推进智能风控，整体风险平稳可控。

第一节　发卡市场状况

2018 年，银行卡累计发卡量快速增长，信用卡发卡量增速高于总体增速，银行卡活卡率和人均持卡量进一步提升。国有大型商业银行在借记卡和信用卡发卡市场保持超过五成的市场份额，国有大型商业银行在信用卡发卡市场的占比进一步提高。

一、发卡量

截至 2018 年末，银行卡累计发卡量 78.3 亿张，当年新增发卡量 8.0 亿张，同比增长 11.4%（见图 1－1）。

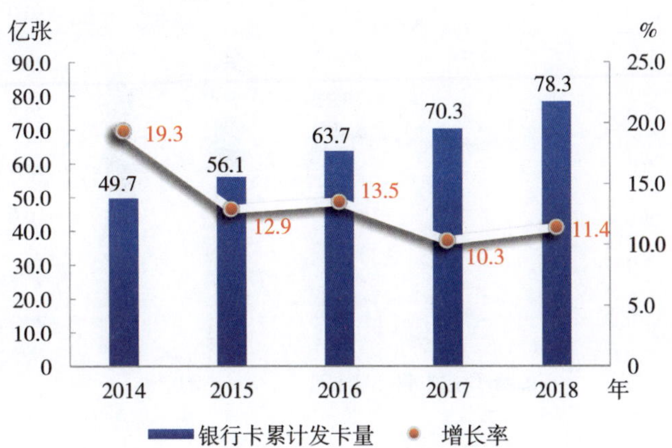

资料来源：中国银行保险监督管理委员会。

图 1－1　2014—2018 年银行卡累计发卡量及增长率

截至2018年末，借记卡累计发卡量68.6亿张，当年新增发卡量6.2亿张，同比增长9.9%（见图1－2）。

资料来源：中国银行保险监督管理委员会。

图1－2　2014—2018年借记卡累计发卡量及增长率

截至2018年末，信用卡[①]累计发卡量9.7亿张，当年新增发卡量1.8亿张，同比增长22.8%（见图1－3）。

资料来源：中国银行保险监督管理委员会。

图1－3　2014—2018年信用卡累计发卡量及增长率

① 包括贷记卡和准贷记卡。

二、活卡量[①]

截至 2018 年末，银行卡累计活卡量 52.9 亿张，其中当年新增 5.8 亿张，同比增长 12.3%（见图 1－4）。

资料来源：中国银行保险监督管理委员会。

图 1－4　2014—2018 年银行卡累计活卡量及增长率

截至 2018 年末，借记卡累计活卡量 45.8 亿张，其中当年新增 4.5 亿张，同比增长 10.9%（见图 1－5）。

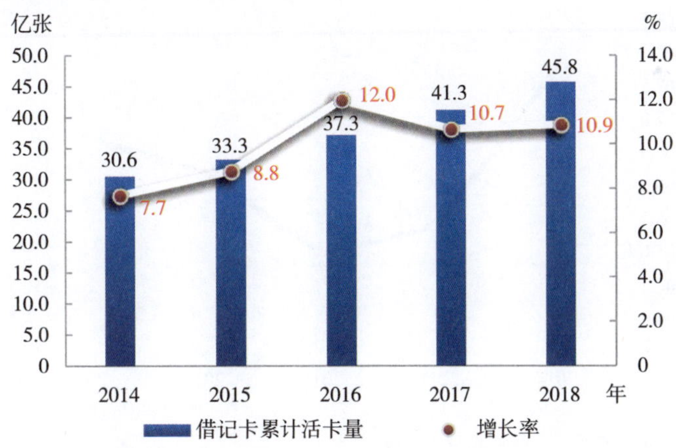

资料来源：中国银行保险监督管理委员会。

图 1－5　2014—2018 年借记卡累计活卡量及增长率

① 活卡是指近 6 个月内发生主动金融交易（包括消费、存取现和转账交易）的信用卡。活卡率 =6 个月内使用的卡量/总卡量 ×100%，卡量来源均为中国银行保险监督管理委员会。

截至2018年末，信用卡累计活卡量7.1亿张，其中当年新增1.3亿张，同比增长22.4%（见图1-6）。

资料来源：中国银行保险监督管理委员会。

图1-6　2014—2018年信用卡累计活卡量及增长率

三、活卡率

2018年，借记卡活卡率①为66.8%，较上年增加0.6个百分点。

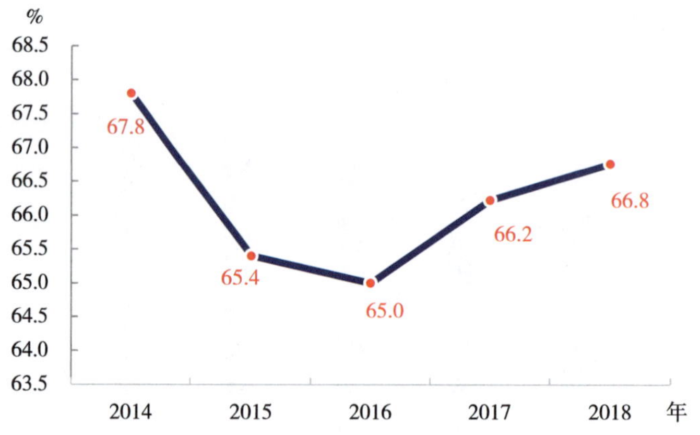

资料来源：中国银行保险监督管理委员会。

图1-7　2014—2018年借记卡活卡率

① 活卡量=发卡量-睡眠卡，活卡率=活卡量/发卡量×100%。

2018 年，信用卡活卡率为 73.2%，较上年增加 0.1 个百分点，连续 4 年上升（见图 1－8）。

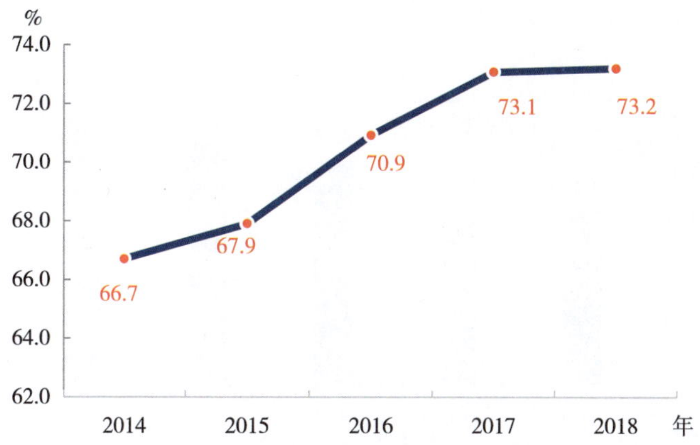

资料来源：中国银行保险监督管理委员会。

图 1－8 2014—2018 年信用卡活卡率

四、人均持卡量

2018 年末，按全国人口计算，银行卡人均持卡量[①]为 5.61 张，较上年增加 0.55 张（见图 1－9）。

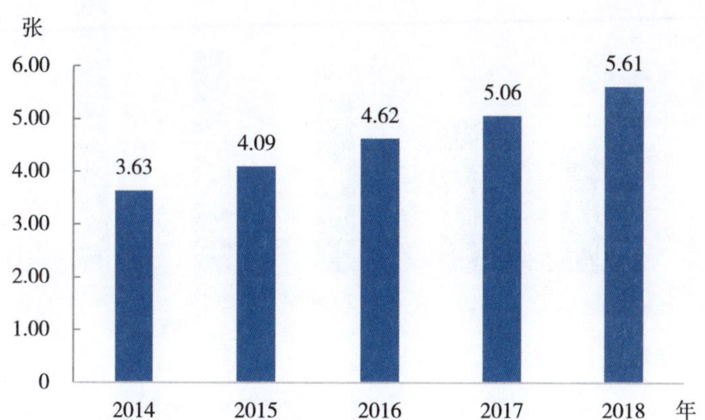

资料来源：中国银行保险监督管理委员会。

图 1－9 2014—2018 年银行卡人均持卡量

① 人均持卡量＝总卡量/当年国民经济和社会发展统计公报的总人口数。

2018 年末，按全国人口计算，借记卡人均持卡量为 4.92 张，较上年增加 0.43 张（见图 1－10）。

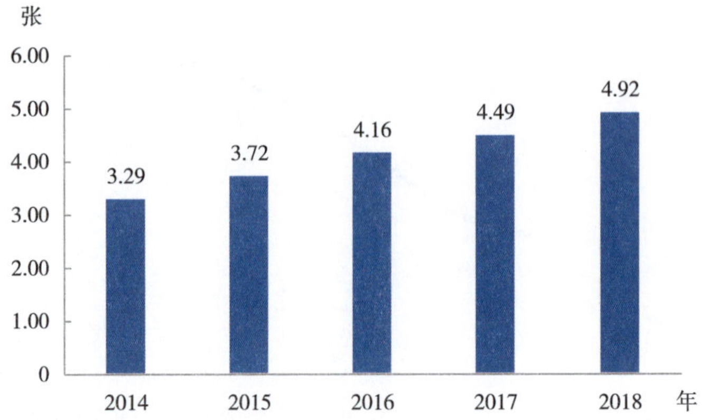

资料来源：中国银行保险监督管理委员会。

图 1－10　2014—2018 年借记卡人均持卡量

2018 年末，按全国人口计算，信用卡人均持卡量为 0.70 张，较上年增加 0.13 张（见图 1－11）。

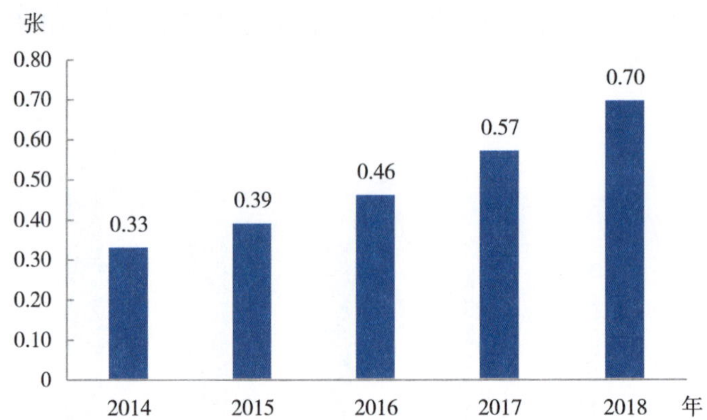

资料来源：中国银行保险监督管理委员会。

图 1－11　2014—2018 年信用卡人均持卡量

五、各主要发卡行发卡量

截至 2018 年末，工商银行、农业银行、中国银行、建设银行、交通银行、邮储银行六家国有大型商业银行共累计发行银行卡 50.2 亿张，招商银行等全国股份制商业银行累计发行银行卡 10.3 亿张，其他地方性商业银行和外资银行累计发行银行卡 17.7 亿张。三类发卡机构银行卡发卡量如图 1－12 所示。

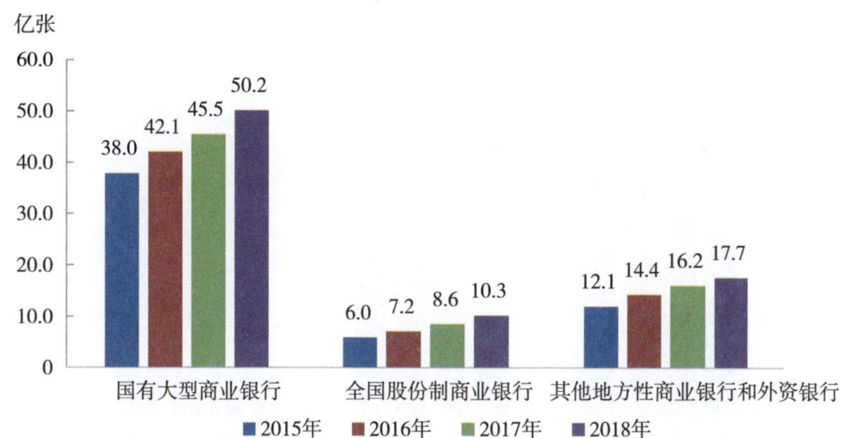

资料来源：中国银行保险监督管理委员会。

图 1－12　2015—2018 年三类发卡机构银行卡发卡量

截至 2018 年末，工商银行、农业银行、中国银行、建设银行、交通银行、邮储银行六家国有大型商业银行共累计发行借记卡 45.1 亿张，招商银行等全国股份制商业银行累计发行借记卡 6.2 亿张，其他地方性商业银行和外资银行累计发行借记卡 17.3 亿张。三类发卡机构借记卡发卡量如图 1－13 所示。

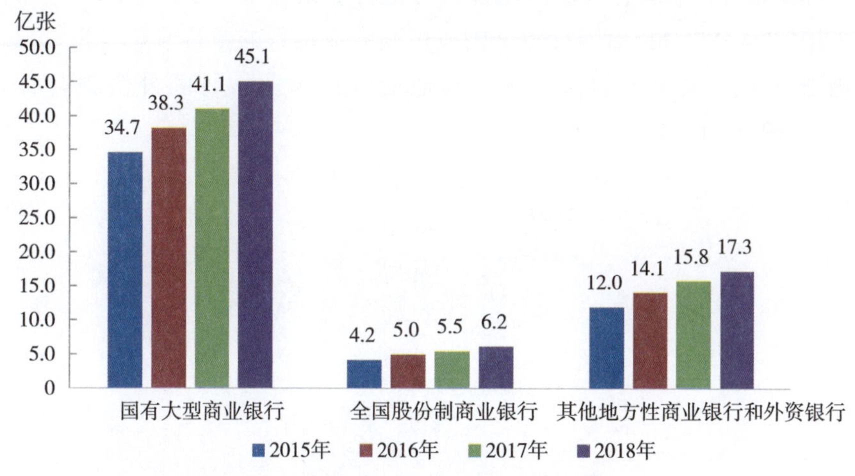

资料来源：中国银行保险监督管理委员会。

图 1－13　2015—2018 年三类发卡机构借记卡发卡量

截至 2018 年末，工商银行、农业银行、中国银行、建设银行、交通银行、邮储银行六家国有大型商业银行共累计发行信用卡 5.1 亿张，招商银行等全国股份制商业银行累计发行信用卡4.1亿张，其他地方性商业银行和外资银行累计发行信用卡0.4亿张。三类发卡机构信用卡发卡量如图1－14所示。

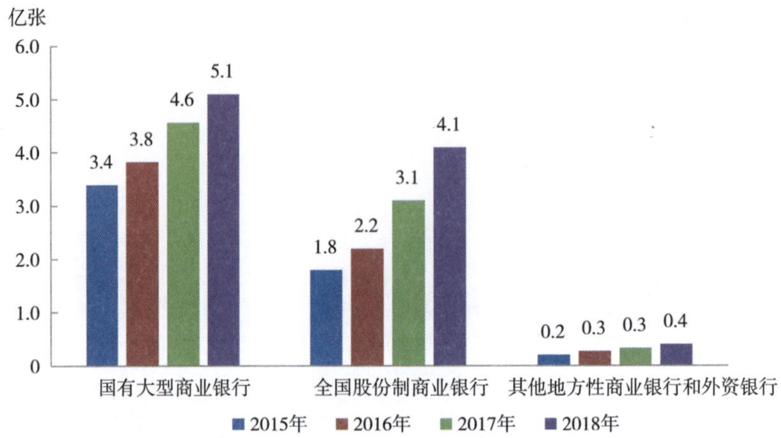

资料来源：中国银行保险监督管理委员会。

图1－14　2015—2018年三类发卡机构信用卡发卡量

六、各主要发卡行市场份额

截至2018年末，工商银行、农业银行、中国银行、建设银行、交通银行、邮储银行六家国有大型商业银行的银行卡累计发卡量占全国银行卡总发卡量的64.2%，招商银行等全国股份制商业银行的银行卡累计发卡量占全国银行卡总发卡量的13.2%，其他地方性商业银行和外资银行约占22.6%（见图1－15）。

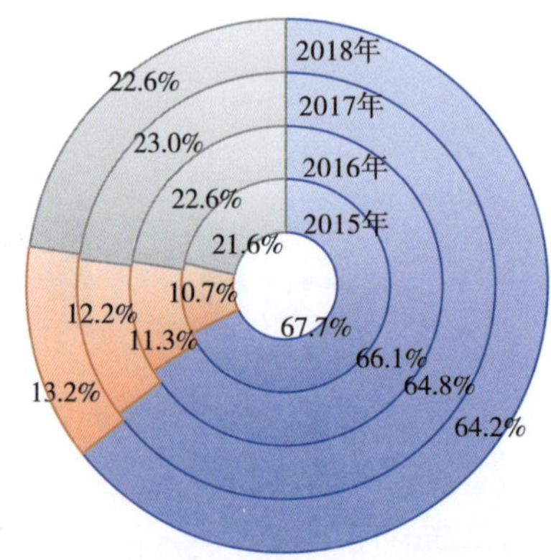

资料来源：中国银行保险监督管理委员会。

图1－15　2015—2018年三类机构银行卡发卡量所占份额

截至2018年末，工商银行、农业银行、中国银行、建设银行、交通银行、邮储银行六家国有大型商业银行的借记卡累计发卡量占全国银行卡总发卡量的65.7%，招商银行等全国股份制商业银行的借记卡累计发卡量占全国银行卡总发卡量的9.0%，其他地方性商业银行和外资银行约占25.2%（见图1－16）。

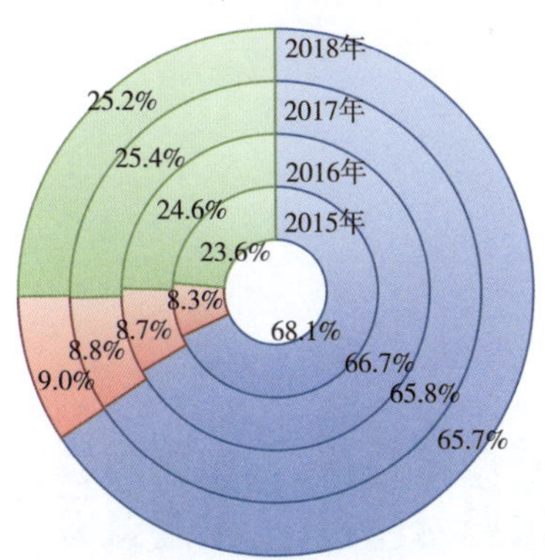

资料来源：中国银行保险监督管理委员会。

图1－16　2015—2018年三类机构借记卡发卡量所占份额

截至2018年末，工商银行、农业银行、中国银行、建设银行、交通银行、邮储银行六家国有大型商业银行的信用卡累计发卡量占全国银行卡总发卡量的53.1%，招商银行等全国股份制商业银行的信用卡累计发卡量占全国银行卡总发卡量的42.7%，其他地方性商业银行和外资银行占4.2%（见图1－17）。

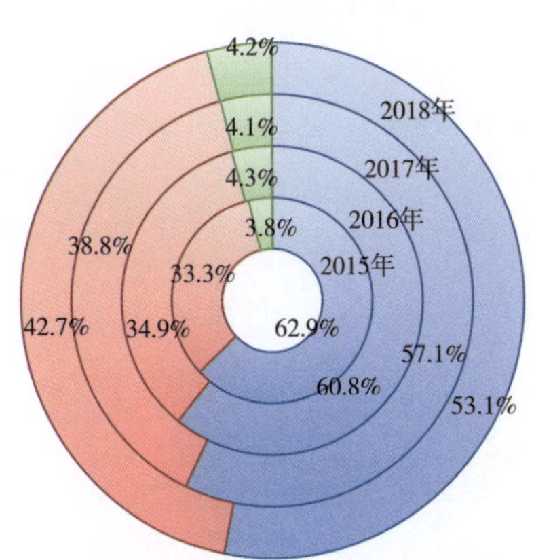

资料来源：中国银行保险监督管理委员会。

图1－17　2015—2018年三类机构信用卡发卡量所占份额

七、国际主要发卡组织发卡量

截至2018年末，银联卡累计发行79.2亿张，同比增长13.3%；Visa卡累计发行33.5亿张，同比增长4.4%；万事达累计发行25.2亿张，同比增长1.6%；美国运通累计发卡1.1亿张，与上年持平（见图1－18）。

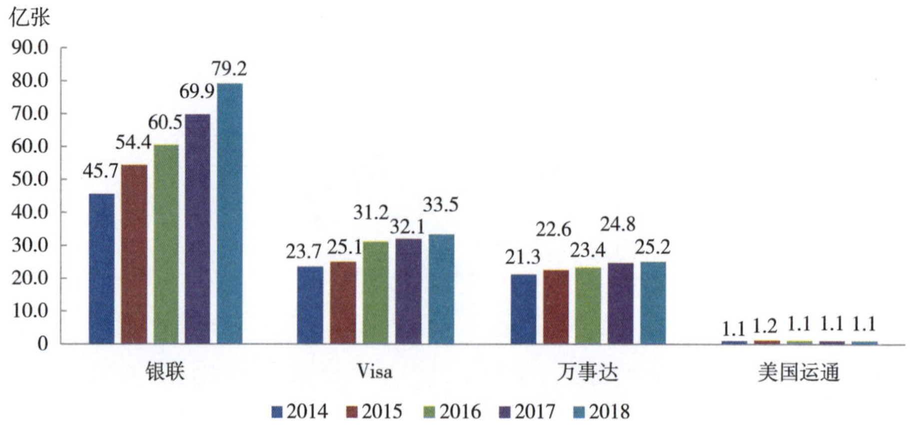

资料来源：中国银联、Visa/万事达/美国运通四季度财报、The Nilson Report。

图1－18　2014—2018年国际主要发卡组织发卡量

第二节　交易状况

2018 年，我国银行卡交易规模持续较快增长，银行卡交易笔数较上年大幅增加，信用卡交易金额总量加快增长，银行卡渗透率进一步提高。

一、交易笔数①

2018 年，全国共发生银行卡交易 2 103.6 亿笔，同比增长 40.8%（见图 1－19）。

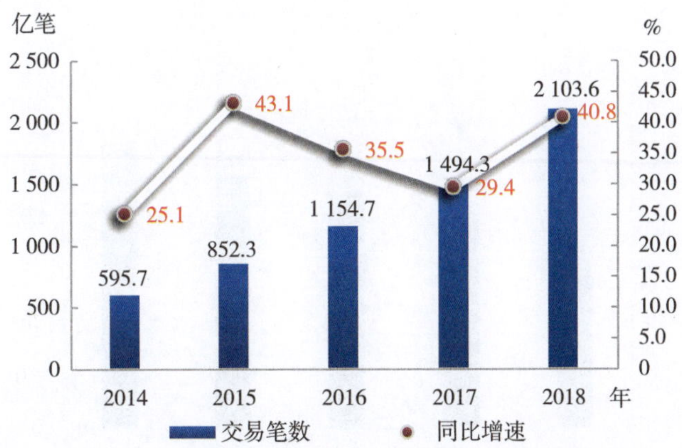

资料来源：中国人民银行 2014—2018 年《中国支付体系运行总体情况》。

图 1－19　2014—2018 年银行卡交易笔数及增长率

① 交易笔数包括消费、取现、还款和查询交易等。

2018 年，全国借记卡跨行交易笔数为 227.7 亿笔，同比增长 18.2%（见图 1－20）。

资料来源：中国银联。

图 1－20　2014—2018 年借记卡跨行交易笔数及增长率

2018 年，全国信用卡跨行交易笔数为 108.4 亿笔，同比增长 12.8%（见图 1－21）。

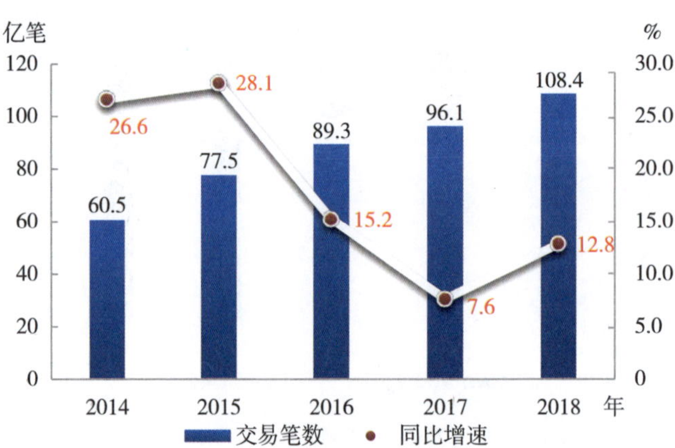

资料来源：中国银联。

图 1－21　2014—2018 年信用卡跨行交易笔数及增长率

二、交易金额[①]

2018 年，全国银行卡交易金额 789.6 万亿元，同比增长 7.5%（见图 1-22）。

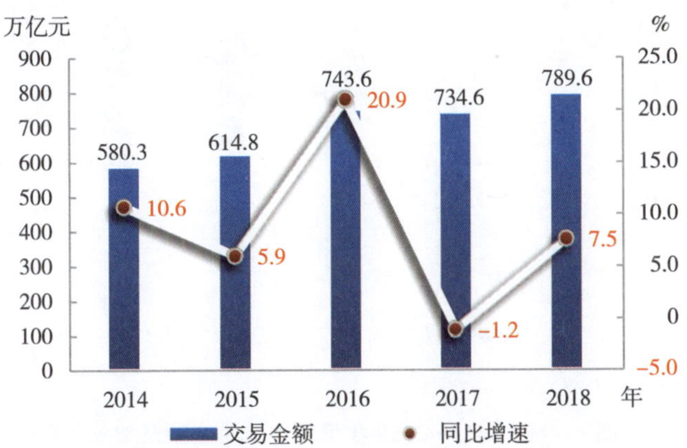

资料来源：中国银行保险监督管理委员会。

图 1-22 2014—2018 年银行卡交易金额及增长率

2018 年，全国借记卡交易金额 751.4 万亿元，同比增长 6.7%（见图 1-23）。

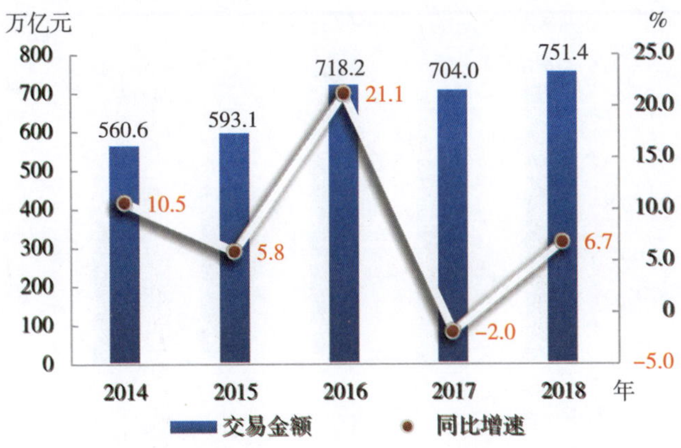

资料来源：中国银行保险监督管理委员会。

图 1-23 2014—2018 年借记卡交易金额及增长率

---

① 本处所指交易金额为本期消费、取现、转账和还款金额之和。

2018 年，全国信用卡交易金额为 38.2 万亿元，同比增长 24.9%（见图 1－24）。

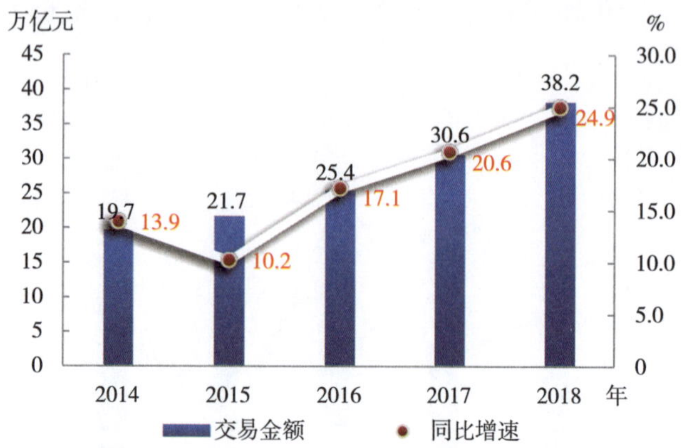

资料来源：中国银行保险监督管理委员会。

图 1－24　2014—2018 年信用卡交易金额及增长率

三、卡均交易额

2018 年，全国银行卡卡均交易额为 100 843 元，同比下降 3.5%（见图 1－25）。

资料来源：中国银行保险监督管理委员会。

图 1－25　2014—2018 年银行卡卡均交易金额及增长率

2018 年，全国借记卡卡均交易额[①]为 109 534 元，同比下降 2.9%（见图 1 - 26）。

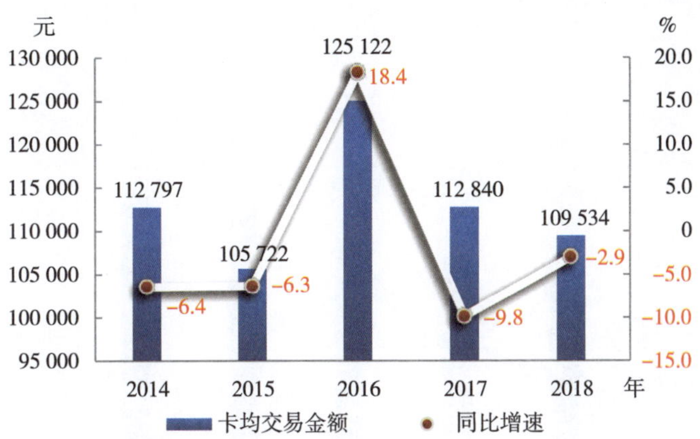

资料来源：中国银行保险监督管理委员会。

图 1 - 26　2014—2018 年借记卡卡均交易金额及增长率

2018 年，全国信用卡卡均交易额为 39 381 元，同比增长 2.0%（见图 1 - 27）。

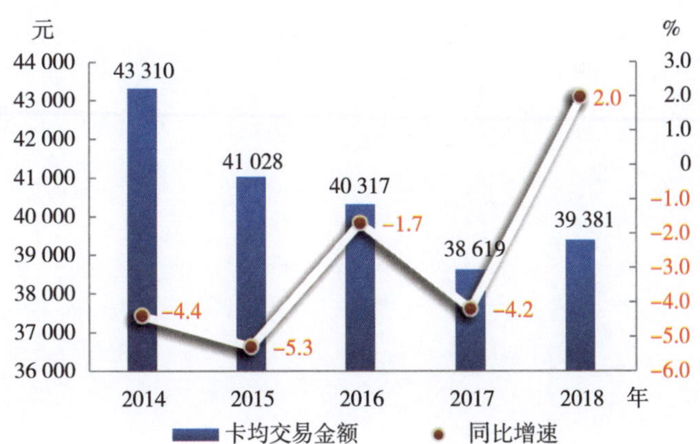

资料来源：中国银行保险监督管理委员会。

图 1 - 27　2014—2018 年信用卡卡均交易金额及增长率

① 卡均交易额 = 交易金额 ÷ 累计发卡量。交易金额、发卡量数据来源于中国银行保险监督管理委员会。

四、渗透率

2018年，我国银行卡渗透率①为49.0%，较2017年提高0.3个百分点（见图1－28）。

资料来源：国家统计局2014—2018年《国民经济和社会发展统计公报》，中国人民银行2014—2018年《中国支付体系运行总体情况》。

图1－28　2014—2018年银行卡渗透率

① 银行卡渗透率是指剔除房地产、大宗批发等交易类型后，银行卡消费金额占社会消费品零售总额的比例。

第三节　受理市场状况

2018 年，境内银行卡受理市场环境持续改善，商户数和 POS 机数量进一步增长，ATM 数量增速回升。同时，境外银行卡受理环境进一步优化，商户数和 ATM 数保持较快增长。

一、境内受理商户

截至 2018 年末，我国境内受理商户累计 2 733.0 万户，同比增长 5.4%，其中 2018 年新增 140.4 万户（见图 1－29）。

资料来源：中国人民银行 2014—2018 年《中国支付体系运行总体情况》。

图 1－29　2014—2018 年境内受理商户规模及增长率

二、境内受理 POS 机

截至 2018 年末，我国境内受理银行卡的 POS 机累计 3 414.8 万台，同比增长 9.5%，其中 2018 年新增 296.0 万台（见图 1－30）。

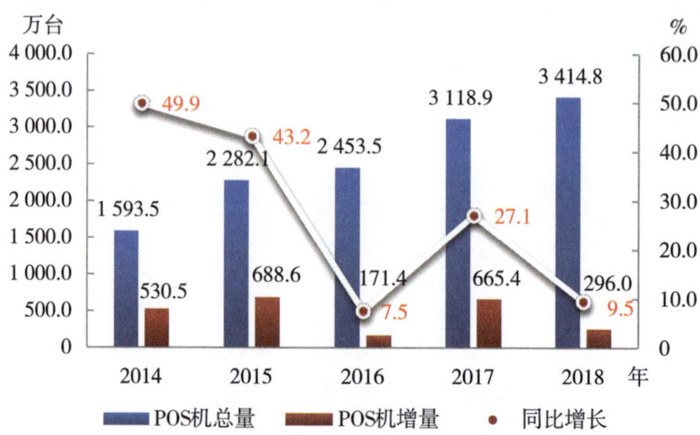

资料来源：中国人民银行2014—2018年《中国支付体系运行总体情况》。

图1-30　2014—2018年境内POS机规模及增长率①

三、境内受理ATM

截至2018年末，我国境内ATM累计111.1万台，同比增长15.6%，其中2018年新增15.0万台（见图1-31）。

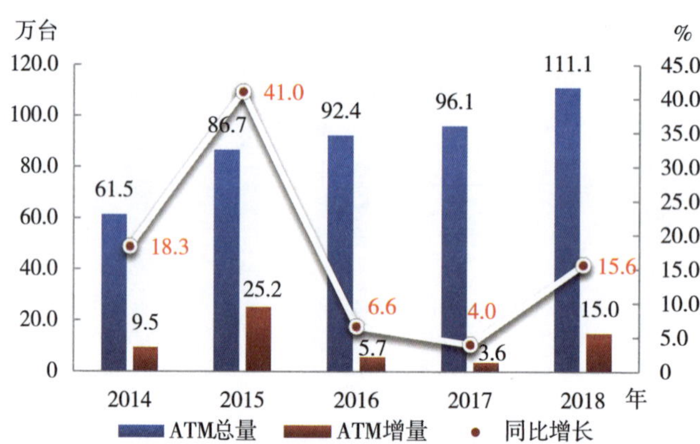

资料来源：中国人民银行2014—2018年《中国支付体系运行总体情况》②。

图1-31　2014—2018年ATM规模及增长率

---

① 2016年，POS机增量低于商户增量，主要源于国家对大型商户的整顿。

② 自2018年第一季度起，ATM数量统计口径调整，不仅统计银行业存款类金融机构布放的在用自助存款机、自助取款机、存取款一体机、自助缴费终端等传统自助设备，新增统计了自助服务终端、可视柜台（VTM）、智能柜台等新型终端设备。

四、境外受理国家与地区

截至 2018 年末，境外受理银联卡的国家和地区总数增至 171 个（见图 1－32）。

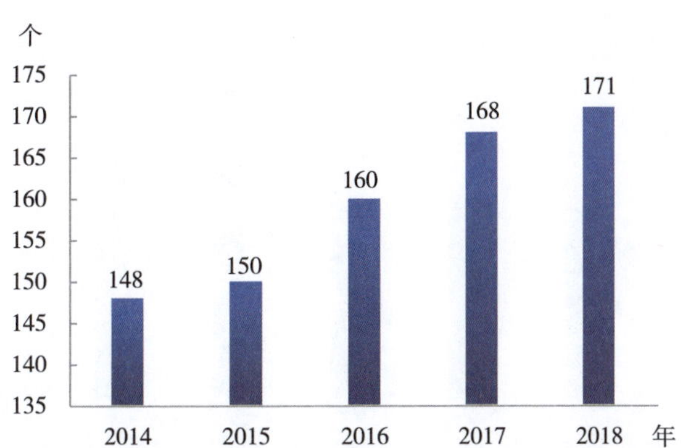

资料来源：中国银联。

图 1－32　2014—2018 年中国银联境外受理市场总数

五、境外受理商户

截至 2018 年末，银联境外受理商户总数达到 2 637 万户，同比增长 12.8%，其中 2018 年新增 278 万户（见图 1－33）。

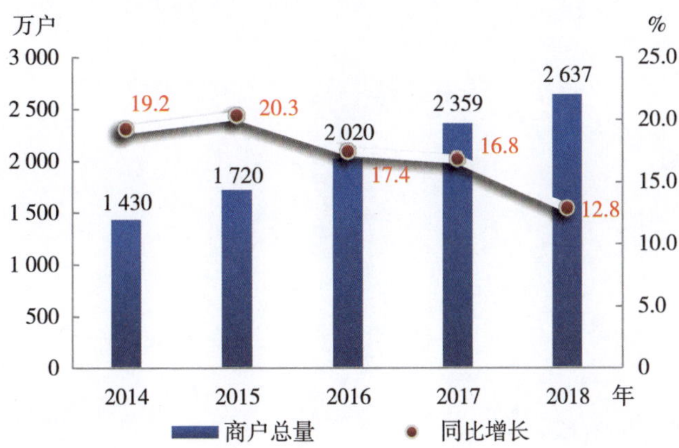

资料来源：中国银联。

图 1－33　2014—2018 年境外商户总量及增速

六、境外受理 ATM

截至 2018 年末，受理银联卡境外 ATM 共 175 万台，同比增长 6.7%。其中 2018 年新增 11 万台（见图 1－34）。

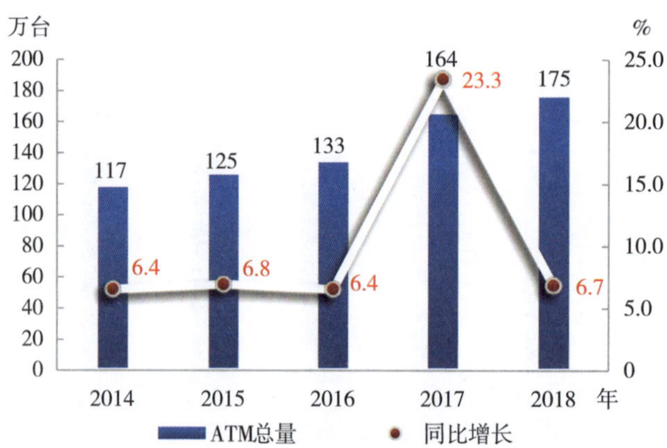

资料来源：中国银联。

图 1－34　2014—2018 年受理银联卡境外 ATM 总量及增速

第四节　风险管理状况

2018 年，银行卡产业各方有效开展风险防控工作，欺诈风险整体平稳可控，全年银行卡欺诈率持续处于全球及亚太低位。随着支付产品不断推陈出新，信用卡套现、银行卡账户信息泄露、营销套利等问题成为风险防控新热点，各类风险交织融合已成趋势，银行卡风险日趋复杂多样。2018 年，在监管部门指导与支持下，银行卡产业各方加强协同配合，通过加强制度建设、强化联动机制、推进智能化风控体系建设等方式不断提升风险防控能力，维护支付产业的良性健康发展。

一、信贷规模及信用风险

（一）未偿信贷余额①

截至 2018 年末，未偿信贷余额 6.85 万亿元，比上年增长 23.2%（见图 1－35）。

资料来源：中国人民银行 2014—2018 年《中国支付体系运行总体情况》。

图 1－35　2014—2018 年国内信用卡未偿信贷余额及比上年增长

① 未偿信贷余额：指报告期末各类型信用卡的透支余额。

（二）逾期半年未偿信贷总额①

2018 年逾期半年未偿信贷总额为 788.6 亿元，同比增长 18.9%（见图 1－36）。

资料来源：中国人民银行 2014—2018 年《中国支付体系运行总体情况》。

图 1－36　2014—2018 年逾期半年未偿信贷总额及比上年增长

（三）延滞账户透支余额②

截至 2018 年末，境内各发卡行的信用卡延滞账户余额同比增长 94.7%，增幅较上年有所提高（见图 1－37）。

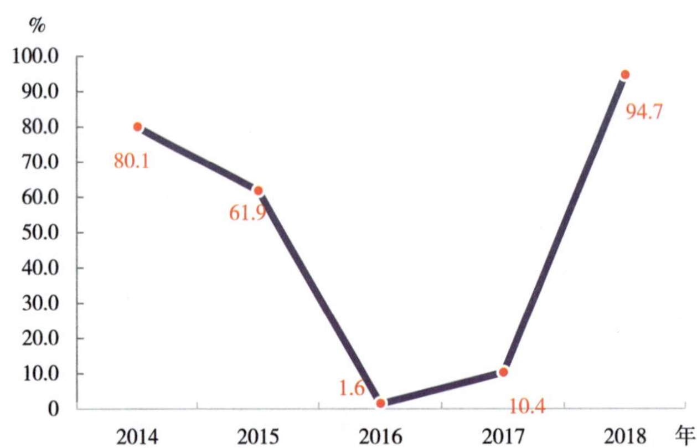

资料来源：中国银联。

图 1－37　2014—2018 年信用卡延滞账户透支余额增长情况

---

① 逾期半年未偿信贷总额：各类型信用卡的逾期（透支）超过 180 天以上和逾期虽未超过 180 天但已确定无法收回（如破产、失踪、死亡等）账户的累计透支余额。

② 延滞账户透支余额：报告期末各类型信用卡的逾期（透支）91～180 天账户的透支余额，此处信用卡仅指贷记卡，不含准贷记卡数据。

(四) 信用风险延滞率和当前损失率[①]

截至 2018 年末，信用卡延滞率[②]为 0.7%，较上年同期上升 0.24 个百分点，以年率计的当前损失率[③]为 1.3%，较上年同期上升 0.10 个百分点（见图 1－38）。

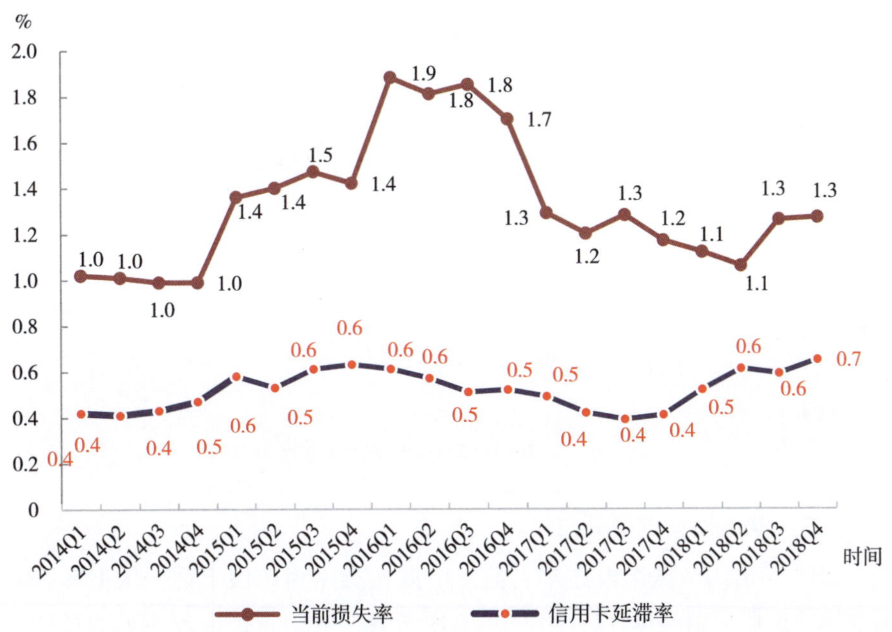

资料来源：中国银联。

图 1－38　2014—2018 年信用卡延滞率和当前损失率

二、欺诈风险

2018 年，银行卡总体欺诈率较上年进一步降低，虚假申请类欺诈超过伪卡成为贷记卡最主要的欺诈类型，借记卡欺诈类型仍然集中在电信诈骗和互联网欺诈方面。

---

① 此处信用卡仅指贷记卡，不含准贷记卡数据。

② 延滞率＝延滞账户的透支余额（应收账款余额）/M0 至 M6 账户透支余额（应收账款余额）×100%。

③ 当前损失率＝本季度末的当年新增损失金额/本季末（M0 至 M6，及当年新增 M6 以上）账户当年平均透支余额×100%。

（一）银行卡欺诈率[①]

2018 年，银行卡欺诈率为 1.16BP[②]，较上年下降 0.20BP（见图 1－39），连续两年下降。

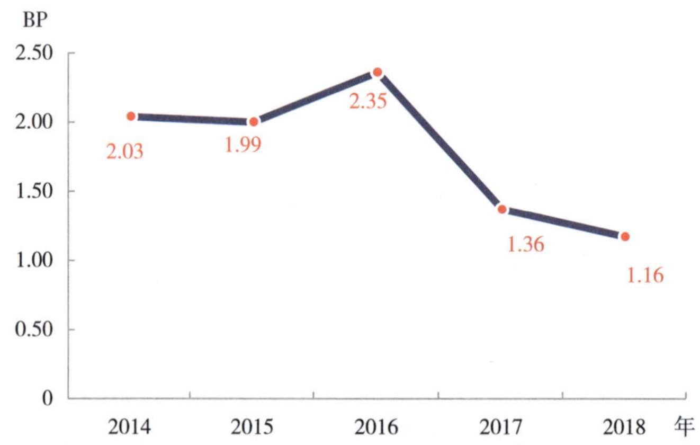

资料来源：中国银联。

图 1－39　2014—2018 年银行卡欺诈率

（二）欺诈损失类型分布

2018 年信用卡欺诈损失排名前三的欺诈类型为虚假申请、伪卡和互联网欺诈。虚假申请类欺诈较 2017 年有所上升，成为贷记卡最主要的欺诈类型。伪卡欺诈损失占比和互联网欺诈损失占比较 2017 年出现不同程度的下降。2018 年借记卡欺诈主要集中于电信诈骗、互联网欺诈和伪卡。

---

① 银行卡欺诈率：银行卡欺诈率＝10000×欺诈交易金额/跨行交易总金额，其中欺诈交易金额指各成员机构在报告期内报送给中国银联的所有卡种各欺诈类型的欺诈交易以及中国银联司法协查系统涉及的银行卡欺诈交易金额之和。

② 1BP 为万分之一。

业界聚焦

方寸银行卡 消费大经济

2018 年，银行卡支付市场从场景拓展、业务创新、系统升级等方面进行了不断探索，结合大数据、物联网、人工智能等先进技术，深入贴近人们日常支付场景，人们使用手中小小的银行卡，完成在衣食住行等生活场景下便捷的消费支付体验，自身的物质需求得到满足。

创新支付市场的技术革命以及日益增长的市场需求促使消费的增长势头强劲，目前国民消费已成为拉动经济增长的第一驱动力。综观 2018 年，国家统计局发布数据表明，最终消费支出对经济增长的贡献率为 76.2%，比上年提高 18.6 个百分点，消费对经济的拉动作用日益凸显，供给侧结构性改革为持续促进消费提供了政策保障，消费规模逐步扩大，消费结构不断改善，消费水平进一步提高。中国消费者越来越关注提升自身的生活品质，健康、休闲等领域消费支出投入明显增多，医疗卫生行业以及旅游行业涨势明显。同时，在国家政策积极引导与市场需求蓬勃发展的双重背景下，近年来国内教育市场规模与增长速度节节攀升。针对家庭消费支出，包含各类补习班、兴趣班以及学前亲子教育班等教育支出的涨幅尤为显著。

本文根据银联跨行交易数据，分析居民的消费支出，解读居民消费偏好及消费自由度的总体表现及分布的地域性差异。同时，教育、医疗及旅游作为家庭支出的三大新兴重要消费领域，也将浅析此三大行业的发展趋势。

一、消费偏好及消费自由度能力分析

在扩大内需及提升城镇化水平等经济发展策略的影响下，客群在消费理念上呈现出个性化和多样化的发展。为研究经济新常态下，消费的个性化需求，本章将对于国内消费者的消费偏好以及消费自由度的差异化进行重点分析。

（一）消费偏好的分析

通过对银联银行卡跨行交易数据中消费行为的分析，将消费者的消费偏好划分为爱车消费、家庭消费、购物消费、取现转账、休闲差旅、医疗卫生以及殷实家庭七个类型。类型的具体解释如下：

取现转账	购物消费	休闲差旅	爱车消费
✓储蓄相关交易 ✓仓储式超级市场及批发 ✓政府服务与公用事业	✓奢侈品及工艺品 ✓百货商店 ✓纺织及服装	✓航空运输及铁路客运 ✓餐饮 ✓休闲娱乐 ✓酒店住宿	✓汽车销售 ✓加油站 ✓汽车修理
医疗卫生	**殷实家庭**	**家庭消费**	
✓卫生 ✓医疗和医疗器械	✓房地产 ✓金融业 ✓教育	✓家用电器 ✓家具 ✓室内装修	

2018年12月的银行卡跨行交易数据分析显示，消费者更关注生活品质的提升，消费偏好主要集中在购物消费以及休闲差旅，分别占比总量的32%及32%，如图1所示，主要涉及百货购物、餐饮、休闲娱乐、酒店住宿等消费行业。

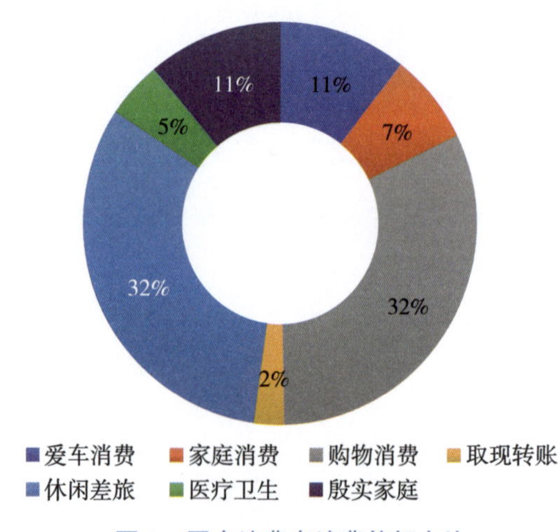

图1　国内消费者消费偏好占比

如图2所示，偏好休闲差旅及购物消费消费者的地域分布较为相似，两种客群均主要集中在华东、华南及华北地区。便捷的交通以及较高的人均消费水平直接带动了该地域消费者在交通出行、休闲娱乐、餐饮美食以及酒店住宿等行业的消费热度。据银行卡跨行交易数据统计，休闲差旅偏好的消费者，多集中于广东省、山东省、北京市、河南省以及浙江省，在总休闲差旅客群中占比分布为 14%、7%、6%、6% 及 6%。拥有购物消费偏好的消费者，消费多集中于百货商店、奢侈品等行业，该类客群多集中在广东省、山东省、河南省、江苏省及浙江省，分别占比 12%、7%、7%、6% 及 5%。

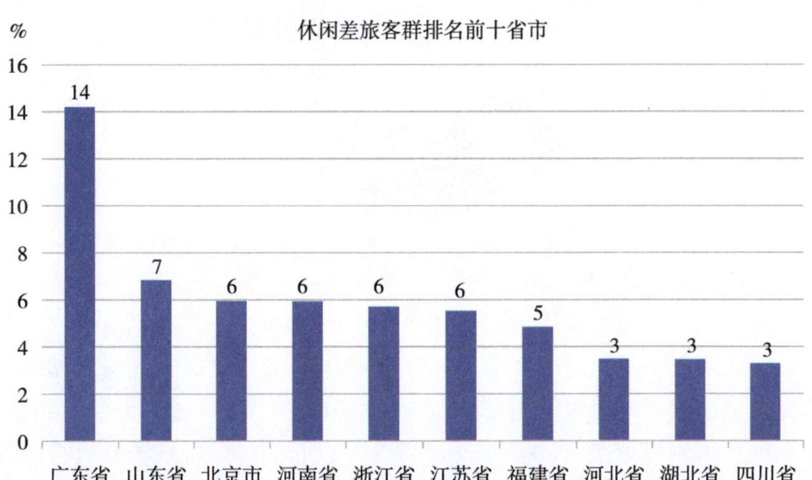

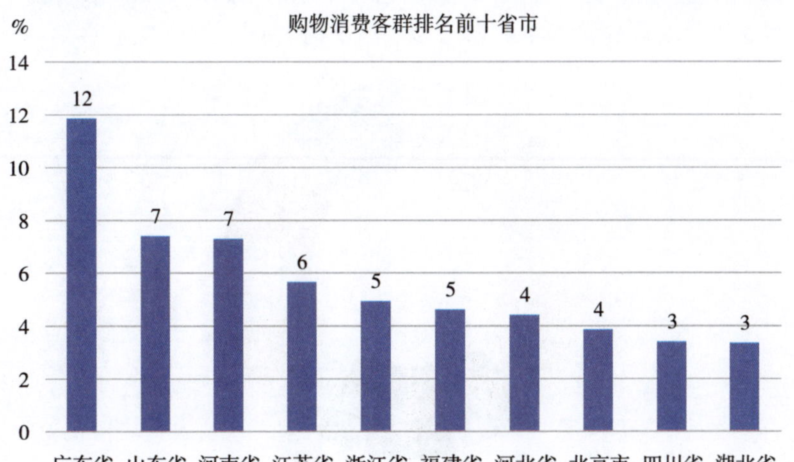

图 2　休闲差旅偏好客群及购物消费偏好客群常驻省市排名前十

如图 3 所示，从地域分布来看，消费偏好为殷实家庭的消费者多聚集在广东省、山东省、北京市、四川省、江苏省及浙江省，各省殷实家居偏好客群分别占总量的 17%、9%、8%、5%、5% 及 5%。这类消费者的消费特征集中在房地产、金融投资、教育等行业的大额消费。同时，北京市成为殷实家庭偏好客群占比最高的省市，占北京市总量的 15%，排名第二及第三的省市依次为四川省和广东省，分别占比 14% 和 12%。

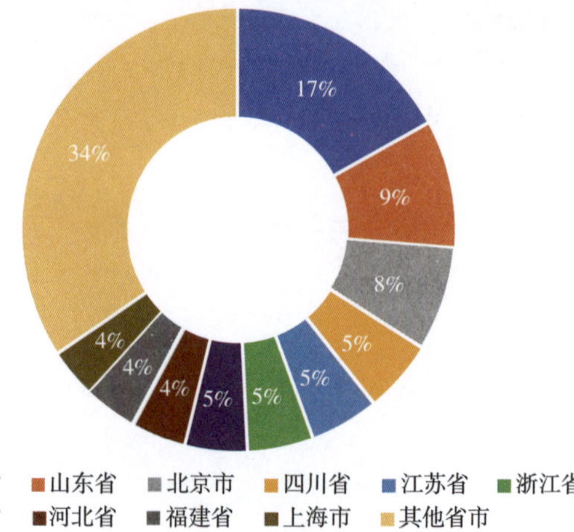

图3　殷实家庭消费偏好客群分布

如图4所示，广东省、山东省、河南省、福建省及河北省爱车偏好客群数量较高，分别占总爱车偏好客群的12%、11%、8%、6%及5%。同时分析各省份爱车偏好消费者占各省总人数的比例，东北三省作为国内汽车制造产业链的重要分布区域，爱车偏好消费者占比最高，吉林省、辽宁省及黑龙江省的爱车偏好客群分别占比各省总量的15%、14%及12%。

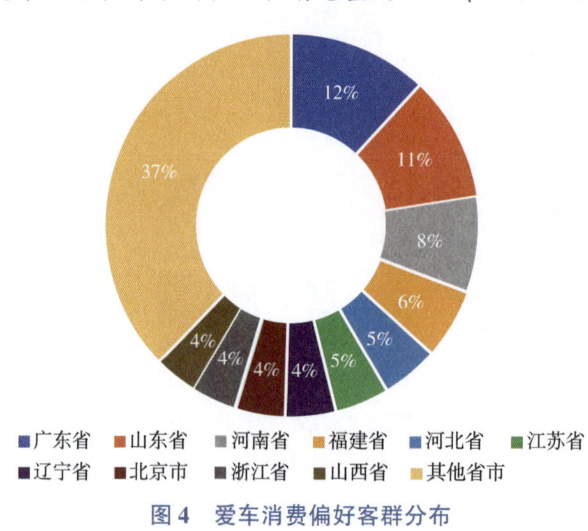

图4　爱车消费偏好客群分布

（二）消费自由度分析

为了根据消费行为分析消费者的财富水平，在此引入消费自由度指数，依据银联商户行业类别（MCC）定义消费者非生活必需类消费，此类消费占比越高说明财富水平越高，则消费自由度越高。消费自由度分为高自由度、中自由度及低自由度三档，其中低自由度的消费者多为刚性消费，客群在教育、超市、医疗卫生等行业的消费占比较高；中自由度的消费者主要为计划性消费，客群在商业服务、家居、车辆、服装等方面消费占比较高；高自由度的消费者属于自主性消费群体，客群在百货、旅游、奢侈品、休闲娱乐等行业的消费占比较高。

依据2018 年12 月的银联银行卡跨行交易数据，分析各省市消费自由度占比如图5 所示，以刚性需求为主的低自由度消费者占比为27%，以计划性消费为主的中自由度消费者占比为35%，以自主性消费需求为主的高自由度消费者占比为38%。

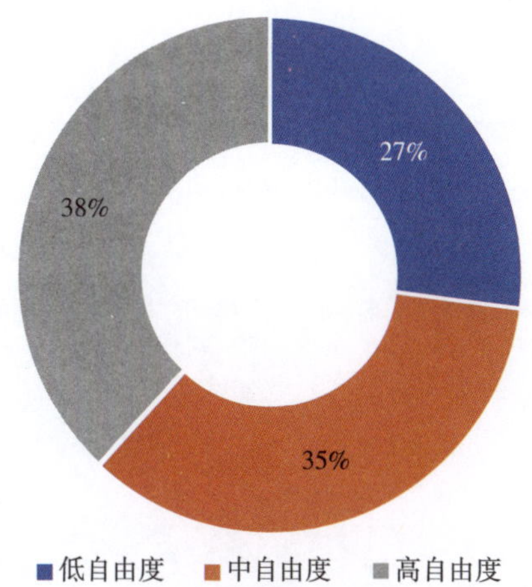

图5　全国消费自由度分布

如图6 所示，分析全国2018 年12 月活卡量排名前十的省市重点分析消费自由度分布情况。低自由度消费者占比最高的为山东省，高达36%；而

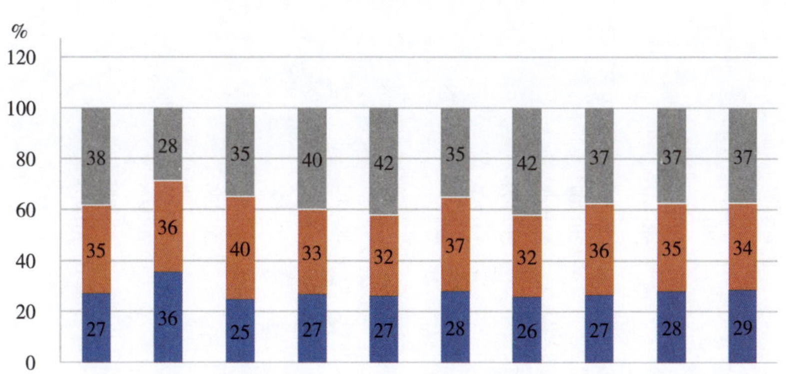

图6　活卡量排名前十省市消费自由度占比分析

中自由度消费者占比最高的为河南省，达到40%。相较之下，依托发达的经济实力，浙江省成为高消费自由度占比最高的省市，占比42%。

二、重点行业消费趋势分析

随着国民收入和生活水平的进一步提升，消费者越来越关注生活品质，健康、休闲、教育等领域消费支出明显增多，医疗卫生行业以及旅游行业涨势明显，教育行业关注度持续提升。本书选取近年来增速较快、能够代表国民生活质量提升的医疗、教育及旅游三个行业，分析其2018年的发展情况。

（一）医疗行业

受到2018年初发布的《关于巩固破除以药补医成果持续深化公立医院综合改革的通知》等相关政策影响，2018年医疗费用的增长变得更加平稳。2018年医疗行业跨行交易金额相比2017年保持4.83%的平稳增长，年内出现小幅回落。前三个季度交易金额月均降幅1.84%，第四季度出现小幅增长，月均涨幅2.39%。

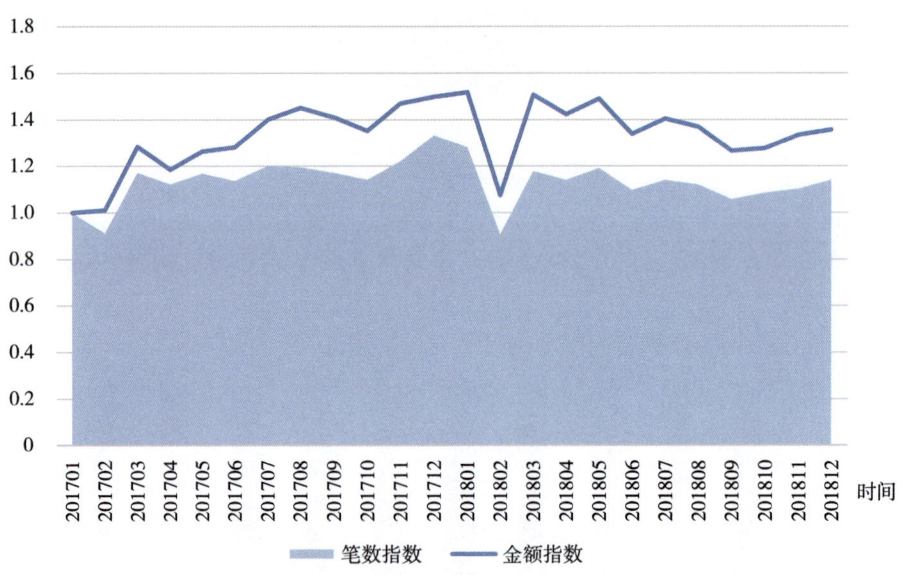

图7　全国医疗行业消费的金额指数及笔数指数

2018年全年医疗行业跨行交易笔均保持稳定增长，其中有11个月笔均金额同比增幅超过了5%，4个月增幅超过15%，全年相比2017年增长了7.41%。

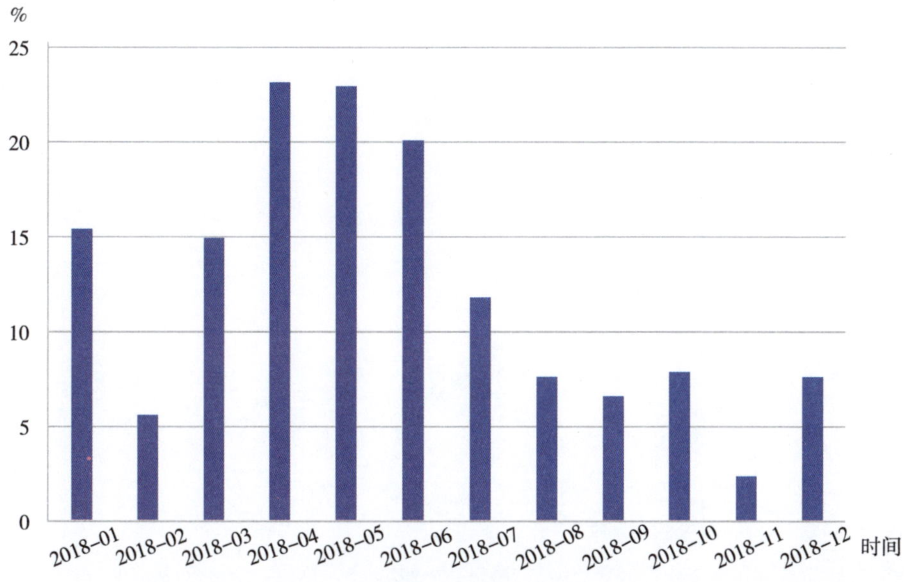

图 8　医疗行业消费笔均同比增幅

随着国民可支配收入的提高以及对美与健康关注度的提升，医美、护理、牙科、保健、眼科等细分行业 2018 年全年银联跨行交易金额增速远高于医疗行业整体水平，得到了迅速发展。其中，医美整容行业全年增速达到 31.65%，民众对整容产品接受度进一步提升，消费客群进一步年轻化。同时，医美行业的高营利性和高成长性吸引了更多资金和技术的支持，行业呈现出高速发展的趋势。此外，眼科、保健品、牙科、医疗护理行业 2018 年跨行交易金额增速均在 17% 以上。

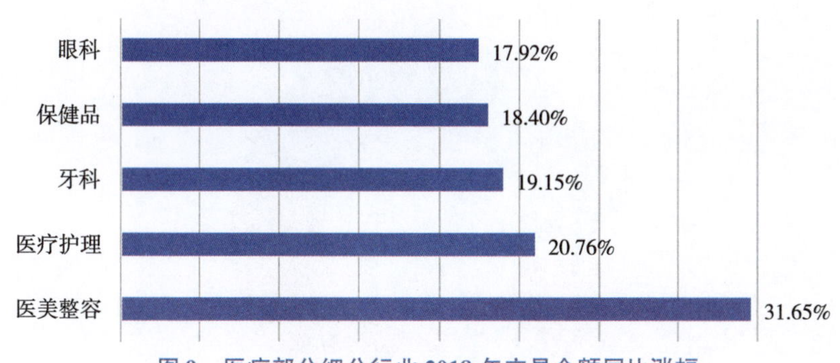

图 9　医疗部分细分行业 2018 年交易金额同比涨幅

（二）教育行业

2018 年教育行业银行卡跨行交易金额持续增长，教育类商户全年交易金额同比增长 10.19%，交易笔数同比增长 7.45%。时间分布呈现明显的季节性特征，春秋两个开学季是教育类交易高峰，交易金额占全年交易金额的40%以上，而冬季是一年中的交易波谷。

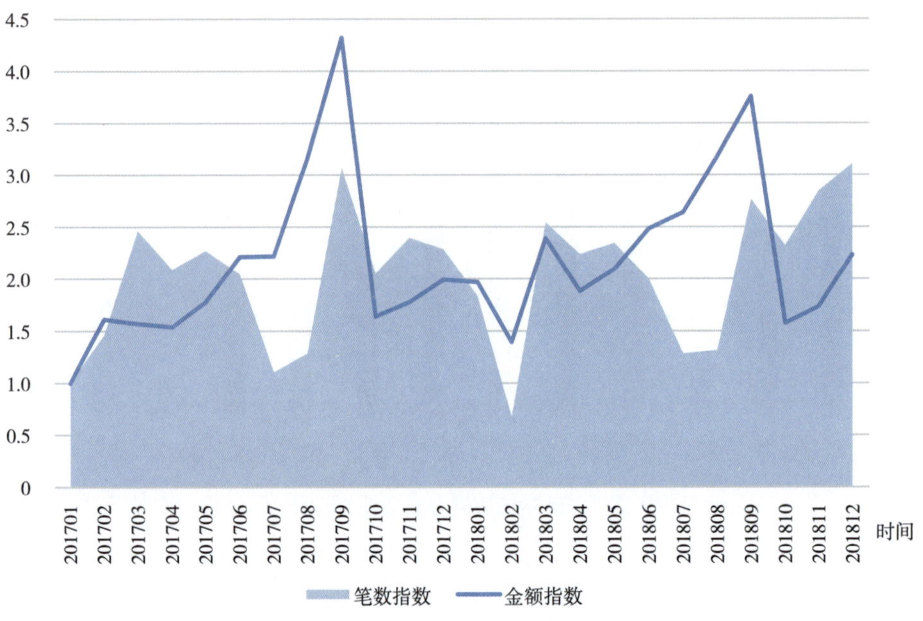

图10 教育行业交易的金额指数及笔数指数

在教育类交易中，兴趣班和技能培训两类校外教育消费金额占比累计达到54%，是教育类主要支出。校内教育中，高等教育交易金额占比达到27%，而公立学校占比高、学费相对低的公中小学及学前教育占比较低，分别为10%和9%。

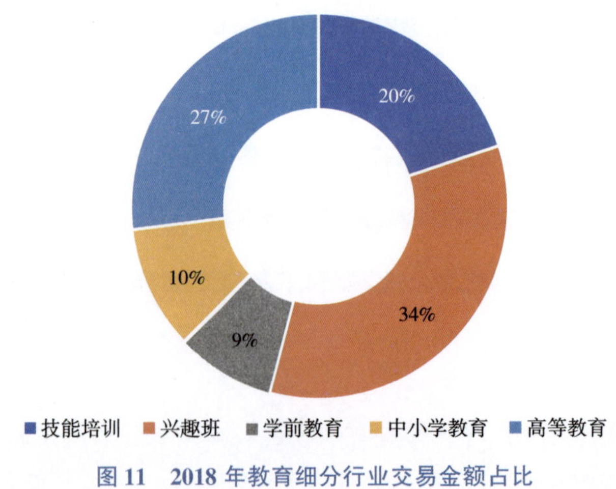

图11 2018年教育细分行业交易金额占比

2016 年全面实施二孩政策以来，出生人口有所增长，加之“80 后”“90 后”成为新一代家长，对孩子的早期教育关注度更高，以“80 后”为主的新兴中产阶级既有支付能力，也有支付意愿，学前教育和兴趣班行业上升空间广阔。如图 12 所示，各教育细分行业中，学前教育和兴趣班行业增速为正，拉动了整个教育行业的增长。2018 年全年学前教育行业跨行交易金额同比增长 10.84%，兴趣班行业同比增长 66.77%。

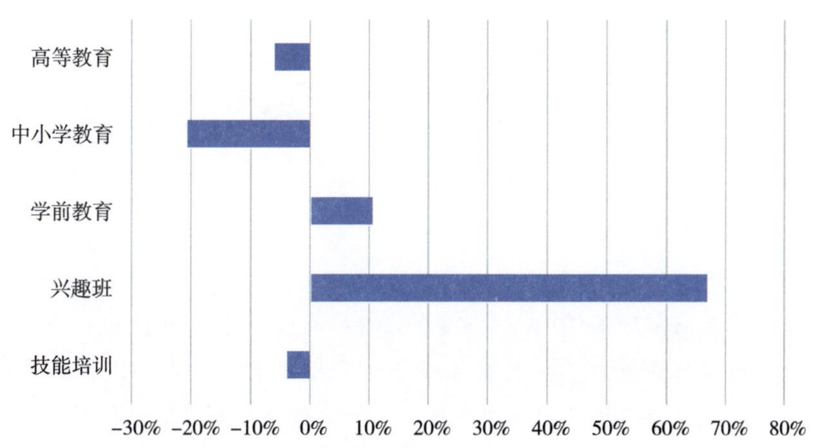

图 12　2018 年教育细分行业年同比增速

如图 13 及图 14 所示，对于 2018 年增幅较大的学前教育和兴趣班行业，上半年增速均远大于下半年，学而兴趣班行业下半年出现小幅回落。

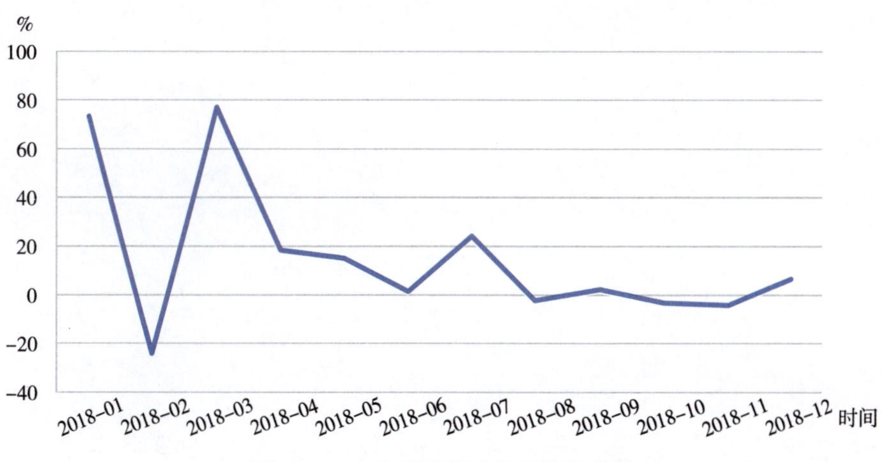

图 13　2018 年学前教育各月同比增速

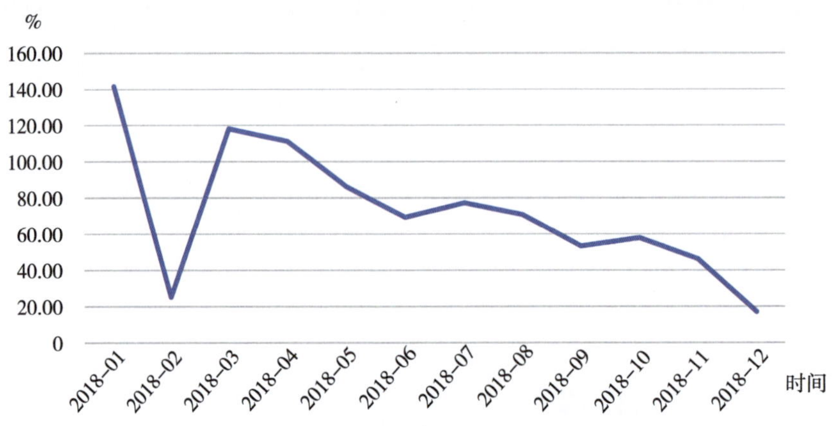

图 14　2018 年兴趣班行业各月同比增速

（三）旅游行业

根据文旅部的 2018 年旅游市场基本情况，全年国内旅游达到 55.39 亿人次，比上年同期增长 10.8%。随着全国旅游监管服务平台的启用，以及特价机票退改收费标准、民宿服务规范等多项政策的出台，国内旅游行业进一步规范，旅游市场持续高速发展。银行卡跨行交易数据分析显示，2018 年全年旅游业消费金额月均涨幅达到 7.9%，消费笔数月均涨幅达到 5.49%。

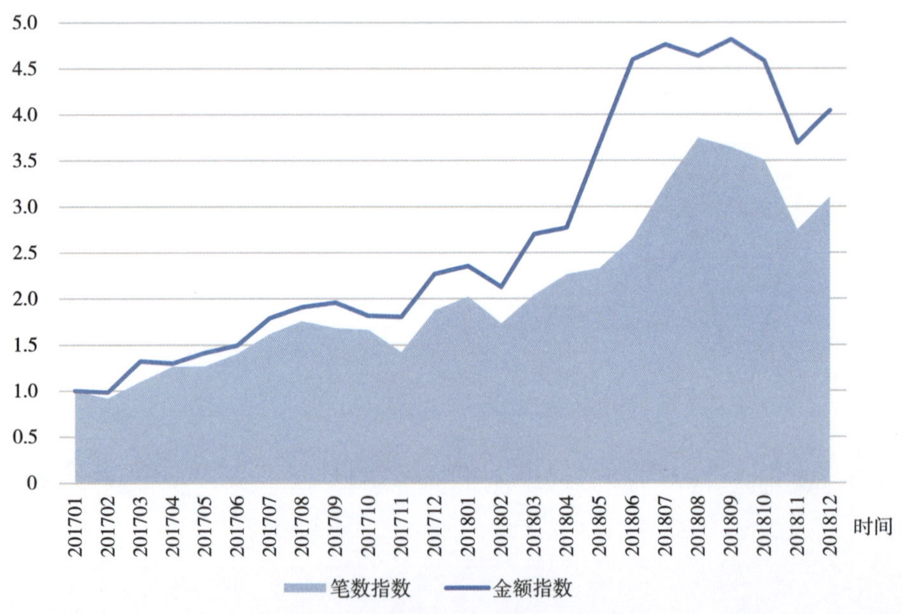

图 15　旅游行业交易金额及笔数

逐月来看，2018 年全年各月交易金额均实现同比稳定增长，其中传统旅游旺季（暑期/十一长假/春节）同比增幅均超过 15%。

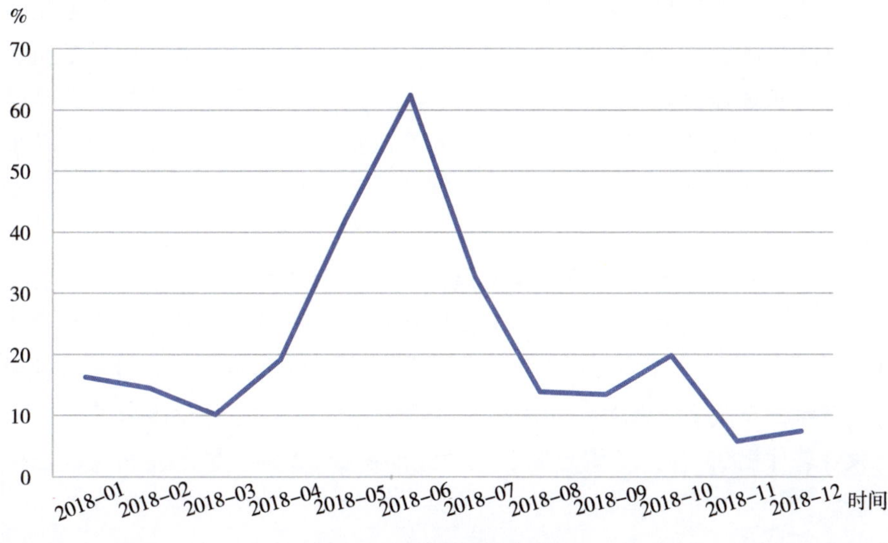

图 16　交易金额同比增幅

旅游行业已成为拉动我国消费增长的重要支柱，2018 年 3 月文化和旅游部的组建，将文化工作与旅游工作进行更紧密的结合，对发展优质旅游、全域旅游以及打造超级旅游 IP 具有重要意义。预计 2019 年旅游行业交易规模或将继续保持高速增长。

结　语

综观 2018 年，中国消费趋势高位趋稳，伴随我国经济结构持续优化，旅游、教育、医疗等新兴消费行业的成长不断加速，促进我国经济平稳运行。随着消费观念的变迁，消费者不再满足于购买简单的生活必需品，对于生活品质提出了更高的要求，消费呈现出服务型、多元化、高端化的趋势，更加注重品质和精神层面的消费体验。消费者手中的方寸银行卡为消费大经济不断注入发展动力。

作者：银联智策

银联智策成立于 2012 年，是知名的大数据智能策略服务商，秉承“数据创造价值、策略提升效率、创新引领变革”的经营理念，汇集海内外优秀人才，聚焦应用场景服务，帮助客户打造以大数据和人工智能技术为基础的核心竞争力，实现产业升级与创新。

作为业界领先的金融科技公司，银联智策在大数据领域积极探索的同时，注重控制金融风险，严守合规底线，各项业务迅速发展。智能信贷为中国的普惠金融创新提供了产品全生命周期的策略服务，智能投资为全球投资机构设计风险可控收益合理的理财产品提供了基础的数据分析，智能商业为传统消费产业提供了基于大数据的决策转型方案，智能咨询用可视化的交互平台为咨询行业在共享经济时代提供了新的活力。

银联智策注重产学研的协同发展，分别与清华大学、康奈尔大学、纽约大学成立的联合研究中心取得了多项有影响力的成果；积极承担社会责任，参与了上海“信用信息交易中心交易规则”的起草；热心投身公益事业，连续三年成为上海时装周的独家数据合作伙伴。截至 2018 年底，共获得软件著作权 22 项、发明专利 5 项、注册商标 22 件，是上海科技小巨人企业。

2 第二章

2018年我国银行卡产业的创新发展

第一节　产品设计

第二节　支付结算

第三节　市场营销

第四节　APP渠道建设

第五节　跨境业务

2018 年，银行卡产业转型持续推进，主动深度融合场景，积极拥抱金融科技，洞察年轻客群偏好，灵活把握市场热点，推进产品、支付、营销与渠道等方面一系列的创新和优化，有效提升了智能化综合服务能力，响应政策端进一步完善促进消费体制机制、激发居民消费潜力的号召，实现了银行卡产业创新发展。

第一节 产品设计

2018 年是改革开放 40 周年，也是我国经济由高速发展向高质量发展转型过程中的关键一年，银行卡产业紧贴时代主题，深化跨界合作，以科技引领创新，以文娱 IP 激活年轻客群，推进产品向精准化、平台化方向发展。

一、产品设计的创新特点

（一）产品设计紧贴时代流行主题

1. 主旋律题材弘扬民族精神宣扬传统文化

2018 年是改革开放 40 周年，结合改革开放主题，各家银行纷纷推出主旋律题材卡片。

农业银行发行了传递正能量的燃梦信用卡，卡面以热情的中国红和典雅的青花瓷两款设计，凸显中国精神，彰显文化自信。该卡尊享多重商旅和消费白金礼遇，并享有免年费优惠。燃梦卡由农行员工张梁代言，他完成了“14 座 8 000 米以上山峰 + 7 座七大洲最高峰 + 2 个南北极点”人类登山探险终极梦想的创举。张梁不畏艰险、勇攀高峰的拼搏精神和追求梦想的坚韧意志，深刻诠释了燃梦卡“心中有梦 奋力攀登”的产品理念。

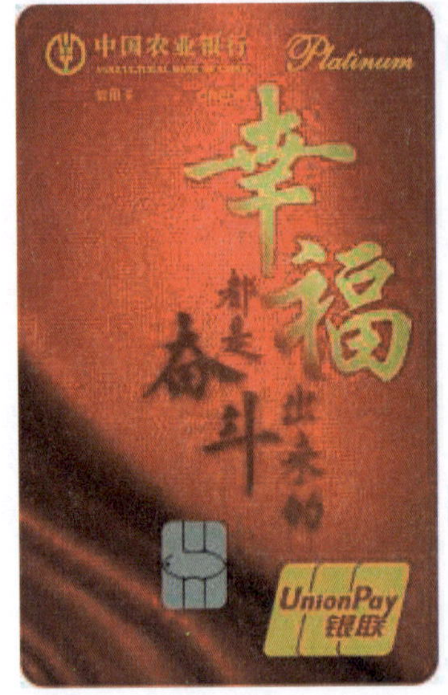

图 2-1　农业银行燃梦信用卡

中国银行推出美好生活白金信用卡并限量发行改革开放 40 周年纪念版珍藏卡，卡面设计用翻腾的浪花映射出中国改革开放 40 年以来的开放与活力，背景的红色是最具生命力的色彩，象征着民族奋进和顽强拼搏的精神，整体凸显出“改革开放四十载，美好生活共收获”的设计理念。同时推出庆祝改革开放 40 周年纪念版借记卡，并联合途牛搭载红色旅游权益，为客户提供便捷服务。

图 2-2　中国银行大桥卡及改革开放四十周年借记卡

2018 年邮储银行发行了改革开放四十周年主题借记卡——绿卡通（新时代卡）。该卡主要面向新时代奋斗者及新时代新青年发放，重点发卡对象是北京地区企事业单位及学校党员、团员、队员。通过发卡弘扬社会主义核心价值观，带动首都各界积极奋斗创造新时代的美好生活，提升对党员、团员、队员的服务能力，真正感染、鼓舞、引导更多客户加入新时代奋斗者团队中来。

图 2－3　邮储银行新时代卡

光大银行以“心怀担当，我是栋梁”为理念推出了栋梁信用卡，该卡以体坛传奇人物代表刘国梁为代言人，用运动精神诠释勇于担当，以“栋梁”为责任标杆，用偶像的精神力量，从家国使命和价值的高度出发，号召每个人都努力成为社会和家庭的栋梁之材，是一张传递正能量的主旋律信用卡产品。

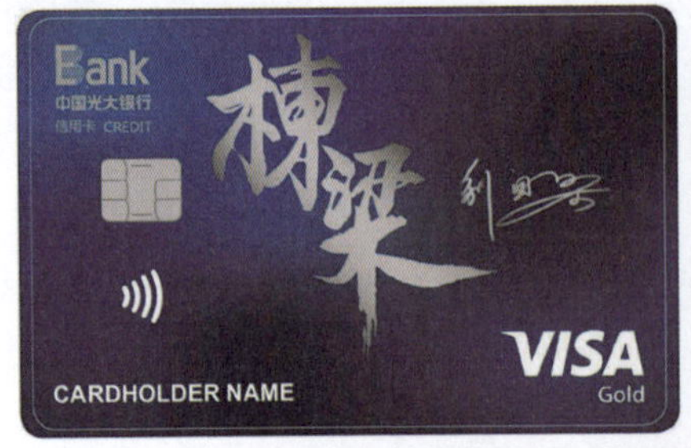

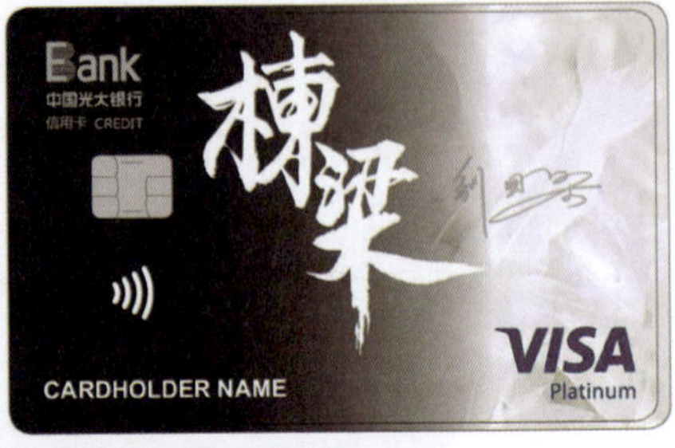

图 2－4　光大银行栋梁信用卡

2. 运动健康成为各家银行争夺的新兴战场

北京冬奥会的成功申办为我国冰雪运动发展带来了一个千载难逢的机遇，与之相关的冰雪产业、冰雪服务消费也将迎来快速发展。2018 年 3 月，中国银行发布长城冰雪信用卡，以大众冰雪、全民健身为主旨，服务于全民参与冰雪运动的国家规划。

图 2－5　中国银行长城冰雪信用卡

2018 年是世界杯年，在俄罗斯世界杯举办期间，各行纷纷推出了与世界杯或足球相关的银行卡，获得市场充分认可。如华夏银行推出了 VISA 华夏精英足球白金信用卡；招商银行推出了尤文图斯俱乐部联名卡、曼城俱乐部联名卡等足球俱乐部粉丝卡；中信银行联合皇家马德里俱乐部发布中信银行皇马主题信用卡；农业银行推出 VISA 世界杯卡等。

图 2-6 招商银行尤文图斯、曼城俱乐部联名卡

图 2-7 中信银行皇马主题信用卡

篮球作为除足球以外影响最广泛的大球运动，一直受广大群众所喜爱。2018 年 1 月，广发信用卡与 CBA 强强联合，推出国内首张篮球主题信用卡——CBA 官方联名信用卡，通过与体育大 IP 的合作以及品牌之间的深度联合，为广大篮球迷打造专属产品和权益，深受国内篮球迷的喜爱。

图 2-8 广发银行 CBA 官方联名信用卡

健步走这种运动不受年龄限制，受到越来越多人的推崇。华夏银行于 2018 年与河北省全民健步走协会合作发行华夏银行健步走联名 IC 借记卡。该联名卡除具备华夏银行借记卡现有的现金存取、消费转账、理财等基本

银行卡服务功能外，还用于协会会员管理，如会员签到、发送通知公告等功能，为客户提供休闲服务。

图 2 – 9　华夏银行健步走卡

3. 传统文化热度不减

近年来，传统文化热度日趋高涨，“故宫”“颐和园”等传统文化代表自我发酵，结合时代特点与消费者偏好，相继推出了一系列优秀的文创产品，赢得市场广泛追捧，成为传统文化新形象的代表。为顺应国家提升中华文化影响力政策趋势，结合市场热点，各家银行纷纷推出“传统文化”产品，成为现代消费金融与传统历史文化连接的纽带。

工商银行与故宫博物院联名推出“春夏秋冬，一路追梦”五款借记卡产品。该卡以“让中华传统文化活起来”为主旨，运用故宫建筑与文物作为卡面来展现博大精深、瑰丽多彩的中华文化，辅以先进制卡工艺，呈现出精雅古朴的视觉效果，从而让承载着文化符号的借记卡被人们用起来，使传统文化走入百姓家，融入人民生活里。该卡一经推出即获市场热捧。

图 2 – 10　工商银行故宫系列借记卡

民生银行信用卡中心推出国宝系列主题标准白金信用卡。该系列共甄选十余件国宝重器，越王勾践剑、兵马俑、大玉龙、掐丝珐琅缠枝花纹盏托、辅首衔环、兰亭集序、四羊方尊、金瓯永固杯、铜镀金蓝瓷奖杯式钟等蜚声海内外的文物珍品均被收录在此系列中。这是一套极尽工艺之能事的艺术品，是民生信用卡为客户奉上的诚意之作。

图 2－11　民生银行国宝信用卡

浦发银行信用卡中心持续打造文化系列信用卡，2018 年分别与北京故宫博物院、台北故宫博物院、沈阳故宫博物院、浙江省博物馆等机构合作，陆续推出北京故宫文化主题信用卡、富春山居图主题信用卡、两岸三地故宫文化主题信用卡。

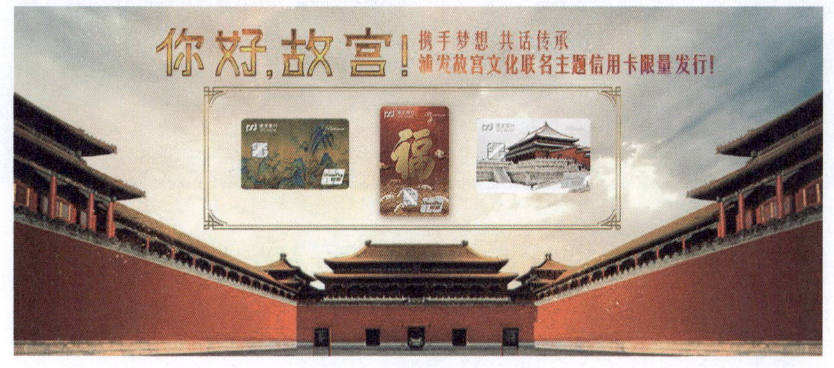

图 2－12　浦发银行故宫信用卡

4. 响应国家战略号召主题银行卡不断丰富

华夏银行深化京津冀协同卡功能，服务京津冀协同发展。与北京市政交通一卡通有限公司合作，推出加载公交应用功能，可用于京津冀等地交通刷卡的京津冀协同卡，该卡将银行卡和公交卡集成在一张卡片上，在交通功能方面支持在京津冀等地互联互通线路刷卡乘坐公共交通工具，方便京津冀协同卡客户异地公交出行，该卡是银行发行的首张具备交通运输部标准公交应用功能的银行卡。

图 2－13　华夏京津冀协同一卡通卡

北京银行积极贯彻国家“一带一路”倡议的落地实施，全面打造“一带一路”金融服务体系，发行以丝绸之路命名的主题卡“丝绸之路卡”，通过金融助疆为推动丝绸之路经济带核心区社会经济发展贡献力量。

图 2－14　北京银行丝绸之路卡

（二）牵手流量巨头拓宽应用场景

“流量”一词成为现今的热点词汇，无论在互联网、娱乐、广告等行业还是金融行业，掌握“流量”就相当于掌握了资源，掌握了话语权。各家银行积极推进与“头部流量”企业的跨界合作，以获得更多的资源，为客户提供全方位的服务。

2018 年 9 月，工商银行信用卡中心与腾讯公司合作推出了“工银微信联名卡”，成为工商银行与重量级社交平台在信用卡产品上的首次跨界合作。在产品设计上，为顺应人们消费支付习惯的变化，切实将金融服务融入生活点滴之中并融入各类社交场景，卡片将持卡人可享受微信线上支付 1.5 倍积分累积作为产品核心权益，以期转化微信端数十亿活跃客户。在推广渠道上，微信联名卡不仅在工商银行线上线下渠道进行推广，同时也将在微信钱包银行卡栏目中进行同步推出，直接定位目标客户，实现精准引流。

图 2 – 15　工商银行微信信用卡

中信银行信用卡中心与互联网科技企业小米合作，发行了中信银行小米联名信用卡。该产品创新设计了黑科技卡版，在客户支付场景下点亮卡版 LED 灯，契合“点亮科技新生活”的理念，为客户提供极致的科技体验。同时借助小米米粉开展粉丝裂变营销，迅速做大客户规模，2018 年累计发卡 10 余万张。

图2-16　中信银行小米联名信用卡

北京银行深化多元发展共赢理念，发挥“金融+互联网”跨界优势，发行“爱奇艺联名信用卡”，契合年轻客群喜好，融入跨界文娱、跨界消费元素，在丰富个性化用卡选择的基础上，深化多领域、多渠道、多场景的市场合作。

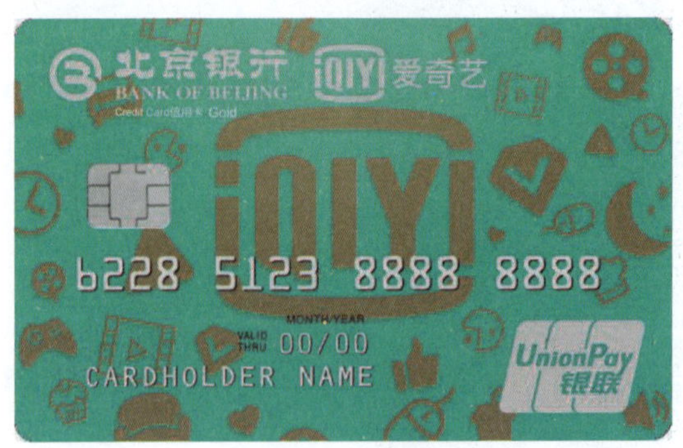

图2-17　北京银行爱奇艺联名信用卡

（三）文娱IP产品激活年轻客群

年轻客群是消费市场的主力军，具有消费需求旺盛、消费理念先进、潜力高、成长性高等特点，是各家银行的主流目标客群，也是未来中高端客户和跨境客户的重要来源和培养基础。相较于其他客群，年轻客群有着旺盛的精神文化与娱乐需求，支付意愿更强。当前，热点文娱IP对年轻客群影响力巨大，知识产权（IP）营销也就成为银行卡产业现阶段吸引年轻用户人气最有效、最快速的手段。

2018年下半年，交通银行信用卡中心于业内依次推出程序员主题信用卡、高达主题信用卡、bilibili主题信用卡，并依托Y-POWER平台为年轻用户打造了专属产品及福利，进一步深化了交通银行信用卡“品牌年轻化”战略。近年来，交通银行信用卡一直积极进行跨界合作，未来将会继续搭建与年轻人沟通的桥梁，挖掘年轻人的消费喜好，为年轻人提供更多的优质产品及服务，不断提升品牌在年轻用户中的影响力。

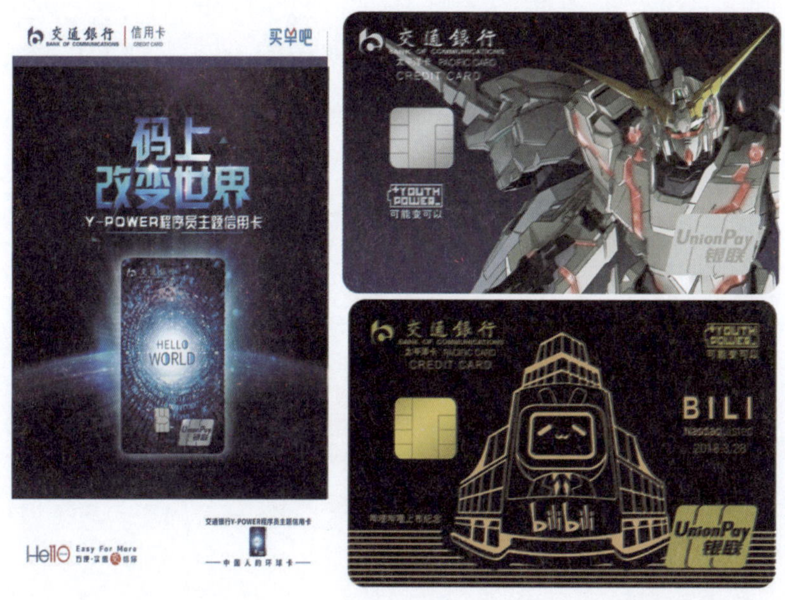

图 2－18　交通银行 Y－Power 程序员、高达、bilibili 主题信用卡

2018 年 12 月，中信银行推出麦当劳联名卡，将中信银行“成为一家‘有温度的银行’的理念”与麦当劳“让每位顾客轻松享受美味的时刻”品牌承诺结合，为年轻客群带来新的产品体验。中信银行麦当劳联名卡充分整合了双方资源，为持卡人带来独一无二的优惠体验，也将二者的合作推上新的台阶。

图 2－19　中信银行麦当劳联名卡

2018 年 10 月，招商银行信用卡中心在现有哆啦 A 梦粉丝卡系列基础上，重磅推出哆啦 A 梦声音卡。该卡为业内首张 IP 主题声音卡，并创新性地支持客户在完成线下非接支付过程中发出哆啦 A 梦经典背景音乐，是招商银行信用卡在 IP 特性与卡面工艺结合的一次全新尝试。哆啦 A 梦声音卡一经推出，就引发众多哆啦 A 梦粉丝的强烈共鸣和热情讨论，并在抖音、微博等年轻人聚集的社交媒体上形成高流量传播。仅抖音平台相关视频播放量就已超过 2 000 万，获得了年轻客户的广泛传播与好评。

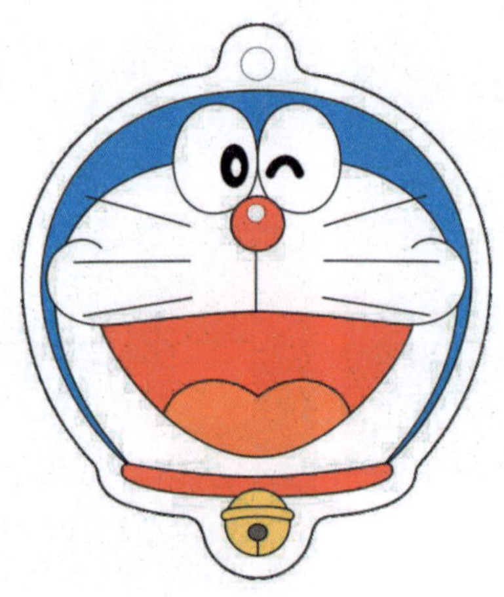

图 2－20　招商银行哆啦 A 梦声音卡

（四）科技进步引领产品服务创新

科技手段的不断提升如远程开户、人脸识别、电子签名等技术的不断成熟，使银行卡远程申请成为可能，催化了传统金融机构产品服务数字化转型步伐的开启，更加契合了客户的消费习惯。

交通银行面向潜在目标客户推出手机信用卡产品，其在线激活流程引入了证件 OCR 扫描、人脸识别、电子签名、远程视频四项新技术应用，通过客户身份证件照、人脸图像及公安系统证件影像的交叉比对，实现了“人证合一”，落实了实名制要求，有效识别了客户真实性。在此流程下，客户可足不出户，完成手机信用卡申请，极大地提升了客户的开户体验。

广发银行信用卡中心推出“通过经营权益来经营客户”的新型产品——ONE 卡。ONE 卡以“去产品化”为经营理念，主打权益和卡版自定义。ONE 卡同时结合权益平台个性化营销策略，交叉营销保险、理财等金融产品，实现集团多条业务线的渠道和资源整合。ONE 卡平台采用极简化产品开发模式，当捕捉到客户多样化的需求后可以马上在 ONE 卡权益平台上落地实施，相较以往的流程缩减了 90% 的开发时间，提升了信用卡产品快速上下架和快速迭代能力。ONE 卡改变了传统的产品运营思路，使客户在不同人生阶段、不同生活状态的需求均能在一张信用卡上得到满足。

图 2 – 21　广发银行 ONE 卡

二、银行卡产品的发展趋势和展望

随着移动支付的普及和发展，整个金融市场的消费环境、消费观念和金融行为相应发生了巨大的变化。一方面，客户不再满足实体卡片的消费功能和使用方式，非接触式消费、手机钱包、第三方移动支付等方式被越来越多的人所接受和使用；另一方面，科技的进步和发展也促使银行在产品研发和客户经营等方面有了更多可能性与想象的空间。

总体来看，银行卡产品的发展有如下趋势：

一是去产品化经营成为银行卡经营探索的方向。部分银行已显现出不再拘泥于实体卡形式，以各种虚拟卡、APP 作为主要产品进行销售的趋势在未来有望更加明显。

二是品牌化经营成为银行卡经营的主要手段。越来越多的银行更加注重产品的整体性、品牌性、系列性。继2017年中信银行推出“颜卡”、浦发银行推出“梦卡”之后，2018年广发升级推出了“ONE卡”。在现今高度电子化支付的环境下，卡片本身不再是客户看重的主要方面，人们更多需要的是个性舒适的服务，因而各家银行更加注重品牌价值，将旗下产品作为品牌整体营销，将会是未来银行卡经营的主要手段。

三是跨界合作仍是银行卡产业未来发展的重要主题。与重点生活和消费场景融合，与大数据、科技企业互补互利是未来银行卡产业发展的重要方面，前者关乎与客户建立密切关系，后者关乎了解洞察客户需求。银行与关乎民生的各行各业通过拓展跨界合作，既加快了产业融合的发展脚步，也给客户带来了优质的综合服务体验，最终促进各产业良性互动发展。

第二节　支付结算

回顾2018年，支付产业作为国民经济的重要基础，不仅在国内承担着维护社会资金安全的责任，更在推动国际支付产业升级中发挥着越来越重要的作用，整个行业呈现智能化、多元化、线上和线下相结合的发展趋势，呈现出行业监管体系进一步完善升级、支付与科技深度融合、支付环节一体化、支付环境持续改善等特点。

一、2018 年支付结算业务发展概况

（一）支付结算市场进一步开放，行业监管更加有力

近年来，“开放”一直是我国支付市场发展的主基调。自 2014 年国务院常务会议决定进一步放开和规范银行卡清算市场以来，随着《关于实施银行卡清算机构准入管理的决定》《银行卡清算机构管理办法》等文件的陆续发布，支付领域开放的相关法规政策已基本确立。2018 年 3 月 21 日，人民银行发布《关于外商投资支付机构有关事宜的公告》，实现了支付机构准入标准和监管要求的统一，意味着外资银行卡组织美国运通、Visa、万事达等以及外资支付机构未来也有望成为我国银行卡清算机构和支付机构。

2017 年 8 月，央行支付结算司印发了《中国人民银行支付结算司关于将非银行支付机构网络支付业务由直连模式迁移至网联平台处理的通知》，纠正支付机构与银行通过系统直连方式处理支付业务的模式，统一通过网联、银联等合法清算机构处理。2018 年，各商业银行与第三方支付机构积极响应“断直连”工作的落地实施。备付金集中存管和“断直连”工作的开展，一是实现了支付机构资金清算服务的统一，显著降低了互联成本，提升了服务效率；二是有利于维护市场公平竞争，促进业务创新和服务改进；三是切实保障广大消费者的资金安全，引导支付机构回归本源；四是

提高清算透明度，便利政府部门检测资金流动及相关风险，及时排查风险隐患，有利于建立反洗钱和反恐融资监测机制。

（二）移动支付业务发展迅速，金融科技扩大应用

人工智能、区块链、生物识别、云计算、大数据等新技术的兴起，正深刻地改变金融格局，金融科技在服务实体经济、促进普惠金融、提升金融风险管理水平、推进供给侧结构性改革等方面发挥了积极作用。

2018 年，银行卡产业金融科技应用的普及不断推进支付产品与服务智能化发展进程。金融科技作为支付产业高质量蓬勃发展的驱动力，受到了银行卡领域相关机构的高度重视。机构改革成为许多商业银行推动金融科技商用化的重要手段，如建设银行、民生银行等相继成立金融科技子公司以促进金融科技快速发展，推动金融科技市场化应用。

在支付领域，部分金融科技的实际应用已取得初步成果，如人脸识别技术应用于小额支付场景、区块链技术助力跨境支付等，均得到了市场的充分肯定。农业银行集合图像识别、无感支付和云服务等技术手段，自主研发了网络金融便民服务项目“智慧生活·无感停车”。客户线上注册签约后，即可享受停车扣费无感支付体验，切实改善了困扰商户的停车场车辆排队、收款结算、日常管理等问题，为客户提供了更好的支付和停车离场体验，进一步提高了小额支付场景的收银效率。2018 年 6 月，招商银行基于一网通支付体系，结合人脸识别技术等最新的智能科技，率先商业化试点“刷脸支付”产品，与合作商户一起在线下场景构建“刷脸支付”功能。

图 2－22　招商银行试点“刷脸支付”功能

与此同时，商业银行涉足电子社保卡领域，助力民生服务。全国电子社保卡服务平台建设是党的十九大报告提出的建立全国统一社会保险公共服务平台的重要组成部分，是人社部“互联网 + 人社”2020 行动计划的重要建设内容。建设银行电子社保卡于 2018 年 7 月完成全行平台搭建，7 月底在江西省分行实现同业首发。截至目前，电子社保卡已在江西、青岛、广东、四川、青海、云南、山东、新疆等分行上线，同时河北、辽宁、吉林、浙江、宁波、福建、贵州、陕西、宁夏等分行电子社保卡也在测试中。电子社保卡作为社保卡线上应用的有效电子凭证，与实体社保卡一一对应，由全国社保平台统一签发，相关功能入口部署在手机银行 APP 龙支付及悦享生活频道，并实现电子社保卡签发、个人参保信息查询及养老资格认证功能，同时后续将根据人社部安排开通医保结算、缴费及待遇领取、金融支付等功能，并推进电子社保卡在人社、政府公共服务、金融等领域线上线下有机结合，为社会发展服务民生赋能。

金融科技落地应用在为用户提供高效、便利、快捷支付体验的同时，由于技术与系统的不健全、流程与规则管控的不成熟，信息泄露等安全事件也时有发生。为此中国人民银行下发了《中国金融移动支付支付标记化技术规范》行业标准。中国银行采用支付标记化（Token）技术对账户敏感信息进行保护，确保账户信息在存储、处理和传输过程中的安全性，防止发生账户信息泄露的风险；光大银行完成了支付系统应用支付标记化技术改造后，继续对支付标记化应用开展研究，陆续在多个应用场景实现了支付标记化的创新应用。

（三）支付场景不断深化，支付结算进一步一体化

2018 年我国移动互联网用户总数接近 14 亿户，其中手机上网的用户数达 12.6 亿户，中国移动支付发展空间巨大。过去一年中，新零售、短视频等新兴行业的蓬勃发展更是显著提升了移动支付的渗透率。银行卡产业以“移动支付便民工程”政策为指导，通过供给侧结构性改革为更多民生领域搭建更安全便捷的支付环境，进一步深化支付场景。

多家商业银行积极转换思维方式，从客户支付场景入手，结合特定场景，通过精准定位消费客群，打造个性化、智能化的支付平台及优惠方案，实现获客、支付、优惠的一体化，不断满足客户支付过程中产生的场景需求，并进一步创造新的消费场景，最大限度地释放客户效能。

在公共服务方面，二维码、手机 PAY 乘车等新型支付方式正改变着大

众的出行习惯。浦发银行等一批商业银行积极配合中国银联及相关行业推广二维码、NFC 移动支付产品在地铁、公交等场景中的应用，用户只需在手机中加载银行卡手机 PAY 或开通乘车二维码，即可享受便捷的支付体验。同时个人所得税、住房公积金、交通罚款、医疗保健、生活缴费等生活场景的进一步渗透，使支付体验持续提高，覆盖范围不断扩大。中信银行、光大银行等纷纷联手各大支付场景机构推出多种联名信用卡等产品，整合多方资源，打造“场景 + 金融”的消费新体验。

此外，各商业银行在助力消费金融发展层面也逐步推出或升级面向广大商户的一体化移动支付解决方案。随着人民银行对聚合支付业务的规范政策出炉，继“云闪付”APP 统一各银行移动端入口后，第三方支付机构也加入了移动支付一体化行列，各商业银行也着手逐步打造基于行内体系特点的聚合码支付。如农业银行打造聚合码支付，以全功能支付、全场景引流、全方位共赢为亮点，开启一码支付的“智慧 · 全能”新模式。建设银行根据市场形势和商户收款需求，创新推出建设银行“龙 e 付”一站式综合收单产品，聚合多种支付方式、支持多种支付平台，并为商户提供一点接入、一站式资金结算和对账等服务。为符合“95 后”甚至“00 后”新生们的“胃口”，迎合新生的支付习惯，中国银行于 2018 年 9 月联合北京师范大学开展智慧校园项目，上线“中银智慧跨屏二维码支付”，支持线上第三方支付、银联二维码支付功能，方便学生缴纳学费，提高学校工作效率，满足多方需求。浦发银行在自有支付体系外，推广跨行支付、第三方支付服务，不仅满足了持卡人的日常支付习惯，也为非浦发银行信用卡持卡人提供了便利。

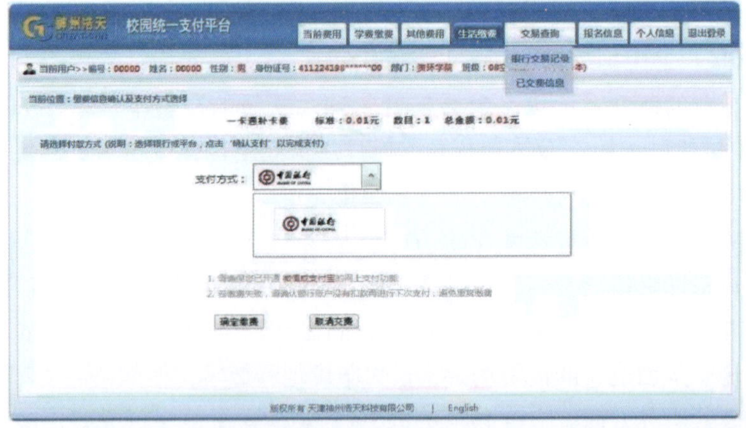

图 2 – 23　中国银行推出“中银智慧跨屏二维码支付”

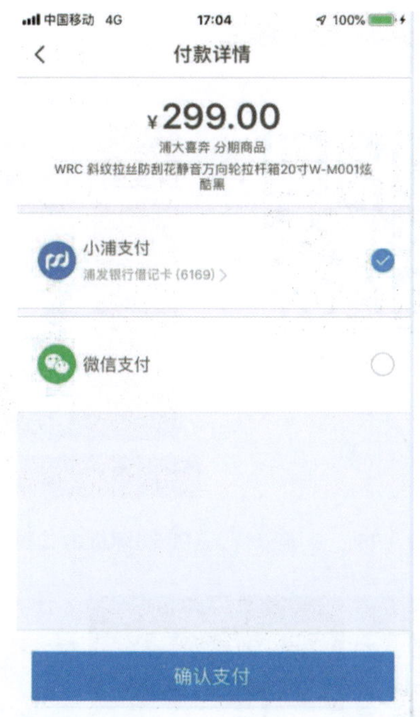

图 2－24　浦发信用卡浦大喜奔 APP 微信支付

（四）支付结算服务境内外联动，农村支付环境持续改善

2018 年，国内支付企业顺应市场开放的经济形势，通过支付手段创新进一步挖掘境外市场发展潜能。得益于东亚、东南亚、欧洲等热门出行地区和“一带一路”沿线国家支付产品受理环境的不断改善，支付服务进一步向生活服务领域延展。在此大好形势下，多家银行陆续推出境外二维码支付服务。如中国银行充分发挥跨境业务优势和分支机构遍布全球的网络优势，积极开展境外移动支付的产品创新，为国内客户率先提供境外二维码支付服务，成为国内首家支持 EMV 国际标准二维码支付的银行。招商银行“掌上生活”APP 也紧跟市场变化，于 5 月推出境外二维码支付服务，标志着“掌上生活支付体系”正式走向境外消费场景。

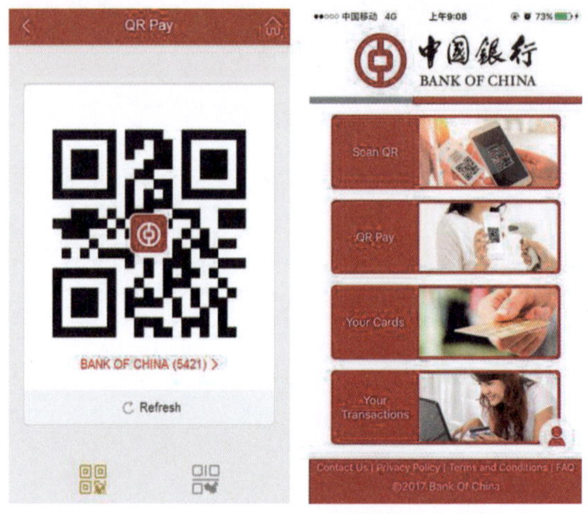

图 2－25　中国银行 EMV 国际标准二维码

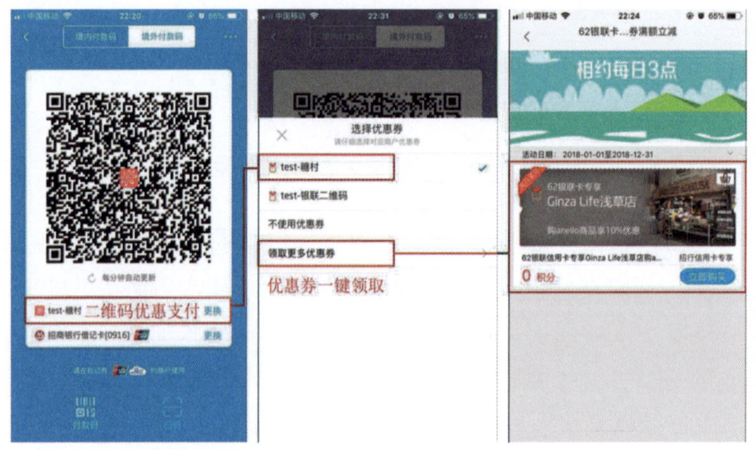

图 2－26　招商银行信用卡“掌上生活”APP 境外二维码

随着互联网技术的快速发展以及移动支付的普及应用，农村金融服务在基础设施建设和精细化服务上均得到了相应的提升。为落实国家普惠金融发展计划、扶贫攻坚乡村振兴战略，各商业银行和支付机构利用创新技术降低农村金融服务成本，致力于解决农村地区支付环境落后、支付服务不充分的问题，积极推动城乡支付服务融合发展，助力城乡一体化建设。同时，针对农村地区面积大、相对分散的情况，商业银行和各类支付机构加快电子支付业务在县乡市场的渗透，推进网点服务的转型升级，提升员工支付结算的知识水平和业务操作技能，因地制宜为农村持卡人和特约商户在更多场景提供更丰富便捷的支付服务，以实现基础金融服务全覆盖为目标，推动基础支付业务从服务农民生活到服务农业生产和农村生态的有效延伸。

二、2019 年支付结算市场展望

（一）行业监管持续加强，注重量质并举

2019 年，“断直连”与备付金集中存管等市场规范工作即将进入收尾阶段。随着监管机构各项政策进一步落实，清算机构、银行和支付机构的分工合作将开启新常态，支付服务提供者进一步回归各自业务本源，支付市场将进一步实现透明化、集中化与规范化运转，产业结构更加灵活高效。2019 年，我国支付产业将继续贯彻供给侧结构性改革精神和监管政策，推动基层落实，一方面引导支付机构合规经营，通过制度化手段维护行业公平机制与运营效率，另一方面普及消费者风险教育，为支付市场健康发展营造更为有序的生态环境。

随着市场的成熟规范与监管体系的完善升级，支付机构的经营模式逐步由重增长、轻盈利回归至增质提效可持续发展。随着金融服务对外开放步伐的加快，外资银行卡清算机构和支付机构将逐步在国内市场开展日常业务，将与内资机构在经营理念与发展模式上产生双向交流，这无疑将在市场竞争发展的过程中，促进国内支付产业更科学、持续地发展，构建更为健康的商业模式与生态体系。

（二）创新业务促进支付市场“引进来”与“走出去”

2019 年，在“一带一路”倡议的号召下，中国支付机构将继续通过传递国内在技术、创新、规范等领域的发展成果来推动自身产品和服务在境外支付市场的应用，参与国际市场竞争。中国银联、各商业银行与第三方机构将继续加快与国际市场融合，布局国际支付市场。同时，中国支付产品在境外市场的本地化步伐也将持续加快，这得益于人们日益增长的旅游和购物需求不仅带动了海外消费，更带来了以移动互联网和电子钱包为基础的“中国式支付”。随着中国线上电子商务的迅猛发展，与之相对应的第三方支付、二维码支付也将逐渐在国际市场得到普及。同时，人民币跨境支付系统（CIPS）的持续运营也为境内商业银行、清算机构“走出去”提供了更有力的清算结算支持。随着我国银行卡清算机构、外商投资非银行

支付机构准入管理的正式启动，国内支付市场将迎来创新驱动的新局面，支付产业结构将得到进一步升级，支付服务市场整体效率将持续提升。

（三）银行卡支付或将成为普惠金融发展重中之重

“大力发展普惠金融，让所有市场主体都能分享金融服务的雨露甘霖”是新时代背景下对金融服务行业提出的新要求。小微企业、城乡低收入人群、残疾人、老年人等特殊群体是普惠金融的主要发展对象。支付结算行业在扶贫攻坚、促进普惠金融发展中一直扮演着重要角色。2019 年，商业银行将继续发挥支付业务用户入口、数据来源等方面的作用，通过支付与贷款业务联动实现面向个人和小微企业客户的金融服务的更广泛渗透。与此同时，支付机构将秉持普惠便民的理念，不断丰富支付产品，普及电子支付服务在交通、教育、水电、通信、社保、政务等便民领域的作用。在支付服务发展相对不充分的农村市场，广泛开展支付新业务，推进无卡支付的广泛应用，研究开展跨境支付业务，因地制宜地推进乡镇支付环境建设，通过支付技术创新降低金融服务门槛，更高效地推进支付便民、金融惠民。

第三节　市场营销

随着互联网的发展及金融科技的快速崛起，新的传播工具和方式不断涌现，人们的价值观日益多元化、社交圈层化，银行卡的营销也从平面、单向推广，逐步转向多元、双向互动营销发展。各大银行纷纷依托社交媒体、视频网站等新兴媒介，围绕娱乐、生活等消费场景，跨界携手各大流量巨头，在内容、创意、营销手段上不断推陈出新。同时，各行积极整合优势资源，线下线上联动发力，打造立体化营销网络，充分发挥了营销在拓展客户接触面、抢夺支付场景、宣扬品牌个性上的巨大作用。

一、以互联网思维创新营销方式

（一）依托社交网络开展社交营销

当前，移动互联网推动社交成为最主要的流量入口，人际传播的影响力超越了大众传播，个人的社会关系网络在社交媒体中的延伸，孕育了个性化和圈子化消费的商业机会。商业银行将互联网的理念、思维、工具、方法深度融入到银行卡营销中来，释放了社交网络的营销能量。

工商银行信用卡中心成功开展了工银信用卡合伙人计划，将员工、持卡人、商户收银员都发展成了信用卡营销员，这种充满互联网思维的传播式营销在年轻客户中反响强烈，“80 后”“90 后”们纷纷结合工商银行 2018 年推出的 World 奋斗信用卡、宇宙星座卡爆款或者借助当下热门事件转发办卡二维码。工商银行也因势利导，上线了二维码模板功能，主动提供热点图片供合伙人使用，同时，为推进场景化获客，为商户合伙人提供二维码贴纸。在推出“办卡送 iPhone X”重磅活动后，最牛合伙人推荐新客户更是高达 700 余人，充分展现了互联网社交化营销的巨大潜力。

图 2－27　工银信用卡合伙人计划如火如荼地开展

（二）携手流量巨头开展合作营销

强强联合已经成为金融产品发展的动力和内驱力，银行通过将自身产品与流量巨头优势相结合，通过资源互换，实现合作共赢。

2018 年，兴业银行开展了贯穿全年的京东联合营销活动，活动内容涵盖“大体育、大运动、大健康”主题内容，包括 3 月运动户外品类大促、4 月上海马拉松联合营销、6 月世界杯大促、8 月上马周边立减及 9 月运动大促；“6·18”“双十一”等全年大促联合营销及兴业银行 30 周年行庆联合营销；与京东进行战略资源互换，通过参与奢侈品 APP TOPLIFE 发布活动，借助新浪微博、知乎等外部媒体，实现了超过 2 亿人次的活动曝光量。京东系列联合营销活动成功打造了“兴业信用卡 X 京东支付”联合品牌形象。

恒丰银行通过合作方互联平台与优质平台企业或第三方信息服务平台对接，为平台客户提供集在线融资、财富管理、电子支付、Ⅱ类账户等金融服务于一体的综合金融方案。其中，中百控股集团公司是一家商业网点众多的大型连锁上市公司，旗下商业网点 830 余家，会员近 500 万。恒丰银行借助中百集团的客流量和入口端，开展大力度“满减”活动，大大提升了Ⅱ类、Ⅲ类账户发卡量和移动支付交易量。

图 2－28　“兴业信用卡 X 京东支付”联合营销

（三）布局营销闭环增强用户黏性

为进一步提升活客、留客质效，商业银行积极研究布局信用卡消费生态圈，在连接流量、融合场景的基础上，开始基于大用户基数，形成自己的流量平台，进而把信用卡 APP 打造成用户移动生活中心。

招商银行将“10 元风暴”活动与深受年轻用户追捧的“小招喵”品牌 IP 强势结合。用户在“掌上生活”APP 中完成品质饭票消费、生活便利服务、定制化金融咨询、智能 AI 客服互动等任务，即可累积“小招喵”，“小招喵”作为游戏代币，可以兑换相应的奖品。活动以“小招喵”作为基点，串联起“掌上生活”APP 的各项品质生活服务以及信用卡的基础消费，实现了“帮助用户熟悉掌上生活 APP，完善品质生活服务闭环”的目标，成功刷爆朋友圈。

图 2－29　招商银行“10 元风暴”活动

民生银行自主研发了“还款金”系统，支持券面金额多样化、有效期自定义、应还款抵用判断智能化，并与实时营销平台、权益管理平台及品牌官方 APP（全民生活）打通，真正实现营销闭环。“还款金”礼品对于用户而言直观、实用、价值感强，首次在发卡 13 周年庆神秘免单活动中投入应用并取得成功，目前已成熟地运用于全民 616、超低价抢好礼、全民无卡付及开运锦鲤卡等多个项目。

二、以多种渠道布局丰富营销效果

（一）新兴媒介丰富营销宣传途径

互联网环境下电脑客户端和手机移动端成为新媒体营销的传播载体，移动端的升级发展，给新媒体提供了多元化的传播土壤。商业银行积极拥抱新媒体时代，紧跟年青一代用户行为习惯的改变，利用新兴媒介为营销赋能，展现出传统金融的生机与活力。

短视频的兴起使得亿万百姓都参与进来，营造了众多商机，流量已成为大势所趋，商业银行开始试水短视频营销。邮储银行在“火山小视频”APP 上开展了青春挑战赛活动，并为青春卡持卡人配置首刷礼活动。活动以“青春大胆晒，有爱秀出来”为主题，邀请年轻人结合“唯有爱与美食不可辜负”“态度比身份更重要”青春卡核心理念拍摄 15 秒青春短视频。网友们纷纷晒出美食、运动、才艺、表情等彰显青春的创意短视频。活动共计有 8.9 万年轻人参与，拍摄了 11 万条短视频，吸引了 750 万次观看，引发了 21 万条互动评论和 6 万次转发分享。

随着越来越多的用户将互联网作为观看视频的主要途径，网络视频营销成为产品营销的一个优势方向与策略。华夏银行利用网络热播影视剧开展广告宣传，以易被大众接受的软性“创可贴”广告及“暂停广告”的形式植入剧目中，依托视频媒体的高收视率及创意内容、借助当红偶像力量及粉丝营销，打造年轻、潮流、创新的品牌形象，同时通过在剧集中植入信用卡官方微信公众号二维码，形成线上引流，促进业务转化。

图 2－30　华夏银行信用卡优酷视频广告

经过两年的发展，小程序的营销优势逐渐显露，同样给商业银行提供了新的营销方式。广发银行信用卡联合喜茶开展广发分享日半价营销活动，在“喜茶 Go”小程序首页入口放置 Banner 图，并推出微信支付绑定广发信用卡消费满 30 元立减 15 元活动，借助网红商户流量提升活动声量及效果。同时，借助“喜茶 Go”小程序数字化营销工具，解决喜茶“排队难”“无法实时查询名额”等网红商户常见问题，实现“提前下单，无须排队”“名额实时提示”以及“指定地区满足消费门槛提供外卖服务”功能，进一步优化了用户体验。此项活动期间微信支付绑卡量环比提升 20%。

图 2－31　广发银行信用卡“喜茶 Go”小程序营销

（二）线下活动助力品牌形象打造

在线上营销发展势头迅猛的同时，线下活动也凭借针对性、体验性和参与性上的独特优势，在服务客户方面大展拳脚。在媒体融合的时代，商业银行也在巧妙运用线下活动弥补线上营销无法面对面接触客户的缺陷，打造有温度、接地气的活动宣传，在营销产品的同时，树立企业品牌形象。

农业银行信用中心联合复旦大学、浙江大学、天津财经大学等六所知名高校，在教师节当天六地联动举行了首届“迎金秋、进校园”农业银行尊师系列信用卡校园营销活动，以“致敬中华民族‘梦之队’的筑梦人”为主题，传递“致敬教师、感恩教师”的传统精神。通过多场景综合营销方式，配套提供了专门服务于教育行业客户的“一揽子”专属金融产品，包括尊师系列信用卡、理财、存贷款等，开展了信用卡开户有礼、信用卡分期购车教师专属优惠、借记卡缴费及购物优惠等各类活动，在教师及学生群体中打响了品牌。

图 2－32　农业银行“迎金秋、进校园”活动

结合哈尔滨国际马拉松赛事及其新增的家庭亲子跑，哈尔滨银行精心策划了“理财小行家，财富创未来”财商训练营活动。活动以培养小朋友金融常识为切入点，激发小朋友们的学习兴趣。为增强活动吸引力，哈尔滨银行在亲子赛程营销区搭建了精美的生肖摄影展台，并配以星座摄影手持道具，同时准备了趣味十足的互动游戏和丰富多样的礼品，更别具匠心地为完赛家庭准备了亲子完赛纪念奖章。整体活动围绕“信用人生，哈马启程”的营销主题，向哈尔滨市民和全国各地友人们展现了“用脚步丈量城市，用信用丈量人生”的品牌价值。

图 2－33　“8·26”哈马亲子现场营销火爆

图 2－34　“8·26”各大赛程营销区现场情况

三、巧用创意让营销内容更贴心

（一）创意娱乐增强营销趣味体验

为优化客户体验、促进持卡人深度参与、吸引年轻客群的关注，商业银行开展了更趣味、更科技、更温暖的各类互动营销活动。

平安银行突破传统活动形式，创新设计组队 PK 兼排名的游戏机制，开展“拼搏吧，我的团”年底消费大促活动。活动精选热门时尚好礼，通过有趣精致的交互页面、好玩透明的活动流程，促进客户刷卡消费。“拼搏吧，我的团”作为平安银行信用卡中心首个实现创新交互流程的开放式活动，不仅着眼于活动投产效果，更重视客户体验层面的突破：一方面，组队 PK 的活动机制，在奖励营销的基础上也为客户创造刺激、有趣的游戏式体验；另一方面，活动通过全面的交互场景梳理、交互页面设计，实现了客户一站式报名、查询和领奖的流畅体验。

图 2-35　平安银行信用卡“拼搏吧，我的团”活动

（二）直击客户痛点，打造情感营销

情感营销立足于消费者的情感需要，唤起和激发消费者的情感需求，引导消费者产生心理共鸣，以此实现向消费者推广和销售产品的目的。对此，商业银行纷纷认识到，消费升级以及信用卡产品同质化使消费者对产品的关注转向情感上的满足和心理上的认同。

工商银行在开展奋斗卡品牌整合营销中，使用契合时代的主题、感人至深的内容与互联网化的传播方式，将“幸福是奋斗出来的”的理念传递给广大民众。在 2018 年农历春节营销黄金时期，工商银行拍摄了《幸福是奋斗出来的》微电影，以三个感人故事生动诠释了“奋斗”的精神内涵，通过人民日报客户端开屏与信息流广告、人民日报微信等渠道，引爆奋斗卡的春节档传播；在人民日报、新华网、中国新闻周刊等 83 个微博号上，成功打造了“致敬奋斗”热点话题；推出“我的 2018 奋斗姿势”互动 H5，用户可扫描二维码展示奋斗姿势；与三联生活周刊、南方都市报等微信大号合作定制奋斗主题文章。营销期间，上万网友讲述奋斗故事，为奋斗点赞。

图 2－36 工商银行奋斗信用卡营销

四、银行卡营销发展趋势及展望

银行卡营销紧跟信息传播方式和人们行为方式的改变，朝着多元化、社交化、立体化、场景化的方向发展。

一是随着新媒体和金融科技的快速发展，商业银行未来将更多地利用口碑营销、数据库营销、事件营销和互动体验等方式更好地吸引客户、服务客户，提升营销精准性。二是随着营销的主动性前置，商业银行未来将进一步整合行内行外、线下线上各路资源，深化跨界合作，融合嵌入消费场景，向立体化、平台化发展。三是银行卡营销创意是其灵魂，服务民生是其目标，商业银行未来将更加借助大数据等方式强化对人们生活的洞察能力，提升营销内容的创意和内涵，打造有温度、接地气的品牌形象，树立鲜明的品牌特征，吸引目标客群。此外，将进一步加强营销活动管理与客户交互的应用与优化，提升客户的参与体验。

第四节　APP 渠道建设

随着移动互联网技术飞速发展以及线上消费和无现金支付的普及，手机银行 APP 作为银行业务增长的利器，呈现飞跃式发展，逐步从支付工具升级为综合金融服务平台，成为银行业“获客黏客”的重要流量入口。2018 年，各商业银行 APP 以提升用户体验为主要优化目标，进行了一系列迭代升级，朝着智能化、场景化、个性化、综合化的目标迈进。

一、APP 渠道发展阶段与规模

伴随着移动互联网的迅猛发展以及智能手机的广泛使用，人们上网习惯从 PC 端向移动端加速转移。手机银行作为金融机构顺应市场发展潮流而推出的、通过手机终端向客户提供金融服务的一种方式，经历了不同的发展阶段。第一是短信银行阶段，从 2000 年至 2003 年，产品形式是由手机 GSM 短信中心和银行系统构成，商业银行的短信手机银行服务可以帮助客户完成账务查询、自助缴费、银行转账等基础业务的办理；第二是 WAP 银行阶段，从 2004 年至 2006 年，产品形式是基于 WAP 技术构建手机银行网站，使用方法是由手机内嵌的 WAP 浏览器访问银行网站，客户可以通过手机完成大部分网上银行业务的办理；第三是 APP 银行阶段，时间从 2007 年至今，产品形式是针对不同智能手机操作系统，开发手机客户端，客户只需下载应用即可使用。

从 2007 年起，商业银行 APP 在自身不断更新升级的基础上，渗透率也不断攀升，逐渐成为银行获客引流、产品营销、为客户提供金融服务的重要渠道。在此期间，国家相关政策的推出为商业银行 APP 的健康发展奠定了坚实的基础。2014 年以来，人民银行先后下发了《关于手机支付业务发展的指导意见》《关于推动移动金融技术创新健康发展的指导意见》《关于落实个人银行账户分类管理制度的通知》等文件，中国银联随后也发布了《二维码支付安全规范》《二维码支付应用规范》等文件，手机银行的功能不断丰富，应用场景不断扩展，手机银行用户数量和交易规模出现爆发式增长。

在商业银行 APP 持续发展的过程中，信用卡业务由于其较为独立的服务体系以及客群定位、丰富的场景和营销活动与天然的互联网属性，专属 APP 逐渐建立并取得了快速发展。信用卡 APP 与手机银行相比具有更个性化、更贴近用户生活等特点，例如交通银行的“买单吧”、招商银行的“掌上生活”、工商银行的“工银 e 生活”、中信银行的“动卡空间”、光大银行的“阳光惠生活”等，从名称到内容都更聚焦生活消费服务，优化客户体验。

2018 年，各商业银行 APP 以提升用户体验为主要优化目标，进行了一系列迭代升级，如交通银行信用卡“买单吧”APP、广发银行信用卡“发现精彩”APP、北京银行信用卡“掌上京彩”APP 分别推出了 3.0 版本，招商银行 APP、“掌上生活”APP 上线 7.0 版本。不仅优化了账务处理、卡片管理等基础金融服务，更纷纷逐鹿个性化、差异化的移动智能服务圈，实现从线上到线下、从金融到泛金融的跨越。

据各商业银行发布的数据显示，截至 2018 年末，手机银行 APP 用户量、活跃度均有突破式增长：招商银行信用卡“掌上生活”APP 累计用户数 7 003 万户，月活跃用户数 3 954 万户；广发银行信用卡“发现精彩”APP 累计注册量 2 775 万，累计绑卡量 1 891 万；交通银行信用卡“买单吧”APP 累计客户规模近 5 500 万；招商银行 APP 下载客户数达 7 827 万，较上年同期增长 40%；光大银行手机银行总客户数达 4 937 万户，较上年同期增长 40%，活跃客户数达 2 018 万户，活跃度为 41%；中信银行手机 APP 总客户量达 3 670 万户，12 月当月登录客户数突破 687 万户，交易额突破 62 897亿元，较 2017 年同期增幅保持在 20% 以上。

在庞大的用户基数下，各商业银行手机 APP 渠道建设更加注重提升用户体验，通过优化服务功能和用户操作体验，提升用户对手机银行的依赖度。

二、围绕用户体验的 APP 创新升级

（一）APP 功能日趋完善，服务全方位覆盖

2018 年，在大零售转型的背景下，手机银行 APP 功能日趋完善，对人

工客服渠道替代率不断提升，基本覆盖了银行卡全生命周期和积分体系，能够为用户提供全方位、便捷化的综合金融服务。

各商业银行 APP 逐步完善移动金融服务功能，打造完整的沉浸式金融服务链条。工商银行信用卡工银 e 生活 APP 2.0 上线了申请办卡、账单查询、还款、余额变动提醒等服务功能，同时实现了融 e 借、现金分期、账单分期等个人信贷产品的全线上办理功能及秒批秒贷的极致体验。华夏银行手机银行新增“电子卡管理”一级菜单，具备Ⅱ类、Ⅲ类账户的开户、充值、提现、绑定卡管理等功能，同时优化现有相关功能，以支持使用Ⅱ类、Ⅲ类账户。

图 2－37　工商银行信用卡 APP“工银融 e 借合伙人”营销活动计划

与此同时，各商业银行进一步完善 APP 生活服务板块。工商银行信用卡“工银 e 生活”APP 搭建了覆盖“衣、食、住、行、娱、学、医”的全方位、场景化、便捷消费金融生态圈，通过打造机场贵宾厅服务、e 饭团、工银 e 爆品、免息分期、1 折观影、外卖日、公积金查询等丰富的生活消费服务场景，实现了全方位的客户服务。招商银行信用卡“掌上生活”APP 7.0 新增生活频道全面整合高频生活消费场景，同时推出掌上管家、充值中心、生活缴费、车主服务、公积金查询等便民生活服务项目。浦发银行的浦大喜奔 APP 开创“智能地图”功能，将“生活”板块转变为以用户为中心的地图辐射区域展示，让周围商圈优惠、门店优惠、网点信息一目了然。

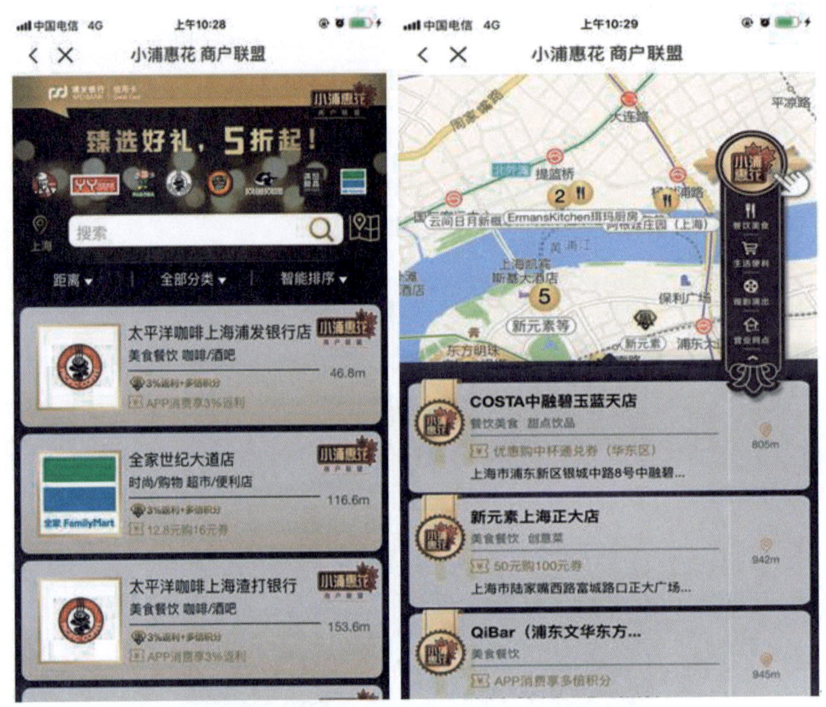

图 2－38　浦发银行信用卡浦大喜奔 APP“智能地图”功能

北京银行信用卡 APP“掌上京彩”完成 3.0 版本升级，新增“本地优惠”与“用卡安全”专区，为客户提供支付限额和场景管理，加强客户用卡安全保护，以全新视觉与交互体验打造集信用支付、消费金融和营销获客“三维一体”的移动互联新模式。

（二）洞察用户需求，场景建设差异化

围绕客户体验，各商业银行将移动金融领域探索焦点放在数据情景的应用创新方面，通过与优质第三方企业开展深度合作，持续打造丰富的线上消费场景。手机银行 APP 打破了传统服务边界，实现从金融到非金融的跨越，线上与线下相结合，构筑了手机银行上的城市生态服务圈。

由于场景入口及资源的有限性，手机银行 APP 难以接入所有场景。各商业银行 APP 在功能板块设计上采取差异化战略，细分用户需求，打造不

同的场景频道，抢占客户资源。2018 年，工商银行信用卡“工银 e 生活”APP 丰富小额高频消费频道，引入星巴克配送、超市购、演出赛事、考拉海购等内容，打通支付和订单流程，吸引年轻客户群体，构建未来主力消费人群的引流渠道。

北京银行 APP 聚焦“出境金融”“关爱健康”“车生活”三大场景，涵盖在线签证、健康咨询、洗车保养、道路救援等 50 余项服务。其中，“线上签证”提供 41 个国家的签证服务，全流程通过手机银行即可完成；“关爱健康”专区对接多家商户，提供医保、健康咨询、体检预约等 10 余项健康服务。

与此同时，基于用户洞察，探索智能化无人场景，也成为各商业银行提升 APP 渗透率的关键。招商银行 APP 7.0 版本从拓展公交、地铁、停车等出行场景入手提升用户活跃率、培养用户使用习惯。截至 2018 年末，招商银行 APP 用户能在超过 102 个城市及地区使用 APP 移动支付功能乘坐公交地铁；在十余家停车平台，超过 12 000 个停车场，使用 APP 扫码快速查询并缴纳停车费。

工商银行信用卡“工银 e 生活”APP 积极探索智慧交通、智慧校园场景，为驾车人、乘车人、大学生等用户群体提供了精品化的贴心服务。智慧交通方面，e 生活打造了名为“e 停”的智慧停车一体化解决方案，接入了交通部路网中心统一提供的 ETC 功能，实现了黔通卡等 ETC 卡的在线申请与自动扣费，同时与银联合作，实现了公交乘车二维码及银联停车场无感停车；智慧校园方面，e 生活提供了整体解决方案，通过校园卡的在线管理，实现“智慧校园 e 卡通，通行支付一卡通”等一站式服务，并且与校园卡服务第三方合作，共同组成了大学生校园卡服务的功能体系，为贵州大学、扬州大学等知名高校提供智慧校园“一揽子”服务。

（三）服务流程极简化，智能交互有温度

为用户提供一站式自助服务，是 APP 渠道建设的重要目标。2018 年，各商业银行 APP 纷纷推出或完善了“一键”“一声”触达功能，为智能交互赋予温度，实现了从“服务”到“陪伴”的跨越。平安银行口袋 APP 推出“一键办卡”“一键借款”“一键申请航班延误理赔”“一键呼叫道路救援”等功能，实现了用户操作与使用场景的无缝衔接。

工商银行信用卡“工银 e 生活”APP 为了方便用户使用，打造了“一键办卡”“一键借款”“一键还多账户”等功能，最大限度地减少了客户的

操作步骤。同时打造“工小智”智能客服，采用MaaC（Messenger as a Container）的业内前沿交互模式，实现基于客户的需求进行精准业务推送。

浦发银行浦大喜奔APP推出“小浦随心聊”动漫客服功能，借助语音识别、智能应答等技术，用户只要说出自己的需求，就可进行账单、积分查询、额度调整、分期等多种业务办理，真正实现了人机互动的全新服务模式。招商银行APP 7.0推出“小麦”语音智能助理，用户通过语音即可完成账户收支查询、转账等各项操作，提升了用户体验。

中信银行APP打造智能语音服务，为客户提供全流程语音办理可信收款人免密转账、理财产品购买/查询/赎回、账户余额查询、交易明细查询6大类重点高频交易。

图2－39　中信银行APP智能语音明细查询及余额查询交易

（四）线上线下相互引流，提供个性化金融服务

各商业银行APP依托大数据、云计算等技术革新，致力于为持卡人提供专属金融服务。相较于传统渠道，APP能针对不同成长阶段和价值区间的用户，根据其消费偏好进行差异化的进阶式权益组合配置，从而吸引客户启用新卡，增加刷卡频度和金额等。

在精细化运营方面，手机银行 APP 能通过用户画像，主动契合客群特征，提供满足用户需求的金融服务，充分展现“千人千面”的产品魅力。民生银行全民生活 APP 创建“千人千面”的智能服务体系，集广告精准化推荐、功能热度排序、权益差异化结果、风险评分结果于一体，以 AI + 大数据为核心，实时、精准感知客户状态，从而提供善解人意的服务；以大数据平台为基础，通过客户年龄、性别、地理位置、消费习惯、浏览习惯等数十个数据标签，进行 360°客户画像，为全民生活开放智能服务 API，打造个性化、场景化的智能服务体系。

此外，2018 年各商业银行 APP 渠道还实现了线上与线下相互引流、智能与人工动态切换，让用户足不出户即可享受到“人工 + 智能”的个性化金融服务。招商银行 APP 7.0 通过分行专区、网点线上店、招乎服务号、客户经理连线、小程序、二维码扫码等实现 APP 与线下服务网络的有效衔接，形成服务闭环，实现了线上线下的服务互动。

（五）大数据精准触达，充分发挥渠道优势

各商业银行依托手机 APP 与用户持续交互，利用大数据优化活动模型，主动触达客户，发展高质量的忠诚客户，充分撬动用户潜在价值。平安银行口袋 APP 开发“地理围栏”功能，结合分行、信用卡活动，对地图上划定范围内安装了口袋银行的用户进行自定义内容的消息推送。2018 年该功能累计推送触发客户超 30 万人次。交通银行“买单吧”APP 搭建标签体系和应用平台基础，提升客户画像精细度，配合灵活稳定的规则引擎系统，可快速满足个性化活动目标客群筛选、活动达标判断等细分客群经营需求。

此外，部分商业银行 APP 还开辟了地区性特色板块。通过总分行联动或与第三方平台合作，发挥渠道资源优势，在 APP 上提供区域用户专属的权益服务，从而达成营销效能最大化的目标。工商银行信用卡“工银 e 生活”APP 结合各地区实际情况，为二级分行打造本地特色专属服务/活动，比如为贵州用户定制的智慧停车服务。客户只需在 APP 绑定车牌号与银行卡，进出停车场时即可体验“自动识别车牌，计时计费，自动缴费”的无障碍通行。招商银行 44 家境内分行均实现了在 APP 线上开展地域化特色经营，打造 O2O 融合服务模式。

图 2－40 招商银行 APP 分行专区

（六）风险防控智能化，安全操作提速升级

通过应用生物识别技术，加固风险控制体系建设，是 2018 年各商业银行 APP 迭代升级的重大突破，成为保障用户移动金融安全的重要防线。光大银行手机银行在现有密码、手势、指纹（面容）、刷脸登录基础上，上线声纹登录功能，客户只需在手机银行记录下声音，登录时读出 8 位数字即可轻松完成登录，利用创新技术加强风险防控能力，为客户带来更安全、更便捷的智能金融服务。

浦发银行智能 APP 引入人脸识别、指纹等生物认证技术，为用户提供“刷脸”办理大额转账功能，根据用户转账风险等级，在动态密码认证基础上额外进行刷脸交叉性认证，保障大额交易的安全性。

工商银行信用卡“工银 e 生活”APP 在登录、支付和信用卡服务中充分利用人脸识别、指纹等生物认证技术，优化客户体验，增强风险控制。工银 e 生活在首次登录时引导客户开通指纹/刷脸登录，首次支付成功引导客户开通指纹/刷脸支付，显著减少了客户登录难度，操作提速升级；持卡人在 e 生活上做信用卡启用时，使用人脸识别对客户身份进行联机核查，打击伪冒卡违法犯罪，目前 e 生活已接入微信授权登录，也将通过增加人脸识别，增强用户登录安全性。

三、APP 渠道发展和展望

随着消费金融市场发展，用户个性化需求带动场景多元化变革，APP 渠道建设正迎来前所未有的挑战与机遇。要想在互联网时代破局而出，各商业银行必须加快数字化转型步伐，从用户体验出发，实现“科技 + 金融 + 场景”的 APP 迭代升级，从而打破现有金融边界，开拓用户移动互联新体验。

（一）从“扩大规模”向“提升活跃率”转变

目前，各商业银行 APP 用户数量已较为庞大，增长空间有限。下一阶段，银行 APP 渠道建设重点将放在“引流量、拓场景”上，集中马力提升用户活跃度。APP 迭代升级一是为业务部门维系客户、业务创新、流程优化、营销推广提供平台支持；二是优化营销资源配置，实现营销活动展示差异化，提升互联网渠道综合服务价值。

（二）从“功能完善”向“价值创造”转变

展望未来，数字化运营依旧是银行发展的必然趋势。商业银行将坚持开放、前瞻的移动互联网思维，依托大数据、人工智能等科技赋能手段，不断升级创新 APP 产品功能，迎合用户个性化、多样化、差异化需求，打造“千人千面”的智能服务，实现“交易操作平台”向“综合运营价值平台”的转型，构建客户体验至上、服务无处不在的移动经营发展平台。

（三）智能风控全面护航，让安全更简单

在风险防控难度不断加大的背景下，安全建设仍是下阶段各商业银行 APP 渠道建设的重中之重。各商业银行必须深度运用科技赋能，完善渠道安全策略。特别是在注册、登录、开户、支付、贷款、更换设备等关键交易环节，进一步推进生物识别技术应用，加固安全风控防线的同时，让操作更简单，让用户更安心。

第五节　跨境业务

一、跨境业务规模与现状

（一）国际主要卡组织规模情况

从交易金额来看，2018 年，全球主要国际卡组织总交易金额约为 247.4 万亿元，同比增长 21.9%。中国银联全年交易金额达到 120.4 万亿元，市场份额为 48.5%，比上年增加 2.7 个百分点，市场份额保持全球第一位；Visa、万事达、美国运通的市场份额，分别为 31.6%、16.4%、3.3%。

从发卡量来看，中国银联继续领先其他国际卡组织，但境外发卡占比较低，从 2017 年的 1.3% 提升至 1.4%。2018 年全球通用卡数量 138.54 亿张，同比增长 8.3%，中国银联、Visa、万事达、美国运通发卡量占比分别为 57.2%、24.2%、17.8%、0.8%。

从受理环境来看，Visa 和万事达超越银联并列首位，全球商户数达到 5 390万户，同比增幅 21.4%，高于银联 9.2% 的增幅。

表 2－1　　2018 年主要卡组织核心数据对比

2018 年各项指标		银联	Visa	万事达	美国运通
交易	总交易金额（万亿元）/同比变动	120.4/28.3%	78.3/8.8%	40.6/14.0%	8.1/9.1%
	总交易笔数（亿笔）/同比变动	443/50.9%	1 880.5/10.7%	1 031.1/18.3%	—
	全球总交易金额市场份额	48.5%	31.6%	16.4%	3.3%
发卡	总发卡量（亿张）	79.2	33.5	24.7	1.14
	本国以外发卡占比	1.4%	73.2%	77.9%	52.9%
受理	全球商户（万户）/境外商户	5 370/2 637	5 390	5 390	2 400
	全球 ATM（万台）/境外 ATM	265/175	235	255	—

注：国际卡公司按照 2018 年 12 月 31 日汇率 1 美元 = 6.8785 人民币来进行交易金额折算，同比变动剔除了汇率的影响。

资料来源：Visa、万事达、美运四季度财报，中国银联，*The Nilson Report*。

（二）我国银行卡跨境业务发展现状

1. 受理网络持续优化

2018 年，银联卡的境外受理环境建设持续推进，持卡人在境外的支付体验不断提升。截至 2018 年末，银联受理网络延伸到 171 个国家和地区；境外累计受理商户数达 2 637 万户，较上年增长 12. 8%；境外可受理银联卡 ATM 终端新增 11 万台，累计达 175 万台，较上年增长 6. 7%。

2. 海外市场受理覆盖率持续提升

银联卡在多个海外市场的受理覆盖率持续提升。在港澳地区、蒙古国、古巴、阿联酋地区，银联卡基本实现全面受理；在东北亚、东南亚区域，ATM 受理覆盖率优于其他国际卡品牌，商户受理覆盖率超过 70%；美国 80% 以上的商家受理过银联信用卡；中东欧 16 国大多已实现银联卡受理，其中欧洲已有 40 个国家和地区、超过 330 万家商户受理银联卡，占全欧可用银行卡商户的六成以上；非洲整体受理覆盖率超过 70%；“一带一路”沿线已有近 60 个市场开通银联卡受理，覆盖超过 400 万家商户和 40 万台自动取款机。

3. 推动重点行业支付场景

银联在境外进一步推动重点行业支付场景受理环境建设，大力拓展酒店、交通、游轮等行业商户。其中，澳新希尔顿酒店、西班牙连锁酒店集团 Melia 等开通旗下门店银联卡受理业务，门店开通率达到 70% 以上；与全球五大租车品牌 Hertz、Avis、Europcar、Enterprise、Sixt 全部实现合作，2018 年全年上述租车品牌的银联卡预授权交易笔数同比增长近 120%。同时，境外线上受理环境进一步完善，2018 年境外网上商户交易量同比增速超过 110%，专业服务、留学缴费、线上购物和旅游售票成为主要线上用卡场景，以留学服务为例，境外已有 2 000 多所学校支持银联卡线上缴纳学费。

二、跨境业务的创新与发展

（一）跨境场景：结合时代热点，搭建多元化跨境场景

后支付时代，商业银行和支付机构加速向“支付 + 场景 + 信贷”的线上线下综合金融服务转变，消费场景成为支付转型的首要关注点。各机构跟随着场景的发展需要，采取“支付圈地、深入场景、经营客户、衍生获

利”的经营路径，及时进行支付、信贷的功能升级换代。2018 年，新潮流和新热点的产生，促进了新兴消费场景的建设。

留学场景。随着出国留学成为一种大众化普遍化的求学方式，留学生规模日益扩大，作为长期在境外有较高消费需求的特殊群体，留学生也是银行卡产业打造跨境市场的重要客群。中国银行联合新东方推出卓隽留学系列信用卡，该系列产品主要面向准留学生以及出国留学的海外学子发放，目前已拥有百万量级的客户群体。该卡为持卡人提供了托福雅思免费在线精品课程、海外租房下单立减、归国求职优惠课程等丰富的留学教育权益。另外，中国银行还为海外留学的学子打造了以美元为主的多币种卓隽留学系列信用卡，除享有新东方教育类权益外，同时也有境外消费笔笔返现、免 ATM 取现手续费、与免货币兑换手续费等丰厚的跨境消费权益，让学子出国后不再担负较高昂的取现手续费与货币兑换费，方便留学生境外用卡。

旅游场景。随着境外游市场不断成熟，中国已成为世界第一大出境旅游消费国。通过连接产品、支付、营销、服务，银行卡产业全面助力用户境外“品质消费”。2018 年是“中国欧盟旅游年”，光大银行携手中青旅、银联国际在第四季度全行开展“欧洲馆”旅游节营销活动。“中青旅出国 + 联名借记卡/出国 + 卡”持卡客户专享“四重礼”优惠促销，包括欧洲优惠线路 + 英、法超值签证服务 + 欧洲海外消费立减 + 会员优惠券的四重优惠，以金融赋能旅游，为客户带来超值的“旅游 + 金融”的客户体验。此次旅游节活动导入了优质的旅游客群，增加了中青旅联名卡持卡人数量，提高了中青旅联名卡活跃度，实现以融促产，以产助融，产融共赢。

图 2－41　光大银行“欧洲馆”旅游节营销活动

浦发银行信用卡中心联合大型第三方商旅平台（携程/众信），推出境外旅游线路优惠活动，尝试先把客户送出去，再推广境外商户活动，持续跟踪客户的境外用卡行为，以此增加境外客户数量、提升交易金额。通过借助第三方商旅平台的高流量覆盖了绝大多数的出境游客户，通过布局线下门店的差异化竞争揽获了大量优质客源。

图 2－42　浦发银行全球购活动

购物场景。2018 年末中国跨境网购人数达到近 5 800 万，跨境电商交易规模达到约 9 万亿元人民币。建设银行面向龙卡信用卡境外交易客群推出了“玩转世界”系列境外活动，包括境外返现活动及丰富的境外线上线下商户优惠，并在 6 年间深耕经营，从客户体验的角度出发进行升级优化，力求让广大持卡人享受到真正的“一卡在手　热购全球”。境外返现活动是“玩转世界　热购全球”系列活动的基石，自活动推出起，龙卡信用卡持续不断地对活动规则进行升级优化，从最初仅有线下返现活动，发展到如今的囊括线下刷卡、线上商旅平台、海淘商户的全覆盖返现活动；从最初的每卡每月满 8 笔 1 000 元人民币返 5%，到如今的笔笔返现 8%；从最初仅接受短信报名，到如今开通微信报名渠道，活动吸引力与参与体验有了质的飞跃。龙卡信用卡返现力度“实诚”、活动规则简单易懂，深受新老客户广泛好评。

（二）跨境服务：以线上化、平台化服务优化用卡体验

银行卡通过为用户提供“一站式”服务和“精准化”经营，实现从工具到平台的跨越，打造的不是一个提供营销优惠的工具，而是一个提供全方位服务的综合平台，不依靠单点功能来获取用户，而是依靠一站式服务

来黏住用户，为客户创造差异化价值，实现境外市场从传统卡片经营向线上移动端经营的转变。

2018 年 8 月，招商银行信用卡中心推出移动端境外经营平台——掌上生活 APP 境外出行管家，为境外消费服务提供专属经营阵地。在 APP 页面展示上，可以实现境外目的地精准定位，展示个性化境外目的地页面。在内容服务上，平台覆盖签证、机票、酒店、退税等 13 大境外出行功能及服务，满足客户境外出行前、中、后的核心需求。通过各目的地优惠智能化推荐及精准化营销整合更多商户合作伙伴资源，可最大化提供客户境外用卡权益。同时，境外出行管家联合银联推广境外二维码支付应用，实现境外移动端消费体验闭环。此外，招商银行信用卡还推出创新产品“境外购物·回国退税”，支持 6 大境外退税公司和境外 32 个国家和地区的回国退税。

图 2－43　招商银行信用卡“境外购物·回国退税”

中国银行开展线上线下组合营销，线上通过中国银行信用卡“缤纷生活”APP、官方微信渠道进行宣传，展示中国银行“环球精彩，一卡尽享”品牌的出境用卡优惠资讯，同时整合各类营销资源打造跨境生态圈。集酒店、出行、Wi-Fi、购物、美食等境外全链条优惠信息于一体，在同一个页面实现一站式服务，且支持转发分享，增加传播性。

浦发银行浦大喜奔 APP 于 2018 年 10 月上线“出境嗨购”平台，渗透客户的行前、行中、行后，覆盖客户的航旅、购物、美食、换汇等各个方面，360°礼遇护航，用丰富的境外活动及特色服务吸引客户持续用卡。

图 2-44　浦发银行浦大喜奔 APP“出境嗨购”

（三）跨境营销：持续打造品牌化营销方案，通过创新活动提升境外客户参与感

各商业银行通过积极布局、持续经营，进行品牌宣传、营销活动和事件传播，建立起不同客群、不同需求的多层次品牌，打造客户口碑和品牌知名度，提升客户黏性，为客户提供极致专属的用户体验。

中国银行高度重视跨境业务发展，持续提升跨境服务能力，连续 6 年打造“环球精彩，一卡尽享”和“中银海淘”跨境品牌营销，创新跨境产品，丰富品牌营销资源。在出境高峰期推出招牌活动“境外消费 21%”，并针对出境自由行、留学、海淘客户需求推出相应的产品权益。

招商银行信用卡的“非常旅游”系列逐步升级，顺应国人消费观的改变，以“下沉式”经营的方式，为用户提供覆盖购物、游览观光、休闲度假、体验当地生活方式等不同消费场景服务及权益。同时，招商银行开展“背包出发，刷世界”“境外消费年终巨献”等主题营销活动，通过出行好礼、还款金、积分等不同营销手段，从多维度增强境外客群忠诚度。

图 2-45 招商银行“境外消费年终巨献”主题营销活动

邮储银行信用卡推出精选商圈消费返现营销活动——“伴你悦享全球”，指定商户消费返现，力度最高达 30%。其推出的万事达信用卡环球赏平台商户覆盖美国、澳大利亚、中国香港地区、英国、日本、法国以及新加坡地区，平台内目前集有 50 余个知名品牌，万事达卡持卡人无须注册，返现以现金形式自动返还至账户。

图 2-46 邮储银行“伴你悦享全球”营销活动

近年来，信用卡客群呈现年轻化趋势，为吸引消费者，商业银行创新跨境活动奖励模式优化客户交互体验，激励新老客户持续参与活动，推陈出新，进一步扩散品牌及活动传播效果，形成差异化市场竞争力。

农业银行推出“乐游天下——境外消费返高达 20% 刷卡金”活动覆盖三大卡组织，客户通过活动页面参与抽取面值 10 美元至 200 美元不等的奖券，在奖券有效期内境外消费达标即可获得刷卡金奖励。通过抽奖互动搜集客户出境时间、目的地，从而加强后续营销，通过转发活动、立即办卡额外获取抽奖次数等功能，实现用户自发分享，增加品牌影响力，提升口碑营销效果。

图 2-47 农业银行"乐游天下"营销活动

工商银行推出"爱购非洲"营销活动。持卡人除可享受境外消费最高21%返现、免费境外 Wi-Fi、免费账户安全险等权益外，还可获得 8 元手续费办理非洲签证、百条非洲旅游线路费用减免特惠，以及非洲高端酒店、野生动物度假村、定制珠宝、原产红酒、餐饮美食等专属权益。"爱购非洲"系列品牌设计突破以往金融产品的创意理念，用具有冲击力的视觉形象将"爱购"与非洲当地文化、民俗有机结合，紧跟"一带一路"倡议推出了"爱购非洲""爱购肯尼亚""爱购加纳"活动，并联动非洲当地旅游局、非洲各国驻中国使领馆等优势资源策划举办"爱购非洲"专题宣传。

图 2-48 工商银行"爱购非洲"营销活动

北京银行持续打造"i 自由"出境旅游品牌，联合银联国际和万事达卡组织开展了"海外狂欢，最高奖励 3 000 元""寰宇卡双重优惠大礼"等境外促刷活动，获得“2018 年银联国际优秀合作伙伴奖”“2018 年度万事达卡卓越合作伙伴奖”。

图 2－49 北京银行“海外狂欢，最高奖励 3 000 元”营销活动

（四）跨境支付：业务创新进一步挖掘境外市场发展潜能

2018 年是中国支付业“走出去”的爆发年。中国银联积极响应“一带一路”倡议，加速全球布局，输出中国标准、产品和服务，在国际上巩固了中国品牌的地位，扩大了中国的影响力。

中国银联加大海外发卡力度，积极推广自有支付标准和品牌。至今有 170 个国家和地区的 5 100 万商户和 257 万台 ATM 可受理银联卡。随着中国经济的转型升级，人民币国际化进程加快。2018 年 10 月，中国银联在英国发行自有品牌银行卡，12 月在其他欧洲市场发卡，正式拉开了欧洲当地银行发卡、当地第三方机构处理交易的大幕。此外，银联也将当地发卡模式扩展到了非洲。2018 年 5 月，银联国际与乌干达邮政银行达成合作发卡协议，并与非洲当地银行合作专门针对贸易客户发行银联商务卡，助力中非之间以及非洲区域内的商业资金流动。除了在当地发卡，中国银联还顺应非洲大陆居民的手机银行使用偏好，构建了国际跨境 B2B 综合支付服务平台，提供集跨境线上结算、在线收款、资金归集和电子订单管理等功能于一体的全方位商户服务。

2018 年，中国银联将银联二维码支付标准引入非洲市场。二维码支付具有接入门槛低、硬件改造成本小、能较好覆盖小额支付场景、打通线上线下支付渠道等优势，对于手机覆盖率高、支付业处于初期发展阶段的非洲市场具有较强的吸引力，能帮助非洲市场以较高的效率提升支付的电子化水平。2018 年，中国银联陆续在肯尼亚、吉布提、毛里求斯开通二维码支付业务，覆盖酒店、交通、餐饮、购物等多个领域。银联国际还与肯尼亚主流机构合作，共同研发国际版“云闪付”APP 产品和电子钱包类产品。与此同时，二维码支付标准在亚洲的推广速度也在加快。2018 年，银联二维码落地越南；银联与新加坡 NETS 集团发行的电子卡支持二维码和近场支付，兼容银联和 NETS 的移动支付标准。此外，银联二维码服务还在 2018 年落地加拿大。自此，加拿大成为北美首个受理二维码支付业务的国家。

三、跨境业务的发展趋势与应对

随着我国经济持续健康发展，居民收入水平的提高带动跨境消费需求和能力不断提升。支付科技的快速发展赋能支付企业能够通过业务创新踏足境外市场，并不断促进境内外市场联动。

（一）金融科技赋能跨境支付，解决行业痛点

传统的银行跨境支付业务由于手续烦琐，涉及的交易方众多，存在诸多痛点。2016 年，SWIFT（“环球同业银行金融电讯协会”）开发了“全球支付创新”GPI，对现有的银行国际支付体系进行了重大变革，极大地改善了传统银行跨境支付的痛点。截至 2018 年 6 月，我国已经有 10 家银行上线，同时还有 17 家银行已签约加入，正处于上线的筹备过程中。“全球支付创新”GPI 服务也运用区块链技术对传统跨境支付信息不透明、信易丢失等痛点进行了改善。在未来，随着区块链技术的持续发展，相信可以在反洗钱、欺诈信息安全透明等诸多领域更好地赋能跨境支付行业。

（二）海外拓展空间巨大，跨境业务市场竞争激烈

未来，国内支付企业可以通过支付创新进一步挖掘境外市场发展潜能。东亚、东南亚、欧洲等出行热点地区和“一带一路”沿线国家支付受理环境的持续改善，将带动支付服务进一步向生活服务领域延展，并通过商务卡等创新产品提高对公领域跨境结算服务水平。在支付服务本地化过程中，国内市场基于数字支付产品和综合支付解决方案的发展经验将进一步与当地市场相结合，技术标准、业务模式与创新技术同步应用，推动二维码、NFC 等移动支付产品在境内外市场无缝衔接。与此同时，香港“转数快”和澳大利亚 NPP 等小额实时清算系统于近期上线，27 家中资银行加入 SWIFT GPI 标准，CIPS 二期系统正式投产，国内企业参与和影响国际支付

清算市场的渠道进一步增多，境内外支付创新的关联性和灵活性进一步增强。

（三）合规和服务能力或成跨境业务市场竞争门槛

“一带一路”倡议及跨境电商免税等政策的深入与推出进一步刺激了跨境电商、出境游、留学等跨境消费市场的繁荣，相关支付需求持续增加。2018 年 6 月，亚马逊推出平台收款业务，10 月，网易支付推出跨境收款业务，跨境支付市场参与者数量持续增加，竞争加剧。随着跨境支付牌照数量的逐渐稳定和监管条款的逐渐清晰，合规性将成为跨境支付行业重要的竞争门槛之一。竞争的加剧带来跨境支付的手续费率呈现出走低的趋势，支付也将逐渐成为底层服务。如何能够为用户提供更完善的服务并创造更多价值，成为支付企业的关注焦点。在此背景下，银行卡产业应充分发挥自身的优势，在监管框架下着力推动跨境业务创新升级，抓住市场机遇、迎接各项挑战，为客户提供更完善的服务、创造更大的价值。

业界聚焦

服务创新，助行业发展，筑多赢未来

2019年时值中华人民共和国建国70周年。得益于改革开放40多年来国民经济和国民生活水平的飞速发展，以及金融改革开放的有序推进，中国银行卡行业起步虽晚，但刚过而立之年，就正在以惊世之速实现弯道超车。

根据中国人民银行《2018年第四季度支付体系运行总体情况》所披露的统计数据，截至2018年第四季度末，中国的银行卡在用发卡总量为75.97亿张，环比增长2.86%。其中借记卡在用发卡数量69.11亿张，环比增长2.75%。信用卡和借贷合一卡在用发卡数量突破6.86亿张，环比增长4.01%。全国人均持有银行卡5.46张，其中人均持有信用卡0.49张。整体而言，银行卡交易量稳中有升，银行卡信贷规模持续扩大，移动支付业务保持较快增长。

在取得这一系列历史性成就的同时，中国政府一直在着眼长远地进一步大力推进金融业高质量发展，并对整个国内金融业的服务、创新、风险防范等核心能力都提出了更高的要求。这对所有从业者而言，既意味着全新的挑战，也预示着大好的机遇和美好的未来。

一路相伴 共同成长

美国运通自1918年正式进入中国大陆市场以来，始终初心不改，全程参与并见证了改革开放给神州大地所带来的翻天覆地的变化，也一路诚心地陪伴中国银行卡行业共同茁壮成长。时光荏苒，风雨同舟，美国运通不仅加深了对中国市场的了解，也明晰了能带来的独特价值，更坚定了这份不变的承诺。

2018年11月9日，美国运通有幸成为首家被中国人民银行正式批准在中国境内筹建银行卡人民币清算网络的外资公司。美国运通和本地长期合作伙伴连连数字共同合资成立的连通（杭州）技术服务有限公司正在筹建支持美国运通品牌人民币卡的清算网络。这份荣誉既是认可和信任，也意味着巨大的使命和责任。

美国运通上海办事处（摄于 1949 年）

服务创新 连通世界

如何把握这一千载难逢的发展机遇，坚持自身特色，在中国市场更充分地发挥出美国运通业界领先的专业能力和丰富的全球经验优势，从而更好地携手国内合作伙伴们一起，共同推进“普惠金融”战略的实施，为中国银行卡行业的高质量发展助力，为国内消费者带来更多元化的支付选择和体验呢？

作为一个有着169年悠久历史的全球服务品牌，从最初的快递业、到之后的旅游业、再到如今的金融支付业，美国运通传承百年的“不老秘诀”就是“善守能攻”。

所谓“守”，即“谨守初心”，坚守品牌核心理念。美国运通的品牌精神始终是“信任、安全、服务”。无论具体业务形式如何转变，一直都致力于每天提供全球最好的客户体验，以差异化的产品和服务来帮助客户实现梦想，这就是美国运通的使命和愿景。所以，美国运通自始至终都把自己定位为一个以客户为本的全球服务品牌。

所谓“攻”，即“开拓创新”。在产品和服务创新上不断满足客户日益增长的需求，顺“市”而为。100 多年来，美国运通始终走在行业创新前沿，例如1891 年推出的全球第一张旅行支票、诞生于1915 年的美国运通独特的旅行及生活礼宾服务（Travel & Lifestyle Service）团队、1968 年发行的全球第一张金卡、1984 年打造的全球第一张白金卡、1999 年面世的百夫长黑金卡，以及百夫长（The Centurion© Lounge）机场贵宾厅……美国运通从未停下创新的脚步，因为其深知客户服务是一条“不归路”，只有起点，永无终点。美国运通每一天都努力能比昨天做得更好一点，以更佳的服务和体验，更好地帮助客户实现梦想。

美国运通百夫长贵宾厅（中国香港国际机场 1 号航站楼）

面对挑战与机遇并存的庞大中国市场，美国运通也坚定了要以服务和创新来连通世界，开创多赢未来的决心。

三大独特能力助行业发展

作为全球最大的独立发卡机构（以刷卡交易总量计算），也是唯一同时拥有独立发卡和商户收单能力及全球经验的国际支付清算机构，美国运通同时兼容全球自发卡市场的“三方模式”（持卡会员、商户、美国运通）和众多合作伙伴市场的“四方模式”（卡组织、发卡机构、收单机构和商户）。这一独特的业务模式，赋予了美国运通业界三大独特的能力——产品管理能力、客户管理能力、风险及信息管理能力。

产品管理能力：以信用卡发卡业务为例，已过而立之年的中国信用卡真正大范围普及仍是近10年的事，尤其是近几年移动支付强势崛起。人均持有信用卡0.49张，这个数据远低于境外成熟市场，虽然预示着巨大的市场潜力（也得到了近两年各主要银行的充分印证），但仔细研究不难发现，各地区经济与社会发展水平不均衡所导致的信用卡市场发展阶段的地域差异，以及消费者和企业客户需求多样性的地域差异。这些差异无形中成了一个个制约信用卡行业快速增长的“瓶颈”。

随着移动支付爆发式发展，越来越多消费者支付时已不再依赖实体信用卡进行刷卡消费，这也直接导致了近年来越来越多的实体信用卡产品一经面世即迅速被“信用账户化”或“冷藏”。如果过度依靠卡片颜值、材质、版权合作或营销噱头来刺激实体卡发行，而忽视了产品本身的独特性和区别价值的打造以及背后稳健的经营体系，从中长期来看，不仅营销和经营成本高筑，而且很难真正留住辛苦获得的新客，更难以留住现有客户的消费量。

过去“跑马圈地”的粗放式经营或“以生代养”的短线战术所造就的高度同质化产品扎堆，以及针对部分客群过度营销现象，已经越来越无法满足这样复杂的市场需求以及发卡机构自身的经营目标了，也不利于整个行业的长远发展。“深耕细作”才是大势所趋和制胜之道，因地制宜、因人制宜、因产品制宜，通过完善的产品策略和客户管理策略进行产品生命周期管理和客户生命周期管理的长效经营，最终实现量质齐飞。

美国运通在全球诸多自发卡市场有着61年独立发卡的丰富经验，如百夫长绿卡（1958年）、商务卡（1966年）、百夫长金卡（1968年）、百夫长白金卡（1984年）、Blue卡（1999年）和百夫长黑金卡（1999年）等，这些产品至今仍深受世界各国用户喜爱。美国运通在国际上有很多可借鉴的工具和方法能与本地合作伙伴进行分享，例如，如何打造一款差异化的优秀产品、如何让一款产品经久不衰、如何搭建完善的产品体系以吸引和长留优质客户，以及如何打造适合于各类（大型、中型、小型、微型）企业的产品和体系等。同样，在收单业务领域，美国运通也有很多可供分享的工具和方法，例如，如何为商户提供包括市场营销、预防欺诈和融资等一系列增值服务。

客户管理能力：得益于互联网技术和移动科技的蓬勃发展，近年来越来越多的金融机构开始着力进行“千人千面”的个性化服务创新实践，旨在更好地满足客户多样化的金融和非金融需求。这从一定程度上显著提升了客户体验，同时也促进了交易额的持续增长和其他周边业务的开展。在借助云计算和人工智能等最新科技不断提升体验感的同时，我们也不应忽视人工客服在服务高端与特殊客群，以及非标准化服务需求时所起到的不可替代的重要作用。未来市场发展将会进一步多样化和细分化，服务在推崇智能和高效的移动化同时，也需要保留温度和人情味，这也对发卡和收单机构在服务端的平衡发展提出了不小的挑战。

作为全球知名服务品牌，美国运通坚持服务是企业最明智的投资而不是成本。100 多年来，美国运通始终践行着对客户的不渝承诺——随时随地为有需要的客户提供他们所期待的服务。尤其是在高端服务领域，成立于 1915 年的美国运通旅行及生活礼宾服务团队更是缔造了美国运通百夫长黑金卡传奇的真正幕后英雄。不仅如此，美国运通也为遍布全球的合作商户提供一系列涵盖市场营销、数据分析和防金融欺诈等领域的高附加值服务和支持。这些服务方面的技术和经验分享将帮助我们的本地合作伙伴更好地完善各自特色鲜明的服务体系。

风险及信息管理能力：中国人民银行公开数据显示，2018 年第四季度的银行卡渗透率为 48.98%，银行卡消费总额达 25.45 万亿元，银行卡授信总额 15.40 万亿元，信用卡逾期半年未偿信贷总额 788.61 亿元，占信用卡应偿信贷余额的 1.16%。随着未来信用卡业务规模的进一步增长和天量数据不断富集，如何在稳增长的前提下充分运用数据处理能力来提高防范和化解风险能力，成为每位从业者所必须面对的考题。现今全球业界在最热门的诸如云计算、区块链和人工智能等科技领域都有许多尝试和喜人成果，这也为其他从业者提供了多种解题思路和可能性。如何择善而从，结合自身特点尽快摸索并建立起一套高效的风险和信息管理体系，成为关乎业务可持续发展至关重要的一环。

凭借独特的业务模式，美国运通的风险及信息管理贯穿整个支付链，覆盖从发卡、收单，到清算的每一个环节，尤其是在实时决策、高端客群、千禧客群、客户体验、高额度、商务卡、全支付链和大数据管理领域优势更为明显。不仅如此，美国运通对反欺诈系统的长期天量投入，以及多年来基于大数据和机器学习领域的创新性研发和使用，不但确保了美国运通常年在所有清算网络中保持欺诈率最低，而且也在利用大数据精准服务客户方面早早地走在了行业前端。这方面的技术和经验分享也有助于本地合作伙伴们走得更快、更稳、更远。

这三大独特能力使美国运通不仅能为中国合作伙伴提供世界一流的支付清算服务，还能提供更多覆盖整条支付链的增值服务。美国运通非常愿意与合作伙伴分享上述能力、工具以及全球经验，助力合作伙伴摸索出一套更符合自身特色的解决方案，携手共进，共同成长。同时，美国运通也将充分融合自身的庞大全球网络和丰富的行业经验，以及连连的深刻市场洞察和强大的本地资源，着力发展在国内的各项服务和创新能力，助力本地合作伙伴们为各类消费者、企业客户和商户提供更多元化的支付选择和更好的体验，从而更好地助力整个行业长远的高质量发展。

美国运通致力于以服务和创新，连通世界，并助行业高质量发展，共筑多赢未来！

作者：美国运通中国

美国运通中国：成立于1850年的美国运通是全球金融服务公司，服务网络遍及全球130多个国家和地区，致力于为客户提供可提高生活质量及促使业务成功的产品、远见和经验。美国运通不仅是全球最大的独立发卡机构（以刷卡总量计），也是唯一同时拥有独立发卡和商户收单能力以及全球经验的国际支付清算机构。美国运通于1918年在上海设立办事处，是最早在中国大陆市场服务全球客户的公司之一。至今，美国运通在我国共有七家合作发卡伙伴和十家收单合作伙伴。2018年，美国运通与连连数字科技有限公司共同成立的合资公司——连通（杭州）技术服务有限公司正式获得了中国人民银行筹建银行卡清算机构的许可。

3

第三章

2018年我国银行卡产业的规范运营

2018年，面对较为复杂的内外部形势，人民银行、银保监会等监管部门持续强监管态势，出台了一系列风险防控、业务规范、交易及支付安全等监管措施；产业各方在银行业协会等自律组织的带领下，持续强化自身全面风险管理能力的同时，进一步强化行业协同，深入推进持卡人安全教育，多方共进，推进银行卡产业规范有序发展。

第一节　法制建设

2018 年，在宏观经济保持平稳、金融改革持续深入和金融科技迅猛发展的背景下，中国银行卡产业发展稳健。监管机构持续出台一系列有关风险防范、银行卡交易及支付等的监管措施，旨在为银行卡产业发展创造更规范、更利于公平竞争的市场环境。

一、坚持强监管总基调，严格防范风险

2018 年，监管部门延续 2017 年以来的强监管态势，旨在加强金融监管协调、补齐监管短板、整治金融乱象，始终将防范化解银行业风险和进一步深化银行业改革放在突出位置。

2018 年 1 月，中国银行业监督管理委员会发布《银监会关于进一步深化整治银行业市场乱象的通知》（银监发〔2018〕4 号），要求各银行业金融机构和地方银监局全面评估 2017 年开展的“三三四十”、信用风险专项排查和“两会一层”风控责任落实等专项治理工作，进一步统筹推进 2018 年整治市场乱象各项工作。该通知是对于 2017 年下发的多个有关银行业市场乱象整治和风险防控监管文件的进一步落实和深入推进，对于 2018 年整治银行业市场乱象工作提出了提高思想认识、明确工作目标、深化问题导向、突出整治重点、严查案件风险、落实主体责任、把握力度节奏、履行监管责任、形成监管合力和建立长效机制的十大原则性和指导性要求，并在附件中明确工作要点，涉及公司治理不健全、违反宏观调控政策、影子银行和交叉产品风险、侵害金融消费者权益、利益输送、违法违规展业、案件与操作风险、行业廉洁风险共计八大类 22 个方面。其中明确指出违反信贷政策和违反房地产行业政策是违反宏观调控政策的主要整治要点。之后，各级银监部门针对部分银行信用卡分期资金流入非消费领域、违反信

贷政策和审慎经营规则等开出罚单。

2018 年 2 月，银监会发布《关于调整商业银行贷款损失准备监管要求的通知》（银监发〔2018〕7 号），将银行拨备覆盖率和贷款拨备率分别由 150% 和 2.5% 调整为 120% ~150% 和 1.5% ~2.5%，划定了银行拨备覆盖率和贷款拨备率监管新“红线”。同时，要求各级监管部门在上述调整区间范围内，按照同质同类、一行一策原则，明确银行贷款损失准备监管要求，对不同类银行设置差异化拨备计提标准确立了 120%（1.5%）、130%（1.8%）、140%（2.1%）和 150%（2.5%）四类最低拨备要求，推动银行加大处置不良资产的力度。

2018 年 11 月，中国人民银行、银保监会以及证监会发布《关于完善系统重要性金融机构监管的指导意见》，对居于金融体系核心的部分规模较大、复杂度较高且与其他金融机构关联度高的系统重要性金融机构的识别、监管和处置作出制度性安排，补齐监管短板，防范重大金融风险，保障金融体系的稳健运行。

二、夯实司法制度保障，维护市场秩序

近年来，关于银行卡民事纠纷案件呈增长趋势，恶意透支类型的信用卡诈骗罪持续高位运行，原有的相关法律法规制度已经不符合当前经济社会发展的实际情况，亟待修订和完善。

为正确审理银行卡民事纠纷案件，保护各方当事人的合法权益，2018 年 6 月，最高人民法院发布《关于审理银行卡民事纠纷案件若干问题的规定》（征求意见稿）向社会公开征求意见。该规定明确了适用范围为申领、使用借记卡和信用卡等行为而产生的民事纠纷，明确了信用卡透支、伪卡交易、网络盗刷等领域的司法实践问题。

2018 年 11 月，最高人民法院、最高人民检察院联合下发《关于修改〈关于办理妨害信用卡管理刑事案件具体应用法律若干问题的解释〉的决定》，对原有相关司法解释中恶意透支型信用卡诈骗罪的规定进行系统性修改，并自 2018 年 12 月 1 日起施行。该《决定》对构成犯罪金额、司法处理方式等作出了重大调整，其中对恶意透支型信用卡诈骗罪的定罪量刑标准进行上调，并明确对恶意透支“以非法占有为目的”的认定应当综合持卡人信用记录、还款能力和意愿、申领和透支信用卡的状况、透支资金的用途、透支后的表现、未按规定还款的原因等情节作出判断。经过修订的司

法解释能够更好贯彻宽严相济的刑事政策，平等保护持卡人和发卡银行的合法权益。

三、保障交易支付安全，优化市场环境

为了优化个人银行账户服务，进一步提升客户体验，充分发挥个人银行账户分类管理的作用，中国人民银行于 2018 年 1 月发布《关于改进个人银行账户分类管理有关事项的通知》（银发〔2018〕16 号），在《关于改进个人银行账户服务　加强账户管理的通知》（银发〔2015〕392 号）和《关于落实个人银行账户分类管理制度的通知》（银发〔2016〕302 号）等制度的基础上，按照鼓励创新与防范风险相协调的管理思路，构建全新的个人银行账户体系，建立并全面推行个人银行账户分类管理制度。16 号文主要从便利Ⅱ类、Ⅲ类户开立和使用着手，拓展多样化的包括银行柜面和网上银行、手机银行、直销银行、远程视频柜员机和智能柜员机等电子渠道在内的开户渠道，简化开户手续，重点推广应用Ⅲ类户，进一步发挥Ⅲ类户在小额支付领域的作用，推动Ⅱ类、Ⅲ类户成为个人办理网上支付、移动支付等小额消费缴费业务的主要渠道。同时，为了防范Ⅲ类户使用管理中的风险，对于此类账户设立消费和支付的累计限额、规定非面对面线上开立账户需先通过绑定账户入金、同一家银行通过线上为同一个人只能开立一个允许非绑定账户入金的Ⅲ类户，以及同一个银行法人为同一人开立的Ⅱ类、Ⅲ类户原则上不超过五个等措施防范相关的电信网络诈骗犯罪。

监管层对于支付机构的监管加强，旨在保障整个支付市场的健康运行。为加强支付领域网络与信息安全管理，有效防范支付风险和切实保障消费者合法权益，中国人民银行支付结算司于 2018 年 4 月下发了《中国人民银行支付结算司关于 2018 年重点抽查工作的指导意见》（银支付〔2018〕51 号），对各分支行支付结算处开展 2018 年银行和非银行支付机构抽查工作提出指导意见，要求重点抽查辖内机构是否存在为无证机构提供支付业务、商户入网审核薄弱、商户真实性管理违规、代收业务管理不严等业务违规情况，同时设定此次抽查和检查的时间要求是贯穿整个 2018 年。保障客户备付金安全一直是人民银行对支付机构监管的重中之重，中国人民银行办公厅于 2018 年 6 月发布《关于支付机构客户备付金全部集中交存有关事宜的通知》（银办发〔2018〕114 号），规定自 2018 年 7 月 9 日起，按月逐步提高支付机构客户备付金集中交存比例，到 2019 年 1 月 14 日实现 100% 集

中交存，要求支付机构将客户备付金统一缴存人民银行或符合要求的商业银行，有助于加强账户资金监测，防范资金风险。同时，中国人民银行发布《关于非银行支付机构开展大额交易报告工作有关要求的通知》（银发〔2018〕163号），进一步健全大额交易和可疑交易报告工作机制，提高资金监测有效性，严格防范利用非银行支付通道进行洗钱和非法融资等违法行为。8月，中国人民银行办公厅发布《关于开展支付安全风险专项排查工作的通知》（银发〔2018〕146号），对银行、支付机构、清算机构的支付安全进行全面排查，并要求从业机构和人民银行各地分支行向人民银行报送自查报告和基于整体情况及主要问题全面分析总结的书面报告，此次排查范围广、内容细，几乎涉及全支付产业链上下游，并涉及客户端安全、系统安全、敏感信息保护、风控管理等各个方面。

为保障移动支付技术的规范和健康发展，推动移动支付标准化的进程，中国人民银行分别于2018年8月和10月发布《云计算技术金融应用规范技术架构》和《移动金融基于声纹识别的安全应用技术规范》等与移动支付相关的规范标准，这标志着监管层继2017年发布《条码支付业务规范》（银发〔2017〕296号）之后，继续推动以科技为支撑的移动支付规范发展将进一步升级消费者的支付体验。

四、推进对外开放步伐，构建全新格局

为进一步丰富金融服务和产品体系，提升金融业服务实体经济的质效，同时完善我国金融业的经营环境、构建更加开放和互利共赢的金融市场环境，我国加快了银行业对外开放的步伐。

2018年2月，银监会颁布了《中国银监会关于修改〈中国银监会外资银行行政许可事项实施办法〉的决定》（银监令〔2018〕第3号），该决定是继2017年发布的一系列关于扩大银行业对外开放的法规和政策之后，贯彻落实进一步扩大对外开放的总体部署精神，提高银行业对外开放水平，持续推进简政放权工作的又一重大举措。

支付市场的全面开放也在稳步推进。2018年3月，中国人民银行发布《关于外商投资支付机构有关事宜公告》（中国人民银行公告〔2018〕第7号）文件，允许外商投资支付机构进入国内开展支付业务，明确了外商投资支付机构的准入和监管政策，真正践行对于支付市场的“规范创新与促进发展并重，强化安全与提升效率比重，加强监管与提升服务并重”的尖

端导向，逐步构建内资、外资准入标准和监管政策统一的监管框架。此项政策的出台意味着我国在支付领域的改革开放上迈出了重要一步，有利于培育我国创新驱动的竞争新优势，有利于形成我国支付服务市场的全面开放新格局，从长远来看对于我国支付机构服务水平的提升、支付产业的优化以及支付市场的健康发展都有积极意义。

清算市场的开放已进入实质性阶段。2018 年 11 月，中国人民银行基于《关于实施银行卡清算机构准入管理的决定》（国发〔2015〕22 号）和 2017 年 6 月《银行卡清算机构管理办法》发布《人民银行审查通过连通公司银行卡清算机构筹备申请》。连通是连连支付与美国运通各占 50% 股份的合资公司，是第一家拥有外资背景的银行卡清算机构，其通过筹备申请审查，标志着我国银行卡清算市场布局多年的对外开放迎来又一实质性进步，我国金融领域的对外开放步伐继续稳步推进。

第二节　自律规范

当前，行业自律作为与政府规制并行的另一种制度安排，在完善监管体系，激发行业活力，推动市场良性竞争等方面发挥着越来越大的作用，重要性日趋体现，已成为国内外普遍采用的有效治理形式。

2018 年，银行卡产业各方主体依托中国银行业协会银行卡专业委员会及中国支付清算协会银行卡基支付工作委员会两大自律组织，围绕搭建设银行业间交流平台、持卡人安全用卡教育、行业风险联防联控、优化产业发展环境等方面开展了一系列卓有成效的工作，有力推动了我国银行卡产业的稳定健康发展。

一、开展广泛支付安全宣传，提升持卡人安全用卡意识

当前，支付业务，特别是移动支付业务发展迅速，不断推陈出新的各色支付服务，不断深化的支付场景建设，更加便捷的支付产品，有效改善了人们在各个场景的支付体验，拉动了使用人数的迅猛增长，与此同时，支付业务的安全问题也引起了广泛的社会关注。

2018 年，中国银行业协会和中国支付清算协会从行业自律角度出发，组织会员单位开展了形式多样的支付安全宣传活动，以期通过凝聚行业力量达到广泛的宣传效果，有效提升持卡人安全用卡意识。其中，中国银行业协会银行卡专业委员会携手消费者保护委员会于 6 月 20 日正式启动了“支付安全”宣传月活动，以促进构建公平、公正、有序的金融市场环境，共同推动银行业健康稳定发展。宣传活动时间集中在 7 月，围绕“提升持卡人安全用卡意识，构建良好银行卡支付环境”，由各会员银行结合本单位实际，开展多层面、多角度的宣传普及活动。据不完全统计，本次活动各类宣传渠道触及客户达数亿人。中国支付清算协会组织相关会员单位于 6 月

在全国范围内开展“移动支付安全便民宣传周”活动，通过开展“移动支付安全便民宣传周”启动仪式、专题小视频征集宣传、主流媒体宣传，以及支付知识下农村进社区等内容丰富、形式多样的活动，积极整合会员单位的宣传资源和媒体平台，传播移动支付安全便民知识，提升消费者安全支付意识，宣传移动支付普惠便民成果，取得了良好的效果。

二、针对行业风险事件，发布相关提示

近年来，银行卡案件整体呈多发趋势，为保障持卡人及银行的合法权益，促进信用卡业务健康有序开展，2018 年，中国银行业协会银行卡专业委员会继续积极发挥平台作用，秉持行业自律宗旨，针对银行卡案件中存在法律风险的相关问题进行了梳理，向全体成员单位发布了风险提示，助力行业稳健发展。

银行卡委员会从严格把控持卡人身份信息、完善信用卡《领用合约》、加大银行卡盗刷风险防范力度等多方面向会员银行做了风险提示，建议各单位严把客户引入关，加强前端营销人员培训，严控信用卡审批流程，强化信用合约重要条款告知，主动全面履行告知义务，尽快完成存量磁条卡升级，从源头上防止银行卡盗刷，通过多样化渠道及多种手段提供银行卡交易安全锁服务，加强银行卡交易风险控制，全面防范银行卡盗刷风险。

三、整合多方资源，共推收单市场规范化发展

近年来，在监管机构及产业各方的共同努力下，银行卡收单市场愈加呈现规范稳健发展势头，但也存在部分机构利用互联网媒体发布违规宣传和售卖银行卡受理终端、条码支付受理终端和收款码、对网络特约商户和网络支付接口管理不到位、违规开展收单业务等乱象。对此，中国银行业协会与中国支付清算协会携手针对上述违规乱象开展了一系列收单业务自律工作。

2018 年第三季度，银行卡专业委员会组织成员单位从银行卡受理终端非法售卖链条、非法售卖危害等方面进行了详细分析，撰写《关于部分第三方支付机构非法售卖 POS 机具有关情况的报告》报送至人民银行支付结算司，并参与中国支付清算协会“整治非法售卖受理终端专项行动方案”制定。就此问题，支付清算协会通过发文形式向会员单位发布了《关于加强受理终端管理防范网上违规宣传和售卖受理终端的风险提示》，并于第四

季度开展了自查自纠及违法查处惩戒专项工作。此外，2018 年，中国支付清算协会针对部分收单机构对网络特约商户和网络支付接口管理不到位、部分不法机构采取隐蔽手段截留商户资金从事“二次清算”等行为，向成员单位发布了《关于加强特约商户管理防范商户挪用支付接口的风险提示》《关于规范银行卡收单业务防范和打击“二清机构”的风险提示》等，从而进一步推动银行卡收单市场秩序规范化，切实保护持卡人、商户、发卡与收单机构合法权益，最大限度地降低行业风险。

四、搭建同业交流平台，建立信息共享机制

2018 年，根据成员单位诉求，中国银行业协会与中国支付清算协会多次举办银行卡相关业务培训班，邀请来自监管机构、卡组织、商业银行、支付机构等多家单位的专家，围绕银行卡业务风险防范、打击银行卡犯罪、征信与银行卡产业应用、银行卡收单外包服务机构评级、收单业务创新与风险防控等内容进行专题授课，在提升从业者风险识别与规避水平、业务规范执行能力、前沿业务的认识了解程度等方面起到了积极作用。

此外，为加强银行卡业务数据信息交流与共享，中国银行业协会银行卡专业委员会不断完善业务数据共享平台，向会员银行提供了发卡、交易、存款与透支等数据每月报送的电子化手段，实现了行业间信息的共享共通，为成员银行及时了解行业整体发展与同业情况提供了重要数据支撑。中国支付清算协会在清算总中心的支持下，新建“会员业务统计系统”，支持会员单位以表单方式上传电子银行、银行卡、网络支付、预付卡等业务数据，并设置多层次灵活的校验方式，后续将不断完善系统功能，扩大数据采集范围，丰富报数机构种类，强化数据分析利用，服务会员单位经营管理和支付产业健康发展。

第三节　风险管控

2018 年，受内外需等多重因素叠加影响，国内经济下行压力加大，信贷资产增速加快，居民多头共债、家庭杠杆率攀升，金融市场去杠杆、流动性退潮引发 P2P 曝雷、信用债违约，信用卡行业风险形势日益复杂。面对严峻的内外部形势，银行卡产业各方共同努力，结合风险变化趋势和业务发展方向，主动转变风险管理模式，完善治理结构，提升银行卡专业化、系统化、精细化风险管控能力，有效驱动信用卡为客户提供更加安全稳定便捷的金融服务。

一、风险形势的变化与挑战

（一）银行卡信用风险形势

近年来受内外部经济形势影响，金融信贷环境发生较大变化，银行卡信用风险有以下几个方面的特点。一是居民家庭负债结构发生变化。在互联网金融快速发展的背景下，多元化信贷方式催生衣食住行全方位的潜在信贷需求，社会个人偿债压力增大。二是小企业主信贷需求旺盛，风险在不同业务市场间交叉传染，部分私营业主通过 P2P 网贷等金融机构或民间借贷筹集资金偿还信用卡贷款或分期本息，共债客户群体的风险相对突出。三是强监管挤破借贷行业泡沫。2017 年末以来在强监管、严政策的大趋势下，市场快速收缩，流动性资金减少，加深了信用风险在银行卡市场和消费信贷市场间的传导。

（二）银行卡欺诈风险形势

伴随互联网技术的深入应用，银行卡欺诈业务的主战场也由线下转移至线上，由境内转移至境外，特别是线上非面对面交易快速化、匿名化，套现手法越发隐蔽且渠道更加多元，加大了信用卡欺诈风险防控难度。

从持卡人申请环节来看，不法分子对申请信息的包装手法及应对银行风险核查的应变能力随着市场的发展同步“提高”，通过伪造申请信息、虚假材料、黑中介办卡等途径申请信用卡实施欺诈，信用卡行业防控输入性风险压力增大。

从持卡人交易环节来看，欺诈犯罪分子已经形成团伙化、跨国化犯罪集团，通过网络黑客攻击、网络撞库等新技术作案，实施伪卡及网络的欺诈犯罪。比如几乎仿真的钓鱼网站、利用大数据进行电信诈骗、薅羊毛、信息反爬等。

从收单机构情况来看，随着人民银行、银联加强了对收单机构的管理，收单市场的乱象得到了一定遏制，但跳码、乱码和欺诈合谋的现象依然存在，互联网套现 APP 不断涌现，信息泄露事件时有发生。一方面，部分收单机构商户准入门槛过低。商户类型随意变换，并模拟真实交易，产生大量虚假商户及虚假交易，为不良持卡人套现提供了便利；另一方面，部分收单机构业务随意开放支付接口，对合作代理商的管理流于形式，易被黑产攻击泄露信息，影响客户用卡安全。

二、信用风险防范体系的建设与完善

（一）健全全流程风险管控机制，注重银行卡安全合规发展

各商业银行围绕制度建设、审批政策、征信管理、大数据技术应用等方面进一步夯实信用卡全流程风险管控体系。部分银行持续优化组织架构、完善决策机制，推动大数据决策引擎在客户准入、机构管理、利率差异化风险定价等各业务环节中的升级及应用，强化全员风险意识，积极打造有效风险管理工具，推动智能风控体系和制度建设。

农业银行在全流程风险管理架构下，强化关键环节的风险管控。实现线上渠道、线上转线下渠道面签交易刚性控制，强化“三亲见”履职；建立营销受理风险管理岗岗位机制，切实发挥对基层行营销受理人履职的监督作用；自主研发客户综合评分模型，建立行为评分、行内评分、征信评分、申请评分“四评分”体系，构建起对信用卡申请客户信用风险全面评价体系。

民生银行不断完善全流程风险管控机制，引入外部共债数据、黑名单等第三方外部征信数据，通过关键变量识别出共债风险较高的客群并予以

拒绝，积极防范共债风险。

浙商银行加强数据模型应用，开发上线征信评分、申请评分、行为评分、贷中额度模型、M2 预测系统模型等风险管控模型，综合使用各类评分工具进行风险计量，提升全流程风险管控精准度。

此外，各商业银行严格落实监管要求，有效贯彻落实监管部门刚性扣减要求，按照客户年收入额度上限与授信政策额度孰低授信；优化信用卡透支资金用途监测模型，加强信用卡违规用卡和透支资金用途管理，防范信用卡资金流入投资和房地产领域，促进业务合规经营。如农业银行积极落实监管新政策要求，实现全渠道、全产品刚性扣减政策的落地，降低共债风险；对于汽车分期业务，加强“一车多贷”问题整治，从贷前首付款凭证管理、岗位履职管理、贷中风险监控、贷后真实性核查等方面进行管控，做好分期资金用途管控。

（二）优化迭代授信策略，提升贷前风险识别能力

各商业银行进一步完善贷前风控体系架构，建立智能监控机制，敏锐捕捉外部经济环境变化动向，深度挖掘客群风险变化特点，持续优化迭代授信策略，结合运用信用记录、行业黑名单、外部征信数据等信息审慎筛选优质客户，提升发卡效率和风险识别精准度。

民生银行搭建起集“数据、模型、策略、政策、监控”于一体的贷前风控体系架构，加强内外部信息整合及量化决策能力，从立体化、标准化、差异化、智能化四个方面对客户进行风险识别及评价，积极布局围绕业务准入资格、专项授信及定价的完整风险管理体系。

浦发银行优化客户收入核定方式，明确收入认定优先级，充分关注客户收入、资产的稳定性。

平安银行深挖集团存量客户信用卡发卡潜力，通过预审核流程，锁定优质客户，促进客群结构优化。

中信银行应用风险评级预测模型工具，结合运用其信用记录、行业黑名单、外部征信数据等信息审慎筛选优质客户。

（三）加强贷中资产组合管理，把控业务风险敞口

各商业银行广泛运用风险预测模型、行业黑名单、外部征信数据等工具，提升客户负债识别能力；打造差异化提现额度和消费额度策略，持续优化调整信贷结构。此外，各商业银行也在持续优化风险预警和管控策略，

采取差异化压降措施降低相对高风险客户的授信敞口。

浦发银行通过关停高风险现金分期业务、降低整体授信规模、分池管理存量客群等措施不断调整贷款结构。

广发银行不断优化风险系统架构，提升贷中管理有效性。包括关停与挤出高风险客群，对第三方支付机构套现、普惠客群进行专项管控；主动降杠杆、收紧分期客群审批入组门槛，降低调额覆盖面等。

民生银行搭建“鹰眼”贷中风险监测体系。“鹰眼”体系以客户为中心，以评分模型进行基础风险排序，以行为特征区分风险类别，以经营角度综合评估风险，引入外部数据，综合评定存量客户风险。在M0阶段提前识别、提前处置、提前退出风险客户。

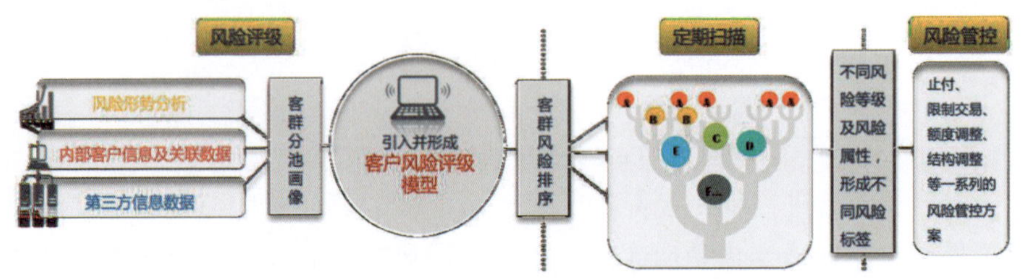

图3-1　民生银行“鹰眼”贷中风险监测体系

农业银行完善贷中风险监控体系，成立全行风险监控中心，建立“总行集中监控处置为主，分行监控处置为辅”的集中风险监控运营体系。

（四）创新催收手段，提升智能化资产处置能力

各商业银行深入挖掘并系统化运用内、外部数据，科学制定差异化的催收策略；使用智能化、自动化催收手段有效补足传统人工催收，进一步提高作业效率、加大账户的覆盖频次；创新不良资产处置手段，扩大晚期委外催收合作范围，优化协商还款、息费减免流程和标准，积极配合有序推进不良资产证券化项目实施，合力推动信用卡行业风险回收处置成效向好转变。

广发银行持续推动区块链技术应用于催收领域，改进与优化催收作业模式，实现催收业务智能化和自动化。

江苏银行构建适合三级逾期催收智能管理的系统，在智能催收任务分布、数据保密传输和催收流程回溯方面实现系统化管理。

招商银行上线自建催收机器人，结合语音识别、语音合成及自然语言理解的技术发展，提炼催收知识库与路径规则库，赋予机器人听说能力和

催收能力。

表 3-1　　　　2018 年商业银行不良资产证券化情况

发起机构	发行产品	起息日	优先档	次级档
交通银行	交诚 2018 年第一期不良资产支持证券	2018/2/28	14 000	4 000
中国银行	中誉 2018 年第一期不良资产支持证券	2018/6/12	12 800	3 385
中信银行	惠元 2018 年第一期不良资产支持证券	2018/6/20	17 400	5 369
工商银行	工元至诚 2018 年第一期不良资产支持证券	2018/6/28	38 000	9 000
招商银行	和萃 2018 年第一期不良资产支持证券	2018/6/27	20 000	8 000
浦发银行	浦鑫 2018 年第一期不良资产支持证券	2018/6/27	30 000	10 000
建设银行	建鑫 2018 年第一期不良资产支持证券	2018/6/27	24 000	6 500
民生银行	鸿富 2018 年第一期不良资产支持证券	2018/9/27	12 000	2 200
华夏银行	龙兴 2018 年第一期不良资产支持证券	2018/9/20	13 200	3 300
农业银行	农盈 2018 年第四期不良资产支持证券	2018/9/21	10 900	2 900
工商银行	工元至诚 2018 年第五期不良资产支持证券	2018/9/28	31 600	7 000
招商银行	和萃 2018 年第二期不良资产支持证券	2018/11/14	24 000	7 000
浦发银行	浦鑫 2018 年第三期不良资产支持证券	2018/11/27	37 700	12 300
建设银行	建鑫 2018 年第三期不良资产支持证券	2018/11/30	45 000	12 600
招商银行	和萃 2018 年第三期不良资产支持证券	2018/12/27	11 500	3 500
农业银行	农盈 2018 年第六期不良资产支持证券	2018/12/20	20 300	6 100
工商银行	工元至诚 2018 年第九期不良资产支持证券	2018/12/27	31 200	6 700
建设银行	建鑫 2018 年第六期不良资产支持证券	2018/12/27	13 000	3 000

资料来源：Wind。

三、欺诈风险管控体系的建设与完善

（一）完善欺诈风险防控体系建设，提升银行卡欺诈防范水平

各商业银行深入挖掘“大数据风控”优势，利用“人脸识别”“设备指纹”等新技术，积极完善“事前布控预警、事中监控拦截、事后调查处置”的全流程欺诈风险防控体系建设，进一步提升银行卡产业欺诈防范水平。

平安银行建立和完善非金融交易准实时监控、金融交易实时/准实时监控结合的三位一体式反欺诈监控体系，开展交易、团体、套现、商户、分期、反洗钱等多维度集中监控，降低欺诈发生率。

（二）构建“银行+持卡人”风控体系，提升欺诈监控精准度

各商业银行积极转变欺诈风险防控策略，将持卡人纳入欺诈风控角色管理，在风险确认等环节开展智能交互，构建“银行+持卡人”风控体系。通过布局贷前多元策略、建设欺诈交易识别防线、完善欺诈养卡策略、建立全链路反羊毛防控机制等，开展分层分级的风险防控，推动欺诈防控稳健有效开展。

中国银行通过不断优化与拓展“支付安全锁”功能与场景，引导持卡人参与到风险防控的角色中，对所持信用卡进行个性化参数设置。如近期无境外用卡需求的持卡人，可以通过“支付安全锁”关闭境外交易；为防范夜间欺诈盗刷，持卡人可以在“支付安全锁”中选定时间段关闭夜间交易等。

图3-2 中国银行“支付安全锁”

工商银行在“模型评分+规则引擎+实时拦截”三位一体的高效欺诈风险识别控制体系基础上构建了“银行专家引导+客户自主风控”的新型欺诈风险防控网，引导不同客群应用账户安全锁对信用卡进行自主风控。

同时，根据线上、线下不同的业务场景，结合机器学习方法快速迭代反欺诈模型和规则，构建精细化、场景化的风险防控策略集，推动风险规则由“千人一面”向“千人千面”转变。

南京银行上线银行卡交易安全锁功能，通过交易安全锁，持卡人可根据自身用卡习惯在手机银行、网上银行设置锁卡时段，同时可进一步设置锁卡时段内需要管控的包括消费、转账、取现在内的多渠道交易类型。

（三）强化联防联控机制，共建银行卡安全用卡环境

随着互联网技术的快速发展，欺诈风险跨越空间、地域、机构、行业限制，银行业产业间形成互联互通的欺诈风险防范体系变得尤为重要。为营造良好的消费用卡环境，一方面，发卡机构间通过建立行业联席会、打造风险信息共享平台等多种方式不断强化同业间和卡组织间的交流与互动，对新型欺诈风险进行开拓性研究与处置；建立反欺诈交易平台、商户交易黑名单等系统，监控银行卡行业商户交易情况，规范商户经营管理；着力推进对欺诈案件的司法打击，不断健全相似风险防范方案，共同应对新型欺诈风险。另一方面，各商业银行利用网点、官网、微信等多渠道持续广泛地开展安全用卡知识与异常交易防范技巧宣传，提高客户安全意识；加强营销前端风险识别技能培训，保持对中介虚假包装进件高压打击态势，从源头上防范欺诈风险。

四、新形势下风险防控应对策略

在复杂的内外部形势下，银行卡产业风险管理工作的重要性日益提升，难度和要求也随之提高。在此背景下，各商业银行要持续提升风险管理水平，一是要优化全流程风险管控机制，查找薄弱环节并持续优化；二是丰富内外部数据应用，拓展与外部数据公司合作，强化大数据应用对风险管理的支持能力；三是强化对宏观经济的前瞻性研究，厘清宏观经济与产业风险的相关性及风险传导机制，建立“宏观—产业”风险预警模型，提升整体风险的预判能力；四是提升客户资质识别、需求识别、风险识别能力，充分利用金融技术革新风险计量模型、风险监测系统等工具，强化贷后风险经营与敞口管控，丰富智能化催收处置手段，深入开展银行卡市场的联防联控，共同打造安全、便捷的用卡环境。

业界聚焦

市场化个人征信助力信用卡风控

个人征信主要指依法采集、整理、保存、加工个人信用信息，并对外提供信用报告等服务，帮助金融机构判断、控制信用风险，进行信用管理的活动。风险管理与控制是信用卡业务健康持续发展的基础，持卡人风险的分析、预警和评估是信用卡风险管理的重要内容之一。持卡人和发卡行之间、发卡行之间的信息不对称是造成持卡人风险的主要原因。加强信用社会建设，倡导诚信文化，建立和完善个人征信体系，提升个人征信产品的有效供给，是防范和管理信用卡风险的重要举措。

个人征信服务在信用卡的准入、审批、监控和处置等各环节，包括常见的申请评分卡（A卡）、行为评分卡（B卡）和催收评分卡（C卡）等业务环节，发挥着重要作用。随着金融科技的发展和应用，互联网消费日新月异的发展，线上支付的普及，信用卡的风险管理越来越需要随时、随需、灵活可测的风险评估和计量机制，对个人征信产品与服务的创新提出了更加市场化的需求。

市场化的个人征信机构可以更好地助力信用卡发卡行进行信用卡风控，主要因为：第一，商业化运作。市场化征信机构自主经营、自担风险、自负盈亏。一方面，可以用市场化手段推动互联网金融、小微金融、消费金融、普惠金融的数据共享，与金融信用信息基础数据库错位发展，功能互补，实现个人征信的全覆盖；另一方面，可以用更灵活的合作机制拓展商务数据、政务数据等可信合规替代数据源，进一步满足信用卡风控的多维度数据的业务需求。第二，产品和服务多元化，更加精准地面向市场需求。在做好个人征信报告、个人征信评分等基础征信产品和服务的基础上，市场化征信机构还可以提供数据变量服务、回收分、清收分等增值服务，也可以根据金融机构的要求，与客户、合作伙伴共同开发更灵活的、适合客户需求的征信产品与解决方案，包括但不限于反欺诈、关系图谱，开发营销模型、搭建数据中台、协助机构进行数据治理等。

表 1　　　　市场化个人征信机构的特点与职能

特点	职能	具体内容	助力信用卡
商业化运作	1. 推动个人征信全覆盖	推动互联网金融、小微金融、消费金融、普惠金融的数据共享	主推开发长尾客户，客户覆盖面下沉，开拓互联网金融
	2. 可信合规替代数据源	商务信息、政务信息等	为风控提供更多参考维度，为信用白户、小微金融提供风控参考模型
产品和服务多元化	3. 个人征信基础产品	通用征信分	风控主要外部依据
	4. 增值产品	数据类和工具类产品	贷前审批、贷中管理、贷后催收等各阶段，风控产品创新与应用
	5. 风控解决方案	解决方案类产品，反欺诈、关系图谱，开发营销模型、搭建数据中台、协助机构进行数据治理	与金融机构共同开发风控产品

一、个人征信全覆盖助推开拓长尾客户

2006 年 1 月，在中国人民银行主导下，个人信用信息基础数据库在我国正式运行，标志着以政府为主导的个人征信体系的建立。由中国人民银行负责建设、运行和维护的金融信用信息基础数据库，收集信息和服务的对象主要包括以商业银行为主体的银行业以及消费金融公司、小贷公司等，目前已经涵盖 9.9 亿自然人的信用信息。

2014 年以来，在大数据、移动互联网经济的带动下，互联网金融有了比较快速的发展，市场对互联网金融领域的信息共享有着巨大的需求，补足金融信用信息基础数据库之外的人群和部分信用信息，加强互联网金融机构的信息共享，对于互联网金融的健康发展至关重要。由此，我国开始了市场化个人征信体系建设的探索和尝试。2017 年底，在中国人民银行监管指导下，百行征信有限公司发起成立（以下简称百行征信）。2018 年 2 月 22 日，百行征信获得首张中国人民银行批准的个人征信机构设立许可。百行征信主要通过市场机制，面向非传统金融、小微金融、消费金融和互联网金融提供信用信息服务，与国家金融信用信息基础数据库错位发展、功能互补，按照“政府 + 市场”双轮驱动的发展模式，共同促进实现征信系统全覆盖的战略目标。

百行征信采集的信息，与国家金融信用信息基础数据库形成互补，为金融机构的风险控制与管理提供了更加全面、准确的个人信用信息。个人信用信息越全面、越准确、越及时，对信用卡主体的信用状况的描述和评估就越精准。随着个人共享信息数据库的不断完善和壮大，高质量、准确、及时的个人征信报告必将成为消费者信用卡贷前审批、贷中监测和贷后管理，以及模型开发、产品创新和风控政策制定的重要依据。随着用户消费习惯的变化，信用卡市场也逐渐移动互联网化，用户不断从一线城市向二线、三线、四线城市下沉，年轻用户更加普及，相关机构对信用信息的共享需求在不断增加。补足消费者信息——尤其是消费金融在互联网端的共享信息，有利于减少信息不对称，防范信用卡欺诈风险，开拓信用卡市场的“长尾客户”和传统征信中的“信用白户”人群，扩大信用卡的市场覆盖率。

二、替代信息为风控提供更多参考维度

替代信息是指在金融机构的信用审批和风控中参考和使用的除信用信息之外的其他的可信合规信息源，一般具有3C的特征，信贷属性（Credit－like）、覆盖度（Coverage）和集中度（Concentration）。替代信息包括政府类信息、公共类信息、生活类信息、支付类信息和其他类信息。其中，政府类信息包括学历学位、居民身份证信息、交通违规记录、公积金、社保、民事裁决等信息；公共类信息包括个人手机电话费、打车、水电费、燃气费、出行数据等；生活类信息包括个人互联网消费、出行数据、个人互联网社交数据等；支付类信息包括支付、交易等行为特征；其他类信息包括移动终端数据、APP使用数据等。

政府类	公共类	生活类	支付类	其他类
• 数据内容：学历学位、居民身份信息、交通违规记录、公积金、社保、民事裁决等非银行系统信用记录 • 相关机构：公安部、信息产业部、劳动和社会保障部门、教育部门等	• 数据内容：个人手机电话费、打车、水电费、燃气费等 • 相关机构：自来水公司、电力公司、燃气公司、三大运营商、公共交通机构、各类手机APP服务提供商及相关公用事业单位	• 数据内容：个人在互联网消费、网络搜索、房屋车辆出租、出行数据、工作背景、个人互联网社交数据等 • 相关机构：京东、淘宝、拼多多、美团、饿了么、神州租车、各类租房公司、各类招聘代理机构、新浪微博等网络社交平台	• 数据内容：支付、交易、搜索等行为特征 • 相关机构：银联、网联、第三方支付机构等	• 数据内容：移动终端数据、App使用数据 • 相关机构：移动运营商、大数据公司

图1　替代信息分类数据内容及来源

申请者没有或只有较少的信贷记录时，难以从正规金融体系获得贷款，或者获取贷款的成本较高，但并不表示无法对这部分申请者进行信用风险评估，而替代信息能够发挥重要作用。例如，这部分人群有一些日常的支付行为，如电信缴费、水电费、房租等替代信息，其价值虽然不能与信贷数据相比，但在一定程度上记录了其交易行为，将其与信贷数据结合后，会对用户进行一个初步画像，帮助信用卡发卡行提高信用评估的准确度。

市场化个人征信机构在做好个人征信系统的同时，可以根据信用卡发卡行的需求，在依法合规的前提下促进替代信息的交互和共享：一方面可以满足信用卡大数据金融风控建模的需要，另一方面，可以帮助没有信用记录或信用记录较少的人群获得授信，扩大信用卡人群的覆盖面，为信用卡风控提供更多的参考维度。这在成熟市场中早有先例，如美国 Upstart 公司就通过一系列替代信息针对年轻人，尤其是刚毕业的大学生进行信用评估，利用其毕业学校、GPA、SAT 得分、所在公司的状况等信息，评估借款人的偿付能力。

市场化个人征信机构可以从制定相应的可信合规数据源的标准入手，制定技术认定、使用方法和流程，以及机构之间相互共享交换、加密安全等标准，进行数据测试和验证，联合建模输出准行业分，保证数据质量和可信合规。同时，应该分清主次，分门别类；比如学历数据源对信用白户信用判断帮助大；电信运营商数据源可能用来进行关系图谱的分析；社保数据源可以用于信审还款能力评估等。放贷机构向缺乏信贷信息的人群授信时，也要对这类人群进行信用教育，采取有效手段加强对这部分人群的贷后管理，并根据贷款风险情况，及时完善相关风险模型。

可信合规的替代信息可以使信用白户得到信贷服务，或者帮助信用信息不全或者较少的客户进行合理的定价，并在获得贷款后，进入征信系统。

三、基础征信产品成为主要的风控依据

个人征信报告的内容包括个人基本信息、信用信息概要、信贷交易明细、商务信息明细、公用信息明细、本人声明、异议标注和查询记录等内容，与变量、个人征信评分等共同构成基础征信产品，是信用卡风控的主要手段之一。个人征信评分是基于信用报告的一个重要征信产品，可以理解为信用报告的数字摘要，是征信机构以多元数据为基础，基于用户的历史表现，利用统计模型计算得出的信用分值。由于个人征信评分的直观性和易用性，在信用卡风控中，发卡机构可以使用个人征信评分，结合自身

建模，快速评价和衡量信用卡客户，使批量自动化信贷决策成为可能。

从人工阅读征信报告的主观决策到现在依据征信数据建立的信用模型自动决策，都依赖于对征信报告的信息提取。市场化个人征信机构开发个人征信评分，模型的变量选择和设计至关重要。变量也可以作为输出的服务之一，供信用卡发卡行风控建模使用。随着行业的发展和技术的提升，公正、科学、有效地提取信息的方式，即征信变量（Attributes）已经发展完善并且普遍应用。变量的总个数可能不同，但基本都会涵盖还款历史、债务情况、信贷历史、信贷需求、信贷组合等维度。目前，消费金融发展成熟的地方普遍应用征信变量进行业务的数据分析，建立业务规则和模型。以美国为例，三大征信机构Equifax、Experian和Transunion都拥有为全行业提供的征信变量，所有提供消费金融服务的机构都使用这三家机构的征信变量。变量设计要求充分体现预测模型的需要，达到系统化、场景化、可衍生、可解释的要求。

在变量基础上开发个人征信评分方面，FICO评分是最典型的个人信用评分，被广泛地用在商业银行信贷决策当中。评分模型主要考虑客户的历史偿还情况、信用账户情况、使用信用的年限、正在使用的信用类型及新开立的信用账户等信息。随着互联网的发展，美国也出现了一些新兴公司，如ZestFinance，通过收集传统信贷数据、水电燃气账单、社交网络数据等多方数据，得出变量后，开发出相应模型，对申请者进行信用评分，帮助没有信贷记录的人群或者信贷记录较少的人群增加获取信贷的可能性，或者降低其获取信贷的成本。通用征信分一般会作为对优质客户进行自动化决策的依据，但对于风险较高的客户，仅仅依靠通用征信分是不够的，甚至还可能造成客户的“误判”或者预测性不高。所以，信用卡风控机构一般会把征信机构的通用信用分与金融机构内部的风控评分交叉使用，综合分析。

表2　　通用信用分在信用卡审批的应用举例

通用信用分数	申请数量	百分比	处理方式
低分	66	17%	进一步审查
中等	154	40%	传统审批
高分	164	43%	简化审批流程
总计	384	100%	

表 3　　　　通用信用分在信用卡额度管理的应用举例

金融机构的内部行为评分	通用信用分		
	低分	中等	高分
低分	降低	不变或降低	不变
中等	不变或降低	不变	小幅增加
高分	不变	小幅增加	大幅增加

有关学者提出，未来的信用卡风控建模过程中，人民银行的个人征信报告和市场化个人征信机构的征信报告都会被广泛使用，个人信用信息也会出现重叠、交叉，市场化个人征信机构既要重视共享机构的特色，也要考虑与央行征信中心标准的兼容性，满足机构的不同需求，在变量服务和个人征信评分方面直接推出面向消费金融的信用卡行业的征信变量和信用分。

目前，市场上的征信评分产品大多为场景，客群和产品个性化定制，不具备通用模型的综合性功能，通用征信分的模型产品并不多，优秀的通用模型需要市场和机构的深度合作与长期验证。

四、增值征信产品应用在风控各环节

近年来，信用卡收入占各银行零售业务的比重越来越大，国内各大银行都致力于通过持续发放更多信用卡来抢夺这一利润空间巨大但竞争异常激烈的市场。要想在这一市场具备较强的竞争力，银行除了需要具备贯穿信用卡服务全流程的风控能力，还需具备出色的精准营销能力。以信贷数据为基础的精准营销，也是风控的前置与加强。而市场化个人征信机构借助以大数据和智能认知为代表的金融科技手段，可以全新的视角赋能信用卡行业，去评估“传统”风控模式所不能及的部分，有助于从更全面的角度进行客户画像和风险识别。

从国际经验来看，国外征信机构在征信产品开发过程与其他行业类似，遵循需求导向原则，注重金融机构的整个生态需求，比如环联（Transunion）针对营销和客户细分、债务回收，以及医疗行业等开发出多个不同增值产品，来满足市场需求。因此，个人征信机构除了需要提供通用征信分等基础征信产品之外，还需要按照信用卡产品生命周期全流程，提供特色征信增值服务。

图 2　美国环联增值产品图谱

另外，相比美国征信业接近200年的历史，我国征信业发展时间短，征信客户自身的发展程度和发达国家水平也存在差距，许多征信需求还难以提出，在这种情况下，市场化征信机构可以借鉴国际先进经验，与信用卡发卡行一起探索反欺诈、关系图谱等产品的设计，探讨与尝试征信产品与服务的创新，针对不同发卡行在不同阶段、场景的需求，在对个人征信数据进行挖掘与加工的基础上，为其个性化定制有针对性的征信产品与服务。

1. 数据类征信产品

数据类征信产品是指征信机构根据信用卡发卡行的需求，对征信数据进行检索、归类、比较和处理，并将结果提供给授信机构。典型的产品有反欺诈信息服务、关系图谱信息服务等。

反欺诈是消费金融和互联网金融领域永恒的话题，很多信用卡发卡行、互联网金融机构的坏账损失中，超过半数来自欺诈，其中身份冒用欺诈占比最高，其次是团伙欺诈，还有账户盗用、恶意违约等。征信机构需要通过信息对比、欺诈规则分析、预警、风险量化评估、事件分类处理等手段实现对欺诈事前防控和事后经验总结，并开发出反欺诈工具；还可以开发相应的特别关注名单的共享平台，从而形成良性互通的信用卡特别关注信息的共享，促进整个金融行业反欺诈水平的提升。

关系图谱产品根据传染病传播模型，一般通过亲属、同学、同事、投资经营关系、行业地域关联等多个维度的信息，对授信对象的关联风险进行评估，不仅要罗列出授信对象所有的关联企业和个人，还要能计算出风险概率，量化授信对象的关联风险大小，预警授信对象潜在的信用风险。特别是对将自己改头换面的授信对象，如果只从个人信息和涉诉信息可能找不到任何蛛丝马迹，但通过关系图谱可以识别出错综复杂的相关关系等，进行提示和预警，避免向其授信导致的违约风险。

2. 工具类征信产品

工具类产品是指征信机构根据信用卡发卡行的需求，协助发卡行开发出的信用评分模型。以信用卡产品为例，其产品生命周期主要可以划分为客户营销、贷前审批、贷中管理、贷后催收四个阶段。

在客户营销或风控前置阶段，会涉及客户预筛选、地理位置确定、交叉销售、营销策略等问题。市场化个人征信机构可以协助客户共同开发相应的营销模型。这既是对客户进行细分，也可以看作信用卡风控的前置。如通过负债评分评估客户的债务情况后对客户进行预筛选，通过经济地理位置分进行人群区分，通过偏好倾向分了解客户除了信用卡记录有没有车贷或者房贷，判断是否进行交叉销售、制定销售策略等；对于没有征信记录或征信记录较少的人群，通过引入征信机构的征信替代数据评分产品，借助其在消费等属性的信息数据，可帮助银行进一步丰富内部评分的预测维度，提高对这部分人群信用评估的精准度。

在贷前审批阶段，会涉及身份确定、欺诈防范、信用评估、授信决策等问题。对应地，需要征信机构提供身份验证服务、欺诈分、收益分等产品用于授信决策。

在贷中管理阶段，则涉及风险预警、客户挽留、额度调整、组合管理等问题，更需要征信服务提供帮助。贷中阶段是目前银行风控比较薄弱的环节。特别是我国，风控策略更多集中在贷前审批阶段，如开发可疑行为分，或者主动给授信机构推送风险预警，特别是在他行有预设可疑行为发生时，主动分享个人信息变动、地址变更、可疑行为等信息，可以帮助授信机构提高贷中管理效率。

在贷后催收阶段，会涉及债务人追踪、逾期催收、催收策略等，这些环节需要征信机构建立回收分、清收分的方式向授信机构提供更高效的数量化分析产品以辅助其制定催收策略。如通过回收分评估哪个账户最有回收潜力，通过清收分评估是否需要委托外部收账公司进行催收。

3. 解决方案类征信产品

解决方案类征信产品是征信机构凭借多年的在数据整合、数据分析、风险管理等方面的专业经验和技术分析能力，将自身的数据类产品、数据库信息、用户数据以及分析工具融入信用卡发卡行的管理策略中。比较典型的服务是征信机构协助发卡行，利用其拥有的信息主体的各类行为信息，运用数据分析、模型开发等方面的经验，为信用卡发卡行提供营销解决方案，将风控手段前移到营销和获客阶段。

发卡行可以利用借贷数据、信用卡发卡行的客户信息、公开渠道获得的信息，基于家庭收入分析、信用支付能力分析、债务比率分析等，对客群进行全面分析，制定商业策略。同时，还可以通过客户销售成本预测与分析、客户贡献度分类分析、客户账龄分类分析、呆坏账分析、账户活跃度等营销工具，筛选满足不同层次需求的产品，从而实现交叉销售。例如，当客户信用状况发生变化达到新的授信标准，及时向信用卡发卡行发出信息提示，帮助信用卡发卡行及时调整营销策略，提高市场反应率。

征信机构也可以协助发卡行利用自身的数据处理优势和专业能力，为信用卡发卡行提供全套营销策略解决方案，帮助信用卡发卡行建立潜在客户筛选、交叉销售、潜在流失客户挽回等营销策略，并对营销管理流程进行优化。

随着消费金融的快速发展，大数据移动互联网技术的普及和应用，信用卡业务将产生越来越多的个人信用信息，促使个人征信体系不断完善；同时，个人征信——尤其是市场化个人征信机构的发展将促进信用卡风险管理水平的提升。市场化个人征信机构的发展会促进金融科技行业的创新与发展，基于征信数据为信用卡风控提供更多、更全面的服务，积极促进信用卡生命周期环节的产品创新。市场化个人征信机构、为金融机构提供风控服务的科技公司与信用卡发卡机构，能够通过适当途径形成良好的合作共享模式，通过个人征信全覆盖的基础设施建设、征信产品的不断创新，对信用卡风控提供有针对性的解决方案，不断加强个人信息使用的授权管理，提高数据质量，重视客户服务和异议处理，探索建设开放的数据中台，从而更好地服务于信用卡风控的建模和开发，促进信用卡行业持续健康地发展。

作者：百行征信有限公司　田昆 许其捷 陈翙

百行征信有限公司，是在中国人民银行监管指导下，由市场自律组织—中国互联网金融协会与芝麻信用、腾讯征信、前海征信、考拉征信、鹏元征信、中诚信征信、中智诚征信、华道征信 8 家市场机构按照共商共建共享共赢原则，共同发起组建的一家市场化个人征信机构。2018 年 2 月 22 日，百行征信获得首张中国人民银行批准的个人征信机构设立许可。公司主要专注于个人征信业务，数据库管理，征集、利用企业信息开展企业信用评估、评级业务等。

4

第四章

2018年我国银行卡产业的责任与贡献

丰富产品、创新营销和多元化渠道推广推进了银行卡产业的创新发展，也是银行卡产业始终抱持的为人民服务的初心。作为我国人民日常生活消费和收支结算最主要的工具，银行卡成为金融机构连接客户和消费者的重要纽带。各商业银行积极推进消费者权益保护工作，广泛开展金融知识宣教，利用积分等方式深入参与社会公益，服务消费、鼓励消费，为社会发展贡献力量。

第一节　消费者权益保护

2018 年是银行卡产业追求创新发展的一年，更是积极践行消费者权益保护工作的一年。2018 年 1 月，中国银行监督管理委员会印发《关于印发银监会机关银行业消费者投诉处理规程的通知》（银监办发〔2018〕13 号），明确“银行业金融机构是维护消费者合法权益，及时、规范、合理处理消费者投诉的第一责任主体”。各商业银行持续在加强银行业消费者权益制度建设、建立健全消费者权益保护工作机制、创新产品服务管理体系建设等方面做了大量的工作，以确保消费者在体验金融服务过程中其权益能够得到有效的保护。

一、持续推进制度体系建设，完善消费者权益保护工作机制

（一）完善消费者权益保护制度

各商业银行积极落实《关于加强金融消费者权益保护工作的指导意见》（国办发〔2015〕81 号）、《关于加强银行业消费者权益保护　解决当前群众关切问题的指导意见》（银监办发〔2016〕25 号）和《关于印发银监会机关银行业消费者投诉处理规程的通知》（银监办发〔2018〕13 号）等文件精神与要求，围绕经营场所营销行为、产品信息披露、客户信息保护、客户投诉管理、服务收费管理、金融知识宣传教育等重点领域，完善相关制度规范，夯实消费者权益保护工作的基础，切实保障消费者权益。

工商银行发布了《中国工商银行牡丹卡中心消费者权益保护工作委员会人员名录》（2018 版）及《中国工商银行牡丹卡中心消费者权益保护部门分工明细》（2018 版），对牡丹卡中心消费者权益保护工作的领导人员、各业务部门具体消保工作职能进行了细化。

农业银行制定下发《中国农业银行信用卡中心消费者权益保护工作委员会工作规则》和《中国农业银行信用卡中心 2018 年消费者权益保护工作要点》，进一步在制度上完善消费者权益保护工作体系，规范消费者权益保护决策工作制度。

中国银行修订《中国银行股份有限公司银行卡中心消费者权益保护工作实施细则（2018 年版）》，同时结合消保工作要求和信用卡业务实际，建立健全了相关消保专项制度。

建设银行制定下发了《中国建设银行银行卡（不含贷记卡）欺诈风险管理办法（2018 年版）》，从制度上明确行内相关部门、分支机构职责及银行卡欺诈风险处理流程，为持卡人提供更为安全的用卡保障。

邮储银行制定和修订了《中国邮政储蓄银行个人类产品信息查询平台管理办法（2018 年版）》《中国邮政储蓄银行个人客户信息保护管理办法（2018 年版）》《中国邮政储蓄银行客户投诉管理办法（2018 年修订版）》等 49 份消费者保护相关制度。

光大银行制定了《中国光大银行 2018 年消费者权益保护工作要点》《中国光大银行 2018 年消费者权益保护工作培训计划》《中国光大银行 2018 年公众宣传教育活动规划》等制度，从战略角度对全行消保工作进行统筹规划。

广发银行建立了《广发银行信用卡中心消费者权益保护管理手册》《金融知识普及和金融消费者教育机制》《合规与消费者权益保护培训、考核及宣导管理办法》等制度。

（二）优化消费者权益保护组织体系

为使消费者权益保护工作组织上更有保障，运行上更加高效，各商业银行不断优化调整消保工作组织架构，明晰职责分工，加强消保工作履职。部分商业银行还完善了消保工作应急体系，加强个人存款计提、银行卡盗刷、信息系统安全等消保相关业务的应急管理，确保应对措施可行，重大事项报告路线清晰、渠道畅通。

农业银行组建专职消费者权益保护团队，聚合消费者权益保护、客户事件及投诉处置和客户体验优化三大职能，通过设立各业务部门和条线消费者权益保护工作专员，积极践行“客户至上、始终如一”的服务理念，将消保工作落到实处。

光大银行第七届董事会普惠金融发展和消费者权益保护委员会第二次会议明确全行要健全消保工作相关组织架构，要把消保工作放到与业务发展同等重要的位置。

邮储银行总行将董事会社会责任委员会更名为董事会社会责任与消费者权益保护委员会，并充实消费者权益保护方面的工作职责，增强工作履职。

招商银行明确由董事会承担消费者权益保护工作的最终责任，并在董事会层面成立消费者权益保护委员会，将消费者权益保护工作职责纳入招商银行章程。

（三）健全消费者权益保护工作机制

在加强制度建设和组织建设的基础上，各商业银行也逐步健全了各项消保工作内控机制，加强制度执行，提升消保工作质效。一是不断完善消保工作考核机制，将消保工作指标纳入总行各部门绩效考核工作指标；二是强化消保工作内部审计，明确消保工作内部审计规则，规范专项审计工作开展路径，揭示问题，分析成因，提出审计建议，并积极督促整改落实，进而推动消保工作规范有效开展。

平安银行建立起“快处快赔机制”，设立“消费者快速赔付专项资金”，针对无道德风险的客户因外部原因导致个人的信用卡发生直接或间接损失的，优先使用该专项资金垫付，给客户提供了快、易、好的服务体验。

齐鲁银行制定《消费者权益保护工作考核办法》等管理制度，将消保考核纳入分支机构绩效考核体系，明确零售业务全流程消保管理的基本要求，完善客户信息保护应急管理机制。

二、加强经营行为管理，不断推动消保理念融入产品服务全流程

各商业银行不断加强经营行为管理，着力在产品和服务的设计开发、协议制定、营销推介、售后管理等全流程落实消费者权益保护的工作要求。

（一）加强产品信息披露，充分保障消费者的知情权

各商业银行不断加强产品信息披露工作力度，建立个人类产品信息查询平台，将银行卡、理财、保险、基金等个人类产品信息纳入统一管理，

优化信息公示界面，完善公示信息。一是持续优化手机银行、个人网银等电子银行渠道个人类产品信息查询功能，增加交易状态标识，如客户购买产品后，先标记产品状态为“待确认”，产品成立后，再标记为“已确认”，便于客户实时了解和查询产品状态。二是持续做好商业银行个人理财产品、代销基金、资管计划产品信息披露。在商业银行官方网站对理财产品、存量代销基金产品、资管计划产品目录进行持续更新，完善官方网站代销基金定期报告、公告展示和资产管理计划产品的存续期信息。各商业银行通过不断提高产品信息披露的服务水平，使客户能够更便捷、更全面地获取产品信息，充分保障了消费者对金融产品的知情权。

工商银行通过官网—信用卡—卡片世界栏目，真实披露工商银行信用卡产品的相关权益、产品和服务特点，并在官网服务价目表中统一展示工商银行信用卡产品和服务的收费标准。

（二）严控经营销售行为，保障销售过程公开透明

各商业银行通过规范化管理，大力建设营业网点销售专区，部署录音、录像设备，严格规范一线员工的销售与服务行为。通过专业化监测，加强消费者权益保护与服务监督检查、开展客户满意度调查等多种方式实施日常监督，切实做好消费者权益保护的售前审查、售中管控和售后评价工作。

邮储银行2018年开展个人中间业务及反洗钱管理专项检查工作时，将销售专区建设列为检查重点，并督促各分行对发现的问题进行及时整改，确保业务流程合规，提升“双录”质量，保护消费者合法权益。

江苏银行持续开展网点消保工作情况的监测，聘请第三方专业机构每季度进行“神秘人”拜访，并形成测评分析报告通报点评。

（三）提高投诉处理时效，注重投诉质量管理

为提高投诉管理的质效，各商业银行普遍开展了投诉专项整治活动，针对网点服务、“被短信”“被保险”及监管渠道投诉开展专项整治，实现投诉受理量同比大幅下降，消费者投诉处理及时率和满意度不断上升。一是各商业银行加强对服务类投诉的监测、处置、督办、考核，通过不断优化处理流程进一步提升了投诉处理的时效性和质量；二是各商业银行扎实推进金融消费者投诉统计分类及编码行业标准实施，积极落实监管要求，

研究制定工作方案，开展相关培训，稳步推动各项实施工作。

工商银行建立了完善的投诉统计分析和改进机制，在做好投诉处理的同时，设立投诉台账，并按月进行汇总统计，及时发现总结客户投诉中涉及的产品、流程和系统功能等方面的短板，反馈至业务主管部门进行优化改进，标本兼治解决投诉问题。

农业银行与上海市金融消费纠纷调解中心共建金融消费纠纷调解工作站，为更好地化解金融纠纷提供调处平台，并以投诉为抓手，建立投诉痛点优化机制。

南京银行严格按照人民银行投诉分类要求对投诉处理系统完成改造，基本实现投诉数据标准化、精细化和统一化，将投诉处理过程、时效以及客户满意度统一纳入考核范围，并将考核结果与分行投诉工作分管领导绩效考核挂钩。

三、践行消保工作服务理念，全面提升消保工作的广度和深度

（一）广泛开展金融及消保知识宣传普及

2018 年各商业银行对消费者权益保护宣传活动进行统筹规划，明确宣传目标、宣传内容及时间安排，积极向社会公众普及金融知识。各商业银行深入开展 2018 年“防范非法集资宣传教育月”“金融知识宣传月”等活动，同时借助新华网、人民网等多家中央媒体以及地方主流媒体资源，围绕金融消费者保护相关工作，开展了持续、深入广泛的报道，反响强烈，效果良好。

工商银行 2018 年共设计消费者权益保护主题海报十二幅，制作支付安全主题视频一期。内容覆盖信用卡基础知识、安全办卡、合规用卡、爱惜征信、防范盗刷、合规收单、防范电信诈骗、远离非法校园贷款、远离非法集资、电子智能服务安全、第三方支付平台安全守则等，针对不同群体金融消费者开展银行卡多角度的金融知识教育活动，提升客户防范非法金融行为的意识。

建设银行发动全行以营业网点为主阵地，走进校园、社区、企业等进行户外宣传，受众人数约为 200 万人次。

农业银行通过微信、微博、第三方调解机构等平台，开展“金穗校园行”志愿者活动，围绕信用卡用卡安全、防盗刷、远离非法校园贷等主题，

提升信用卡客户资金保障意识和辨别真伪的能力，累计宣传超过了 33 次，受众客群超过 1688 万。

（二）提升银行员工自身的消保服务能力

各商业银行持续做好员工培训教育，将消保工作要求作为培训的重要内容进行宣贯。2018 年各商业银行组织了形式多样的消保培训，培训形式包括集中培训、电视电话培训及远程网络培训等。如针对理财类业务，各商业银行组织开展了多场次个人银行理财业务合规销售电视电话和远程网络培训，提升各级人员的专业能力和合规意识；针对国债业务，通过各商业银行专用软件组织开展国债业务线上培训，充分利用自身网络与人员优势，通过问卷调查、上门走访、服务进村等方式将国债知识送到千万农村居民的手中，普及金融知识的同时也为当地居民提供多样化的金融服务，帮助普通民众树立良好的投资理财观念，提升金融投资和消保意识。

2018 年，广发银行结合《合规与消费者权益保护培训、考核及宣导管理办法》，建立了涵盖分行、“95508”服务热线的消保培训管理体系，通过开发阶梯式投诉培训课程体系，实现消保培训的全辖覆盖。

（三）金融科技赋能，通过技术手段提升消保工作质量

随着金融科技的发展，各商业银行逐步运用 AI + 互联网技术，着力打造了多个消保科技创新项目，通过技术手段实现科技赋能消保。如多家商业银行推出智能双录，通过系统串联，在双录中实现业务人员销售资质管理、客户风险偏好匹配及销售全流程管理；部分商业银行还推出投诉智能化管理系统，应用多维度掌控、标准化运行和大数据智能化技术对投诉全生命周期进行管理；在消费者权益保护的反欺诈管理方面，各银行纷纷搭建反欺诈管理平台，打造了事前、事中、事后“三位一体”的全流程、全方位的反欺诈防控体系。

工商银行信用卡“工银 e 生活”APP 引入了境外锁、地区锁、夜间锁、境外无卡支付锁、限额锁功能，打造了完善的账户安全锁体系，并且通过短信通知、消息推送实现解锁、上锁的服务闭环，全方位保护持卡人用卡安全。

图 4－1　工商银行“工银 e 生活”账户安全锁功能

图 4－2　邮储银行手机银行交易安全锁功能

平安银行在传统账户密码、短信验证码等鉴权机制的基础上，结合用户的使用环境、行为轨迹进行综合分析，建立了实时的风险管控体系，采取提醒、升级验证、拦截等管控措施，实时保护客户账户安全。

第二节　公众宣传与教育

2018 年，在人民银行、银保监会等监管机构的指导和银行业协会等行业协会的引领下，各商业银行持续开展银行卡业务知识的宣传和教育，积极推动安全用卡知识的普及，力求增进广大持卡人安全用卡和风险防范的能力，合力构建健康和谐的银行卡产业环境。同时随着移动支付技术的成熟和行业的发展，各商业银行在全国范围内大力宣传移动支付在便民惠民方面的重要作用，普及移动支付知识及风险防范手段。

一、广泛开展宣传，常态化金融知识普及

各商业银行积极响应监管号召，结合最新的银行卡产业发展情况，组织开展了如“金融知识进万家”“普及金融知识进万家”“普及金融知识万里行”等活动，持续提高消费者金融知识素养，并充分利用线上渠道，常态化金融知识普及，助力国家普惠金融战略。

图 4－3　邮储银行向少数民族儿童普及金融知识

邮政储蓄银行在2018年初即印发金融知识宣传计划，对全年自主宣传活动进行统筹规划，明确宣传目标、宣传内容及时间安排，积极向社会公众普及金融知识。全年开展了“金融知识宣传月”“普及金融知识，守住‘钱袋子’”“金融知识普及月 金融知识进万家 暨提升金融素养 争做金融好网民”等活动，探索打造出特有的“金融知识扶贫”“金融+互联网”等新型宣传模式。

图4-4 邮储银行向在校学生普及金融知识

招商银行为提高全行金融知识宣教工作重视程度，持续输出新鲜、即时的活动点子和内容，从内部员工选拔建立起一支兼职金融宣教自媒体运营队伍及“宣教抖音军团”，兼职运营人员多达168人。这些成员在日常工作中重视案例及社会热点的收集工作，源源不断地创作有特色的宣传教育物料。截至2018年底，自媒体团队贡献原创宣传素材共300余篇，并积累形成一套高质量的宣传教育素材库，全行均可在日常活动中参考及使用。此外，在持续做好线上宣传推广的基础上，针对不同线下场景、不同消费者的需求，招商银行组织专人走进校园、社区、工厂，开展群众喜闻乐见的线下活动，做到真正将金融知识送到消费者身边。

二、响应监管要求，加强用卡安全教育

2018年，各商业银行针对人民群众普遍关注的银行卡欺诈、信用卡逾期、非法集资等热点话题，积极主动地通过各种渠道进行宣传，对公众宣传普及金融知识，提升公众安全防范意识，保护人民群众财产安全。

中国银行在 2018 年初制定了年度金融知识宣传普及规划，组织金融知识进万家活动，并通过中国银行信用卡官方微信、官方微博、缤纷生活 APP 等多渠道发布安全用卡相关提示，内容涵盖支付安全锁应用、防盗刷、电信诈骗、真假客服识别、增额骗局、积分兑换骗局、不法链接骗局等活动主题。

图 4－5　中国银行开展安全用卡宣传教育

建设银行在 2018 年开展“全流程金融消保促和谐、防欺诈金融安全进社区”活动。通过制作宣传展板及折页、《信用卡知识手册》、信用卡式行李牌等丰富多样的宣传材料，从畅享多元化服务渠道、守住您的“钱包”、玩转境外用卡及珍视个人信用记录等方面，向社会公众普及安全用卡知识，宣传材料内容丰富、表述浅显易懂。特别是以“建设银行龙卡信用卡发卡十五周年”“防范非法集资”“双十一活动”等专项活动为契机，开展了丰富多样的宣传活动，取得了良好的效果。

图 4－6　建设银行开展消费者权益保护宣传活动

招商银行通过短信、微信、微博、掌上生活 APP 等多种渠道，结合风险形态的变化，针对性地开展交易欺诈安全宣传，形成了以小招喵为主题形象的系列条漫宣传。宣传主题包括用卡知识、防范信息泄露、退款欺诈、信用卡代办诈骗、电信诈骗防范等内容，旨在提升消费者风险识别及防范能力，强化消费者用卡安全意识。

图 4－7　招商银行开展用卡安全宣传

民生银行根据自身业务特点，精心制作了四期节目，于 2018 年 5 月、7 月、9 月、11 月播出，主题分别为“信用卡背后的那些事儿”“蹊跷的信用卡盗刷案”“细数小卡片的大福利”“被冻结的信用卡”。节目中的故事根据极具代表性的真实案例改编，配合银行专业人士采访，以深入浅出而又让人印象深刻的方式向大众讲述了信用卡安全常识、信用卡特色金融服务、信用卡盗刷的形式和防范措施等，有效提高了消费者的金融风险防范意识。

平安银行利用客户喜闻乐见的“抖音”“微视频”“微信软文”等热点线上宣传方式，生动形象地宣传金融知识。采用总行牵头，每月一个主题等方式，开展丰富的金融知识公众教育活动，如 5 月的“识别虚假金融广告”、7 月的“反欺诈”、11 月的“个人信息保护”等，通过对公众的宣传教育，普及了金融风险防范知识，取得了良好的社会宣传效果。

三、紧扣热点话题，加强移动支付知识宣传

近年来，随着移动支付的创新发展，百姓生活越来越便捷，但由移动支付引发的用户隐私泄露、电信诈骗等事件也屡见不鲜，且诈骗行为越来越隐匿化、集团化和专业化，而消费者安全意识的缺乏，也间接导致了风

险事件的爆发。为落实中国支付清算协会 2018 年“移动支付安全便民宣传周”活动要求，各商业银行在 2018 年开展了多项针对移动支付的知识宣传活动。

工商银行以“移动支付安全便民”为主题，在全国范围内宣传移动支付在便民惠民方面的重要作用，普及移动支付知识及移动支付安全教育知识，让客户能够形象地了解个人账户的分类管理，“云闪付”APP、“e 支付”“工银安全卫士”的使用，以及如何防范移动支付中的非法集资和“消费返利”风险等。

建设银行组织开展移动支付安全便民主题宣传活动，以“支付为民，建设银行惠您”为主题，通过微信公众号、手机银行、网站、网点等多个渠道，向客户宣传移动支付知识及风险案例、移动支付安全提示等，并向客户展示“龙支付”，“云闪付”的使用，能够促进客户对移动支付产品的了解和正确使用。

图 4-8　建设银行开展移动支付宣传

徽商银行开展了“云闪付”专项营销宣传活动，以扩展移动支付应用领域为重点内容。充分利用厅堂展板、海报等宣传资料，通过厅堂业务引导、二次引流、厅堂“微沙龙”等开展移动支付业务宣传，通过制作投放宣传物料以及网点门楣、电子显示屏等做好厅堂线下渠道的联动宣传。

华夏银行集中开展移动支付宣传月活动，在行内行外、线上线下、全渠道、全方位、立体式开展“云闪付”APP 等移动支付产品营销宣传。活动期间，央视频道、今日头条等知名网络媒体及平面媒体持续投放“云闪付”宣传广告开展集中宣传。

四、细分受众群体，实现精准宣传

各商业银行结合市场实际情况，根据受众群体的年龄、职业情况进行客群细分，开展了“走进社区”“走进学校”等线下活动，面向不同群体进行差异化宣传，提升效果。

农业银行邀请志愿者赴应用技术大学奉贤校区及华东理东大学青浦校区，参与“金穗校园行”志愿者活动。在普及重点金融知识的同时，就在校学生参与“校园贷”“现金贷”等诈骗案件与日俱增这一情形，有针对性地对入学新生开展正规借贷知识、个人信用保护以及防电信诈骗知识宣传，帮助大学生树立正确的消费观念，抵制过度消费，增强其对有害网络借贷业务的甄别和抵制能力，助力建设健康的校园消费金融环境。

民生银行围绕“提升金融素养，争做金融好网民”这一主题，针对不同人群金融知识的薄弱环节和金融需求，制定了差异化的宣传方案，通过进企业、进校园、进社区、进商圈等形式，向金融知识相对薄弱的中老年人、青少年、务工人员等群体普及金融知识，引导消费者合理选择金融产品和服务，防范金融风险。

图4－9　民生银行走进社区开展宣传培训

华夏银行制定了《华夏银行2018年金融知识宣传普及工作计划》，围绕社会关注热点和金融服务难点，开展了“金融知识普及月　金融知识进万家”暨“提升金融素养　争做金融好网民”金融知识普及等活动，深入网点、社区、市场、学校、企业、广场、公园、商区等开展宣传，引导公众正确运用金融知识，合理选择金融产品和服务，增强风险防范意识和责任意识。

图 4－10　华夏银行深入社区开展宣传培训

浙商银行针对不同群体消费者的知识水平和金融需求，设计了差异化的金融知识宣传方案，开展了层次鲜明、针对性强的常规性金融知识宣传教育工作。针对老年人群体开展“提升金融素养，保障养老本钱”主题宣传活动；针对户外工作群体开展“公益赠饮凉爽一夏，传播知识守护一生”主题宣传活动；针对青少年群体开展“培养一代人，影响三代人”“青青校园朗朗宣讲声”主题宣传活动；针对高校师生开展“象牙塔里防诈骗　争做金融好网民”主题宣传活动，取得了良好的宣教效果。

南京银行针对不同群体金融知识的薄弱环节和金融服务需求，尤其是学生、老年人、进城务工人员等群体，深入校园、社区、工厂，通过常规宣传和重点宣传相结合的方式集中开展了“金融知识进校园”“金融知识进社区”“金融知识进工厂”等系列活动。如围绕认识校园贷、现金贷危害、识别非法金融广告等内容，为南京工业大学、连云港工贸职业技术学校的大学生带去了别开生面的多媒体讲座，并先后走进南京大石桥社区、连云港前进社区等，面向社区居民开展防范电信网络诈骗的宣传活动。

第三节　社会公益

2018 年，我国银行卡产业秉承“源于社会，回报社会”的理念，凝聚社会力量，唤醒公益意识，传递人文关怀，以常态化、多元化、可持续的方式推进中国公益事业的发展。各商业银行在为客户提供优质银行卡服务的同时，积极履行企业公民的社会责任，致力公益事业，持续为扶贫建设、教育文化、体育健康、特殊群体帮扶、绿色环保等公益领域提供资金和智力支持，传递爱的正能量，积极回馈社会。

一、响应国家号召，开展金融扶贫

银行卡产业积极响应国家扶贫政策导向，贯彻落实“十三五”脱贫攻坚规划要求，支持深度贫困地区脱贫攻坚工作，按照党中央、国务院、监管部门关于扶贫开发工作的总体部署和要求，编制精准扶贫规划。为打赢脱贫攻坚战，全面建成小康社会、实现“两个一百年”奋斗目标贡献力量。

（一）精准施策，开展产业助农

各家银行从“强化精准扶贫机制建设”“支持精准扶贫资金需求”“创新精准扶贫产品服务”三个方面开展精准扶贫，深化推进产业扶贫工作，将“输血”扶贫转变为“造血”扶贫。

招商银行为永仁县、武定县培训技术人员 1 300 名，其中永仁县板栗种植专业技术人员 400 名、彝绣专业人员 100 名、石榴致富带头人 60 名；在武定县开展 4 期产业培训和 3 场务工指导培训，总计培训技术人员 740 名。

平安银行“村官工程”以产业扶贫为核心，在全国各个贫困地区开展产业建设，打造了“平安扶贫保”“水电扶贫”“核心农业企业贷款”和“扶贫债帮扶”等多种产业扶贫模式。

包商银行向固阳县怀朔镇阳湾村捐赠资金物资 100 万元，支持春耕备耕，在关键时刻助力农业发展。

图 4－11　包商银行助力怀朔镇阳湾村精准扶贫

（二）持续探索电商扶贫模式

各商业银行持续探索电子商务在贫困地区的扶贫效用，充分发挥自营电商平台用户多、交易量大、辐射广的优势，帮助贫困地区实现特色产品的销售。

工商银行融 e 购电商平台扶贫商户已覆盖 281 个国家级贫困县。2018 年，工商银行借助电商平台开展了“大城小爱‘合’你在一起”公益扶贫活动，主要对湖南省国家级贫困县龙山县的农户给予帮扶，以“电商平台＋运营商户＋农户原产＋公益组织”四方联动的方式解决农户因百合干滞销而外出打工、部分孩子失学留守的困境。自活动开展以来，通过引入运营商的方式收购农户百合干 1 万斤，在融 e 购平台销售近 1.4 万份。

中国银行向聪明购平台入驻商户及注册会员提供信用卡分期等多元支付服务。2018 年通过聪明购平台累计销售农副商品 9 660 单，累计销售额 78.77 万元。

招商银行依靠“本来生活网”线下和线上渠道帮助永仁县、武定县销售农产品约 300 万元。

光大银行上线了与湖南省新化县政府联合打造的以精准扶贫为目标和亮点的电商平台——“新化·购精彩”电商平台。对于当地的特色产品和入驻企业，采取免开发费、免入场费、免导流费与合作营销的“三免一合”优惠政策，扶持企业商品多渠道销售，将税收留在当地，从而拉动县域经济的发展。同时，将打造“阳光 e 家”线下体验店，线上线下联动助力脱贫。

图 4－12　光大银行“新化·购精彩”电商平台

二、发挥积分平台效用，募集公益善款

银行卡产业坚持“人人皆可慈善”的公益理念，致力于扮演好桥梁角色，不断完善公益平台，以开放的姿态和专业的运营机制支持社会募资捐资和积分捐赠。除现金捐赠外，各商业银行持续深入挖掘积分慈善平台价值，策划开展积分捐赠、众筹等创新模式，将积分转换成善款，用于公益项目，实现了银行卡业务与爱心奉献的精准融合。

农业银行联合中国青少年发展基金会，赴定点扶贫县河北饶阳县开展专题党日活动暨“小积分·大梦想”希望工程快乐阅读关爱行动，帮助明德小学建立快乐图书角并开展快乐阅读课，讲解金融知识，分享成长故事。

图 4－13　农业银行“小积分·大梦想”希望工程

建设银行信用卡积分慈善项目走进了海南省五指山市，助力精准扶贫工作，以众筹形式开展贫困学生助学项目，累计帮助学生超过 300 名；赴云南昭通为国家定点扶贫小学捐赠学习物资、改善教学环境及学生住宿条件；

并先后走进兰州、贵州、四川、湖南、云南等 26 个省（市、区），支持了 14 家“青年之家”（关爱留守儿童和进城务工人员子女）建设，在全国各地捐建 100 余所音乐教室，为 200 多名贫困地区艺术教师提供了培训，向 40 余所希望小学捐赠了教具、文具等学生用品。

招商银行携手壹基金创新推出了“小积分·微慈善”平台。持卡人可将信用卡积分兑换成不同的公益产品，如“免费午餐”：99 积分 =1 个孩子的 1 顿午餐；“扬帆捐书”：199 积分 =1 个孩子的 1 本图书；“点亮蓝灯”：500 积分 =1 个自闭症儿童的 1 小时社会融合课。2018 年，平台积分捐赠人数近 60 万，捐赠积分超过 1.3 亿积分。

图 4－14　招商银行“小积分·微慈善”众筹平台

中信银行打造了“爱·信·汇”公益项目。当客户捐赠的积分达到 2 亿积分时，中信银行将用此积分兑换成相应资金或物品，捐赠给外来民工子弟学校和贫困山区学校。2018 年，31 万持卡人参与了积分捐赠，累计捐赠 17.5 亿积分，兑换了约 175 万元爱心物资，为贫困山区孩子捐建了多所多媒体教室并提供了《身边的大自然》《远方的城市》等 30 门素养教育课程。

华夏银行“积分圆梦”公益行动将连续开展 5 年，捐赠积分按照每 500 积分兑换 1 元钱的标准，每年向中国青年志愿者协会进行捐赠，用于支持“梦想村塾”“四点半课堂”“快乐音乐教室”“梦想中心”等公益项目的开展。

三、凝智聚力，推动教育文化事业发展

银行卡产业全面贯彻党的十九大精神，秉承“企业公民”的理念，高度关注教育文化事业的发展。

（一）持续开展教育扶贫工作

“百年大计，教育为本”，在国家“精准扶贫”政策的号召和指引下，各商业银行通过对贫困地区教育的持续性投入，带动当地的经济、教育、文化发展。

邮储银行邮爱公益基金2018年募集扶贫资金共847万元，其中邮储银行企业捐赠500万元，通过腾讯公益平台、ATM、网银等渠道筹集资金347万元。扶贫资金用于推出“邮爱成长计划”，在全国19个省34个贫困县的高中生开设“邮爱自强班”，累计资助2 459名贫困高中生，并向其中759名考入大学的贫困高中毕业生发放“邮爱奖学金”，助力贫困高中生实现学习梦想。

招商银行在永仁县、武定县累计投入无偿帮扶资金1 179.38万元，援建武定县古柏希望小学、猫街镇永泉小学金葵花音乐教室，武定县香水小学、高桥小学真爱梦想教室。

民生银行捐资援建了民生翠竹希望小学艺术综合楼，并向翠竹希望小学的学生及教师捐赠了700本图书、600个书包、600个水杯及50套教师节礼盒。

平安银行“村教工程”以教育扶贫为核心，在全国开展“4+1”智慧小学综合建设行动，全面启动“村小升级”“校长培训”“教师培训”“支教行动”计划。

广发希望慈善基金2018年共投入1 421万元善款，直接资助大中小学生600多名。为助力改善当地教育水平进步相对缓慢的现状，在凉山部分学校试点“互联网+教育”项目，用互联网技术助力教育扶贫工作。

图4-15 广发慈善基金“互联网+教育”项目演示

华夏银行员工为和田地区中小学生共捐赠国语图书 3 123 本，为增进京、疆两地交流贡献出了爱心力量。

北京银行以慈善信用卡“大爱卡”为载体，与中华慈善总会联合设立了北京银行“大爱基金”，以“一个平台 + 一个领域”的模式，对偏远贫困地区教育事业进行定向捐助。截至 2018 年 12 月底，大爱基金累计捐赠善款达 1 300 万元。

浙商银行志愿者远赴贵州、湖北、湖南、四川等偏远地区，为困难学子提供点对点精准帮扶，并且带动分支机构、爱心企业与偏远地区的学校结对，将“点对点”的捐赠升级为“由点及面”的长期帮扶，累计帮助近两万名困难学子改善生活条件，完成求学梦想。

包商银行公益基金会捐赠 100 万元建设的莫力达瓦旗黑山村教学点。

图 4 – 16　包商银行捐建黑山村教学点

（二）汇聚正能量进行文化宣导

文化是进步的标志、传承的力量。各商业银行开展以发扬传统文化、公益文化为主旨的宣导活动，汇聚了社会正能量。

农业银行与人民日报客户端联合开展“可触摸的幸福”影像征集活动，动员广大客户分享自己的幸福瞬间，传递正能量。

图 4－17　农业银行与人民日报客户端联合开展“可触摸的幸福”影像征集活动

光大银行举办了“光大梦想·爱心启航—2018 全国青少年经典诵读大会”，以诵读中华经典为载体，颂扬中华民族传统文化，弘扬公益事业。

徽商银行与安徽故事广播合作，开展了 2018 年第三届“安徽市民公益文化节”活动，将金融宣传、公益惠民和文化乐民融为一体。

图 4－18　徽商银行与安徽故事广播合作举办第三届“安徽市民公益文化节”

四、关爱公众健康，助力体育公益

发展体育运动是建设健康中国的根基，全民健身是全体人民增强体魄、健康生活的基础和保障。银行卡产业长期以来，高度关注体育事业，关注人民群众的身心健康。

（一）改善偏远贫困地区医疗环境

各商业银行高度关注偏远贫困地区的医疗卫生情况，采取义诊、改善设施等措施，提高当地医疗水平。

工商银行联合中国儿童少年基金会、首都医科大学附属北京儿童医院等机构在拉萨举办了“耳聪目明计划”公益活动。组建义诊团队先后深入拉萨姜昆黄小勇希望小学、曲桑日追寺院和当雄县公塘乡中心小学，为当地儿童和僧侣开展视力、听力筛查和治疗，同时为师生捐赠护眼读本和视听筛查设备、传播用眼护耳知识。

平安银行“村医工程”以健康扶贫为核心，在全国开展“4 + 1”智慧医疗综合行动，切实改善贫困地区基础医疗环境。

（二）推动大众体育事业

多家银行借助马拉松等赛事，积极倡导公众参与体育运动，助力全民健身事业的发展，并在体育赛事中引入公益元素，传播社会正能量。

兴业银行作为 2015—2019 年上海国际马拉松系列赛事的官方合作伙伴，继 2017 年的“关爱自闭症儿童抢半马名额”活动后，2018 年继续借助上海国际马拉松系列赛事与兴业银行自身的双向品牌效应推出公益活动。

图 4 – 19　兴业银行 2018 年上海国际马拉松上半年赛事支持和田骏枣产业扶贫

上半年赛事期间，兴业银行将和田骏枣带到“半马”赛道，借助马拉松赛事的人气和影响力，让更多的人关注和支持和田骏枣产业的发展，为当地贫困农户提高产品知名度，解决销路问题，用一种特殊的方式创新开展“体育+精准扶贫”。下半年赛事期间，兴业银行发起“PLOGGING”活动倡议，为参赛者无偿提供印有上马元素的环保垃圾袋，推行“跑步+捡拾”生活方式，延伸“体育+环保”主题。

图4-20　兴业银行2018年上海国际马拉松下半年赛事发起PLOGGING环保公益

五、关爱特殊群体，金融传递温情

各商业银行在践行普惠金融的同时，不忘关爱特殊群体，携手慈善组织传递社会温情，让金融更有温度。

中国银行联合残疾人基金会，向陕西省北四县的听觉障碍贫困人口进行助听器的捐赠帮扶，通过在“中银365积分网站”设计慈善兑换的产品，引导持卡人进行捐赠。捐赠物资用于指导听障人群优生优育，并改善现有听障儿童及残疾人的听觉语言能力。2018年，帮扶活动交易积分和尊享积分累计捐款约114万元。

2018年重阳节，华夏银行信用卡中心员工结合自身工作特色，总结出了五条简单易懂的提示条款向持卡人，特别是老年人进行宣导，帮助老年人防范金融诈骗，守住自己的养老钱。

六、多措并举，践行绿色环保理念

各商业银行始终秉持可持续发展理念，牢固树立和落实绿色发展路径，开展使用可降解垃圾袋、植树造林等活动，有力地支持了生态环境保护和绿色经济发展。

工商银行发起“美丽中国，青春工商银行在行动”活动，来自全国280

个城市的 13 000 余名青年志愿者进行跨时空联跑。青年志愿者身着公益标识服装，携带可降解垃圾袋，在慢跑过程中清理行进路线中的垃圾，用时尚的健身方式践行绿色公益，唤起大众对环保的关注。

招商银行连续第 14 年开展“百年招银林”环保公益活动，鼓励员工亲自参与到植树活动中，加强环境保护的使命感，通过“植树造林，回馈社会”的方式承担社会责任。截至 2018 年底，招商银行已在全国建造数百座“招银林”，还结合认建、认养、共建、捐建等形式，将义务植树活动和建设生态风景林、绿化城乡道路、工业园区等相结合，真正实现“种植一片、成活一片、美化一片”。

2018 年，广发银行新能源车主卡新客户发卡后任意消费可记积分一笔，广发银行将向广发希望慈善基金捐赠 1kg 碳减排量，用于植树造林。

第四节　社会贡献

习近平总书记在党的十九大报告中明确指出："我国经济已由高速增长阶段转向高质量发展阶段。"经济发展的转型伴随着经济结构优化的调整，统计数据显示，2018 年最终消费支出对国内生产总值增长的贡献率为 76.2%，比上年增长 18.6%，消费作为我国经济增长的主动力作用进一步巩固。

银行卡产业作为零售金融服务的重要组成部分，积极响应国家关于完善促进消费体制机制、深化金融体制改革、增强金融服务实体经济能力、适应消费新业态新模式、扩展普惠金融服务的相关指示精神，从拉动消费增长，助力健全征信体系建设，引领金融科技创新和支持实体经济发展等方面践行社会责任，为经济与社会发展贡献力量。

一、顺应消费新业态新模式发展，银行卡产业发挥消费增长拉动作用

国家统计局公布数据显示，2018 年全年社会消费品零售总额380 987亿元，比上年增长 9.0%，保持较快增长。与此同时，"80 后""90 后"逐步成长为中国消费的主力，年青一代的消费理念使社会消费特征发生了巨大转变，提前消费、透支消费倾向逐步提高。

为更好地服务客户，促进消费，各商业银行积极顺应消费新业态新模式，开始探索业务转型新思路，积极推进零售战略变革。信用卡业务以其逆周期、风险分散的优良属性，已成为商业银行零售转型的重点之一。在此背景下，各商业银行纷纷加速零售金融业务发展，一方面，从建设更多消费场景、研发更多消费和信贷交易工具等方面有效地支持城乡居民的消

费需求，满足人们日益增长的美好生活需要；另一方面，对启动、培育和繁荣消费市场起到了催化和促进作用，对支持国民经济持续、快速、健康和稳定发展起到了积极作用，助力经济转型升级。

二、助力健全社会征信体系，不断探索互联网金融背景下的征信新发展

社会信用体系是市场经济体制中的重要制度安排，信用卡产业的健康快速发展得益于社会信用体系的不断建立健全。建设社会信用体系，是完善我国社会主义市场经济体制的客观需要，征信体系建设作为社会信用体系建设的重要内容和核心环节，对银行业个人信贷业务、消费者个人乃至整个国家的经济环境都具有重要意义。

（一）信用卡产业快速发展，促进社会征信体系不断健全

根据中国人民银行征信中心相关统计，截至 2018 年底，个人信用信息基础数据累计接入机构 3 531 家；个人信用信息基础数据库建档人数为 9.8 亿人，同比增长 3.6%；有信贷记录的自然人为 5.3 亿人，同比增长 9.3%。信用卡产业作为征信信息的主要收集渠道和资源使用者，始终积极推动社会征信体系的健全完善，截至 2018 年底，信用卡行业累计收录贷记卡账户达 17.1 亿户，已成为个人征信系统的主要数据来源之一。未来随着信用卡产业客户量级的不断提升，这一数字还将不断扩大。与此同时，由于信用卡业务的产品丰富、目标人群覆盖面广、准入门槛相对灵活，加之持卡客户的交易行为遍布衣食住行各类生活场景，因此，通过信用卡业务所获得的数据，可以实现我国个人信用信息和信贷记录的更广泛收集，从而有效提升了征信体系信息的全面性和完整性。

信用卡业务作为征信产品的主要应用场景，在授信审批、贷后管理等多环节广泛应用个人征信信息，申请人申办和使用信用卡类信贷产品，就必须保证个人拥有良好的信贷记录。因此，信用卡产业的快速发展，也提高了社会大众对征信体系和个人信用记录的重视程度，提高了社会大众对信贷行为的规范程度，降低了个人信用违约、欺诈违约等风险的发生概率，进而促进了社会征信体系的不断健全。

（二）信用卡产业将持续助力互联网金融背景下的征信新发展

随着互联网金融的蓬勃发展，大数据技术的广泛应用，金融业态日趋

多元化，征信体系也面临新的机遇与挑战，更高的扩展性、灵活性和前瞻性已成为征信体系发展的新标准。

信用卡作为信贷领域与互联网金融结合最为紧密的产业之一，积极推动互联网金融背景下的征信新发展。一是广泛利用大数据技术、云计算技术等现代化技术手段，实现更广泛、更高效的信息采集和传送入库，助力征信系统建立更为完整全面的信贷指标体系，为未来的信贷业务提供更强有力的信息支撑。二是信用卡产业通过积极与百行征信等社会征信机构对接，不断丰富信贷管理过程中的数据信息，有效提升客户质量和信贷质量，进而提高回传征信体系数据的质量，为新环境下征信数据的高质量发展作出贡献。

三、深入落实普惠金融要求，支持小微企业等实体经济稳步发展

为贯彻落实党中央、国务院关于改进小微企业等实体经济金融服务、推进降低小微企业融资成本的部署要求，中国人民银行、中国银行保险监督管理委员会、中国证券监督管理委员会、国家发展改革委员会、财政部联合印发《关于进一步深化小微企业金融服务的意见》（银发〔2018〕162号文件），引导金融机构将更多的资金投向小微企业等经济社会重点领域和薄弱环节。根据相关政策精神，各家银行积极、深入落实普惠金融相关工作要求，多家银行成立普惠金融对口部门或工作团队，研发普惠金融特色银行卡产品、开展普惠金融专项活动，从而进一步满足小微企业和个人客户消费需求。

图4-21　中国民生银行小微普惠信用卡

民生银行于2018年发行小微普惠信用卡产品，该产品是针对零售条线

小微客户发行的专属信用卡产品，包括家庭作坊式企业和个体工商户。该产品为银联品牌，发行白金卡级别，为具有可循环使用的信用额度和透支功能的人民币信用卡。产品采用芯片磁条复合卡形式，功能包括消费、转账、存款、取现、自由分期、自动分期、账单分期等，支持二维码、NFC 等增值服务功能。此外，为小微企业主及家庭成员提供配套的信用卡服务，通过差异化定价、制定专门授信政策和模型、实施资金用途和贷中风险监测等一系列风险防控措施，满足小微企业主的日常资金需求。

农业银行发布首款面向县域农村客户的专属信用卡产品——美丽乡村信用卡。该产品旨在以便利“三农”消费金融需求为核心，以刺激农资领域消费为重点，以营业网点、惠农通服务点为主要服务支撑，深入探索县域普惠金融新模式。

图 4－22 农业银行美丽乡村信用卡发布

北京农商银行积极贯彻落实国家京津冀一体化、京津冀金融协同发展战略，践行普惠金融发展理念，加强与北京市政府及京津冀地区金融机构的合作，推出了养老助残卡、民政一卡通、京津冀农银通卡等产品，为老年客户、京津冀地区客户等提供便捷安全、价格低廉的普惠金融服务。截至 2018 年底，养老助残卡累计发行 382.29 万张，京津冀农银通卡累计发行 134.29 万张。

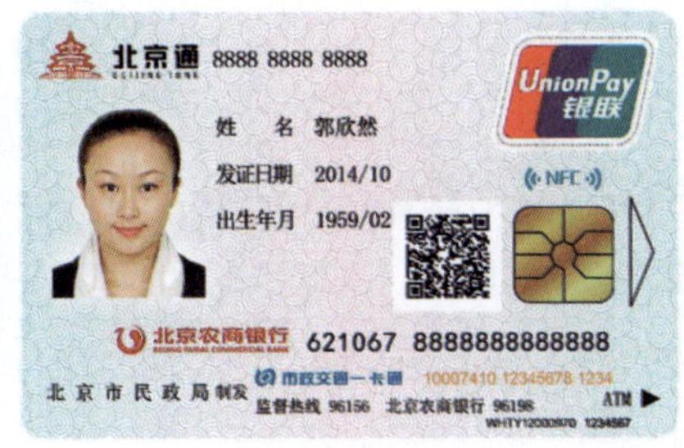

图 4－23 北京农商银行北京通养老助残卡卡样

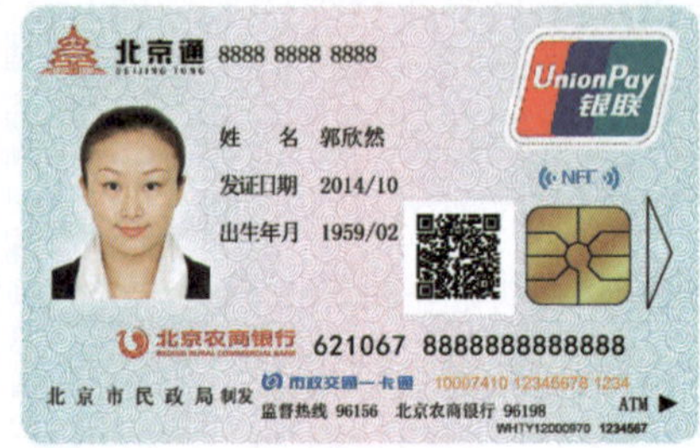

图 4-24　北京农商银行民政一卡通卡样

伴随着《粤港澳大湾区规划纲要》的发布，中国银行借势推出“中银大湾区信用卡”，聚焦粤港澳大湾区建设所汇聚的庞大消费支付需求，为粤港澳大湾区内的消费者提供全方位的金融便利服务。中银大湾区信用卡，集“食”“住”“行”“购”等专属权益为一体：食在大湾区更优惠，34 家米其林餐厅折扣预订；住在大湾区更舒适，预订大湾区精选酒店专享银联 8 项礼遇；行在大湾区更便捷，持卡即可搭乘公交地铁，高额出行保险保驾护航；购在大湾区更礼遇，商户返现、双倍积分。

图 4-25　中国银行大湾区信用卡

工商银行在香港、澳门、广东和深圳四地同步发行工银粤港澳大湾区信用卡，主要面向粤港澳大湾区及泛珠三角区域内具有跨境商务、投资理财、旅游观光、购物消费等需求的客户群体发行。该卡支持人民币、港币、澳门币、美元等多币种组合，兼具“湾区内跨境交通一卡通”功能。客户携带此卡可进行广东城市公交系统内拍卡支付、“深圳通”公交地铁支付、消费应用以及广深高铁拍卡进闸等操作，并可享受粤、港、澳三地跨境巴士和船票优惠。

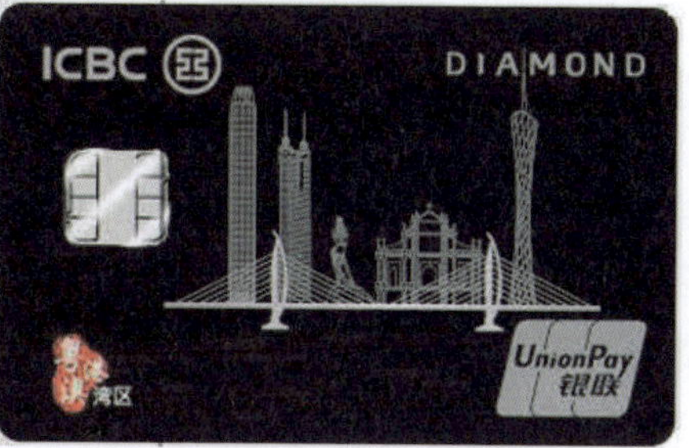

图 4-26 中国工商银行粤港澳大湾区信用卡

四、加强大数据等现代技术应用，加速金融科技发展，引领金融科技创新

在“互联网+”数字化新时代的社会背景下，大众消费观念和消费需求不断变化，有赖于对大数据、云计算等现代技术的深入应用，各商业银行纷纷启动银行卡产业向“以客户为中心”的覆盖客户全生命周期、全交易场景的全方位无死角业务模式转型。在此过程中，银行卡产业已成为金融与科技的绝佳结合点。

随着银行业不断加强对科技力量的投入，更多业务模式和机制得以创新。如利用智能科技与大数据技术，更为前瞻地洞察客户潜在需求，依托云计算和数据模型，搭建更为精准的客户全生命周期经营体系和全面风险控制体系等。目前，很多银行已在发卡获客端应用语音转文本技术、证件OCR识别技术（影像识别技术）；在卡片激活端应用智能语音外呼技术，网络办卡视频激活技术；在身份验证端应用声纹密码技术、人脸识别技术；在风险管理端应用语言机器人、智能催收技术；在客户服务端应用智能语音搜索、NLP（自然语言处理）技术和TTS（语言合成）技术等。

工商银行信用卡“工银e生活”APP通过OCR识别技术，解决客户服务痛点：一是新用户查询信用卡额度的难题，客户可以通过“扫一扫—查额度”扫信用卡卡面，OCR识别卡号后，输入卡片有效期、安全码、验证码后可以查看信用卡额度；二是客户身份证有效期更新的难题，客户可以拍摄身份证进行联机核查，在线更新行内存储的客户身份信息，实现业务的全线上办理。

与此同时，现代技术在银行卡产业的广泛应用，势必对技术本身的成熟度、精确度和稳定性提出更高的要求，进而推动技术持续进步和完善。例如，随着人脸识别技术逐渐被社会大众所认可，影像识别辅助以第三方或他行的信息验证，用以准确识别用户身份，现已被多数发卡行运用在前端获客阶段，而影像识别技术的效果在很大程度上取决于图像采集技术和图片转化技术的精确程度，相类似的，智能语音识别技术也与转译技术的准确率直接相关。这就需要金融创新技术的研发机构、金融创新产品的供应商等对现代科技技术和相关产品配置进行不断地创新优化，提升技术的精确度与稳定性。

总体而言，银行卡产业对金融科技的广泛应用，加速推进了全社会对金融科技的研发创新和生产制造，以及全社会建立金融创新科技的统一准入标准和生产标准，从而推动未来金融行业引入的智能语音、影像识别等创新技术水平能够在提升效率的同时，有效控制风险。此外，统一准入标准和生产标准也将促进金融创新产品的供应商自愿改造优化产品效能和风险控制能力，从而规范和加速金融创新应用。

业界聚焦

智能客服再塑行业深度服务

随着大数据时代和网络时代的到来，人类社会从IT时代进入DT时代，互联网、云计算、智能终端的不断发展和丰富，借助自然语言处理、语音识别、图像识别、机器学习等人工智能技术构建的智能服务系统，在客户服务中的价值不断凸显，助力银行客户服务向网络化、智能化、信息化方向发展。

一、人机协同——银行智能客服应用现状

1. 智能客服应用的意义

智能客服是在大规模知识处理基础上发展起来的一项面向行业的应用，适用大规模知识处理、自然语言理解、知识管理、自动问答系统、推理等等技术行业，智能客服 = AI 客服 + 传统客服（在线客服 + 工单客服 + 呼叫中心），这里的AI客服指的是AI在客服系统的能力。平时大家接触的智能客服机器人只是它的冰山一角，智能客服不仅为银行提供了细粒度知识管理技术，还为银行与海量用户之间的沟通建立了一种基于自然语言的快捷有效的技术手段，同时还能为企业提供精细化管理所需的统计分析信息。

在银行客户服务中，智能技术主要应用于IVR语音导航，智能知识库、智能质检，以及网站、微信、短信、手机APP等多媒体在线客服服务，逐渐形成了现代智能客服系统。依托知识库平台，智能客服可以同时接入多渠道服务平台，通过语义分析与处理，为客户提供7×24小时应答服务。这种程序化、规范化的服务，以较低的运营成本、高效的服务响应、优质的客户体验，获得各家商业银行的青睐。

中信银行于2012年5月推出国内银行业首个智能客服“CC”。随后，建设银行、招商银行、工商银行等纷纷推出智能化客户服务，大力推进智能客服系统建设与应用。

2. 智能客服应用技术

智能客服是一种能够使用自然语言与用户进行交流和协助客服人员工作的智能自动服务软件系统，通常包含交互前端、智能引擎和管理后台三部分。

交互前端是“感觉器官”，负责为用户提供服务窗口和操作界面。智能引擎是“思考器官”，负责针对用户提出的需求，进行语义分析和处理，该部分是决定机器人表现是否智能的关键。管理后台是“运动器官”，负责对用户服务需求分析后，从后台快速索引至对应服务内容。

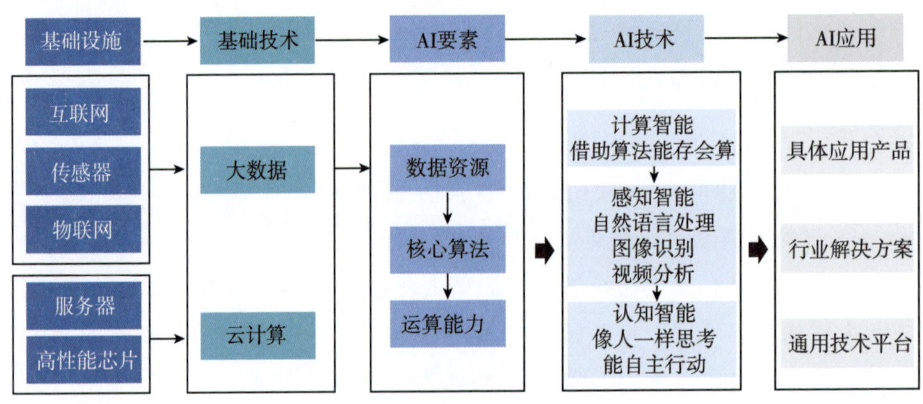

图1　智能客服应用逻辑

交互前端、智能引擎、运动器官这套组合拳，正是智能技术在客服中心的典型搭配，分别代表了以下三大智能技术：

①自然语言处理技术——更“自然”的交流

自然语言处理技术主要研究机器人与人之间的自然语言交流，运用编译原理、机器学习等技术，实现语义及语境的分析，使机器人理解和接受人类用自然语言输入的指令。在商业银行智能客服最直接面对客户的入口处应用自然语言处理技术，可以为用户提供简单、自然、高效的人机交互方式。

自然语言处理大体包括自然语言理解和自然语言生成两个部分，实现人机间自然语言通信意味着要使计算机既能理解自然语言文本的意义，也能以自然语言文本来表达给定的意图、思想等，前者称为自然语言理解，后者称为自然语言生成。自然语言处理是计算机科学领域与人工智能领域中的一个重要方向。自然语言处理的终极目标是用自然语言与计算机来进行的通信，使人们可以用自己最习惯的语言使用计算机，而无须再花费大量的时间和精力去学习不很自然和不习惯的各种计算机语言。

目前，具有相当自然语言处理能力的实用系统已经出现，典型的例子有：多语种数据库和专家系统的自然语言接口、各种机器翻译系统、全文信息检索系统、自动文摘系统等。

②深度学习技术—— 更“智慧”的大脑

2016 年，AlphaGo 以 4∶1 压倒性优势战胜了世界冠军李世石。AlphaGo 有实力取胜，要归功于新的学习方法——深度学习。深度学习，是指机器通过深度神经网络，模拟人脑的机制来学习、判断、决策，深度学习是人工智能的最新演进。

深度学习就是让机器具备与人一样学习的能力，专门研究计算机怎样模拟或实现人类的学习行为，以获取新的知识或技能，重新组织已有的知识结构使之不断改善自身的性能，它是智能体系的核心。深度学习技术的引入，可以让智能客服像人一样不断思考、学习，从而准确解答客户的问题，并可以通过海量日志来抓取与客户的行为跟踪，为客户提供个性化、多元化的服务。

③生物识别技术——更“精确”的服务

生物识别技术是依靠人体的生物特征来进行身份验证的一种解决方案。人体的生物特征包括指纹、声音、脸孔、视网膜、掌纹、骨架等。生物识别的核心在于如何获取这些生物特征，并将之转换为数字信息，存储于计算机中，利用可靠的匹配算法来完成验证与识别个人身份的过程。目前较为主流的识别技术有人脸识别、指纹识别、虹膜识别、语音识别等。

用户身份识别是一切金融业务开展的前提和基础，在安全可靠和用户体验方面，生物识别技术发挥了传统核身手段所无法比拟的优越性。随着生物识别的算法不断优化创新，生物识别技术在金融领域的应用正日趋丰富，主要应用在远程开户、转账取款、支付结算和核保核赔等金融场景中。

此外，图像识别以及最近大热的量子技术，都可以为智能客服的深度应用提供支撑。图像识别，可以进一步丰富交互方式；量子技术，可以为人机交互的安全性保驾护航。

3. 智能客服应用场景

结合客服中心业务知识点多、变更快，服务要求高，标准一致，工作重复性高的特点，以智慧大脑为基础的智能技术，与客服中心碰撞出新的火花。

（1）智能知识库

知识库也称专家系统，是企业产品、知识、问题处理的集合系统，帮助企业和话务员分析和解决基于逻辑树或已知问题的事件，它包含了诸如事物介绍、问题分析和解决等功能。智能知识库也是目前智能技术应用的核心模块，融合多种人工智能技术和知识本体网络构建技术，以结构化＋半结构化＋非结构化的知识体系为基础，以智能搜索引擎为核心，以知识的全生命周期管理为标准，以数据挖掘及推荐系统为助力，内外部多种渠道知识应用，构建完整的企业知识应用与管理平台。实现知识积累有序化、知识应用智能化、知识管理结构化、知识展现个性化，充分满足内外部多种渠道知识应用的需要，支撑各个智能场景。

智能知识库利用 NLP 自然语言处理、深度学习等 AI 技术，具备知识管理、知识检索、自主学习、智能质检等能力，带来知识升级的全新体验。随着技术迭代，目前智能知识库更重视知识使用的场景，切入以人为核心的服务、销售场景，诸如智能 IVR、智能服务助手、智能质检、智能在线客服、智能外呼、培训考试等模块均需要智能知识库的支撑，来实现体系化的智能客服建设。

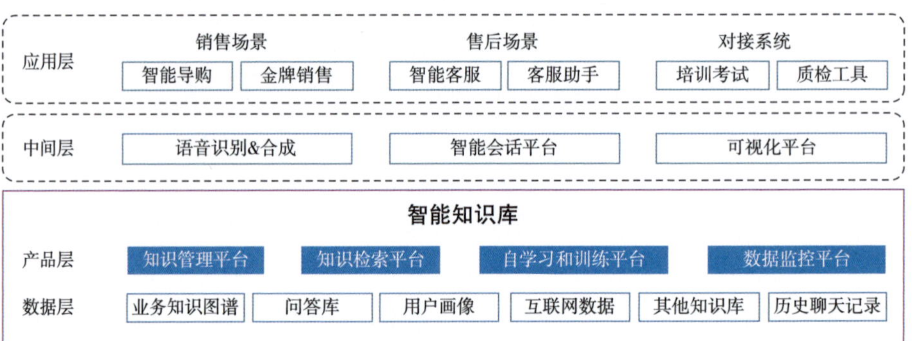

图 2　智能知识库服务逻辑

智能知识库对于知识的总结、归纳、学习，以及对其他模块快速响应是其作为“智能大脑”的关键能力，智能知识库贯穿知识生成、加工、管理、使用、优化的全流程，在知识每个阶段进行 AI 赋能，使知识管理更加智能。

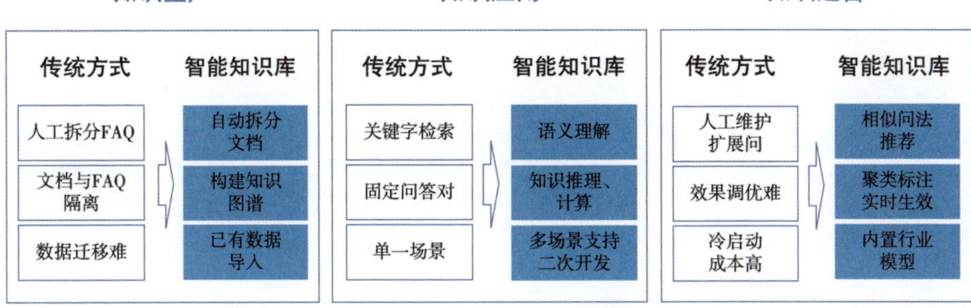

图 3 智能知识库知识管理优势

- 在知识生产加工阶段，智能知识库利用数据挖掘技术，沉淀大量的行业通用知识，提供快速生产知识的工具、知识图谱构建工具，实现冷启动。
- 在知识管理阶段，对结构化知识、半结构化知识等多种类知识进行管理，并可对知识提供质检，有效规避出现矛盾知识、过期知识，保持知识的时效性和准确性。
- 在知识的使用阶段，智能知识库充分利用智能核心算法模型以及多轮会话技术，快速检索知识，提升用户获取知识的效率。搭配语意理解技术运用，同义不同字的文字都可以被准确理解和召回，语义泛化能力强，知识准召率。
- 在模型的自主学习机制上，通过标注少量历史会话数据，为模型提供正负反馈样本后，模型可自行进行重训，不断优化问答效果，实现机器自主学习的闭环。大大减少了人工干预，节省了系统的后期运维成本。

（2）智能 IVR

IVR（Interactive Voice Response）即交互式语音应答，它用预先录制或 TTS 文本转语音技术合成的语音进行自动应答的系统，提供一种为客户进行菜单导航的功能。传统 IVR 语音交互通过语音提示用户按键，根据按键系统来判断用户意图，随后去知识库匹配答案，以语音形式返回给用户。智能 IVR 的核心是语音识别技术。语音识别技术让系统听得懂用户语音，可以了解到用户意图，然后调取知识库内容，以语音形式返回给用户，让系统更快速、更准确地返回客户需要的信息。传统 IVR 需要大量的人力和知识维护，问题解决效果差，智能 IVR 让客户不再通过按键模式而是语音交互方式实现客户问题最优解决。

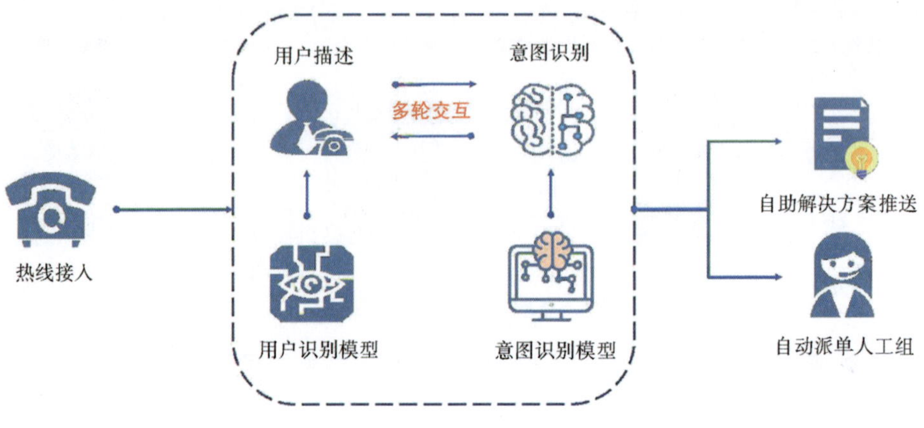

图4　智能 IVR 工作流程

以服务类 IVR 来说，利用智能语言处理技术、生物识别技术及智能知识库辅助，在客户接入后，根据客户的不同服务诉求对客户播放个性化 IVR 内容，直接在 IVR 上快速解决客户问题。在这种思路下有两种展现形式：

①智能语言处理主要用于识别客户语音及其意图，调用知识库知识点进行匹配，帮助客户快捷跳转至对应的 IVR 节点，精简客户的操作，缓解人工服务的接通率压力，客户交互感知也得到了提升。

②同样是依赖于智能语言处理识别用户意图，识别该业务的特殊性质，判断适合于自助服务，系统后台根据预先设定的规则联动分组技能，直接将用户转入对应的服务小组之中。并且系统自动记录下该记录，当客户意外掉线，再次进入咨询时，可以直接二次进入对应小组队列中，大大提高智能 IVR 的客户满意度。

（3）智能服务助手

智能辅助是基于语言处理技术、智能知识库配合延伸出辅助功能，不同于智能 IVR 或智能机器人单轮对话和多轮对话的自动回复，人机协作场景下，仍然是人工客服在提供服务，智能客服系统只是通过一个小窗口实时给出回答建议，人工客服可以对推荐回答进行编辑修改或者直接使用/推送，不仅能够提高回复效率，还能减少培训成本，把公司的业务知识和沟通经验通过实时推荐的方式辅助客服人员，达到知识和经验传递的效果。同时也能对服务过程中出现的话务员不恰当言语进行实时识别和提醒，及时纠正服务状态。

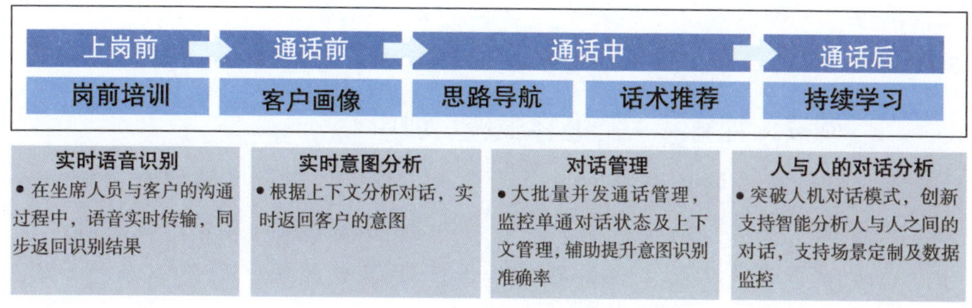

图 5　智能辅助服务逻辑

（4）智能质检

智能质检基于 ASR 语音转文本技术，结合智能知识库，实现客服录音质检。在服务过程中利用智能质检系统实现的全量质检，能够解决传统抽样质检中存在的抽样少、抽样偏见以及质检员专业知识不足和质检项目不客观等问题。通过对话术录音数据的结构化分析，不仅能加强对新进坐席的岗前培训和测试，还可以通过对优秀录音的进一步聚类挖掘，不断优化话术，实现提升作业技能的目标。

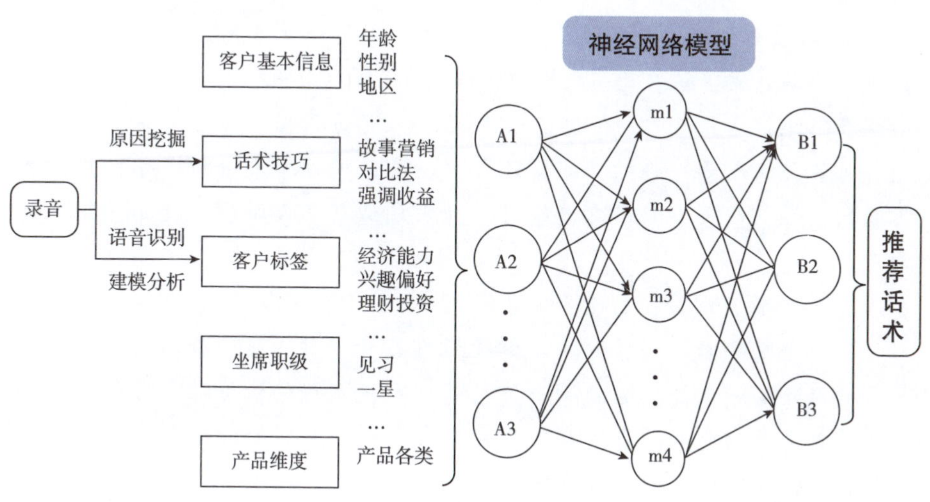

图 6　智能质检实现逻辑

另外，对人工服务进行事中监控，主动拦截不礼貌用词、错误回复等，降低服务风险。

并且，通过对录音中系统热点分析以及客户情感倾向的分析，可以及时发现高危投诉或高危事件并建立客户满意度评测模型。通过客户满意度评测模型的建立了解客户服务的运行状态，及时发现服务过程中出现的问题，从而去了解原因，寻求解决方法，加强改善管理，以提前避免不良后果的发生。

二、阅读＋理解——智能客服应用展望

人工智能技术的快速发展和广泛关注，为银行智能客服的应用提供了更多的可能与更大的机遇，未来，随着人工智能技术的发展，智能客服还可以通过学习客户及人工坐席的对话等，实现自然语言的组织。“阅读”业务知识后，用客户能理解的语言描述知识，并加入幽默的、有趣的语言方式反馈客户，将不再遥远。智能客服正逐步获得更多的感知与决策能力，更具自主性，环境适应能力更强，其应用范围也应突破传统客户服务：

1. 识别客户偏好，开展精准营销

受益于现今信息化程度的飞速提高，消费者可以借助各种信息手段产生消费行为，包含通话、购物、网上浏览等，而用户的消费行为会在信息通道留下轨迹和数据，我们可以借助这些数据来分析用户、分析市场。麦肯锡的一份研究显示，金融业在大数据价值潜力指数中排名第一。中国银联涉及43亿张银行卡，超过9亿的持卡人，超过一千万商户，每天近7 000万条的交易数据，核心交易数据都超过了TB级。未来，智能客服可以与银行生产系统打通，对客户信息、交互记录、交易数据等综合分析，为客户推荐可能关注或感兴趣的产品，此外，还可以通过聚类分析，寻找某一类客户的共性，在该类型客户进线时，提供相似产品或服务，提高营销的精准度。

2. 客户资产配置，打造金融管家

传统金融管家（投资顾问）需要站在投资者的角度，帮助投资者进行符合其风险偏好特征、适应某一特定时期市场表现的投资组合管理。而这些工作都需要以大量昂贵的人工方式完成，所以财富管理服务也因此无形地提高了进入门槛，只面向高净值人士开设。

未来，智能客服的定位将不仅仅是业务问题的解答，而是客户的私人金融管家。利用大数据分析、量化金融模型及算法，智能客服可以结合客户特征、资产情况等，为客户提供理财指导、资产规划等服务，实现更理性、更高效、更符合客户需求的投资。金融管家正在以最少人工干涉的方式进行投资组合管理，管理你资产的可以是一排计算机，而你也不用是高净值人士。

3. 监测舆情风险，防范风险事件

语言处理及生物识别技术的进一步发展，未来能帮助智能客服更深入的介入服务过程，一方面，将质检标准和规则写入智能机器人系统，由智能机器人对会话日志进行分析和判断，确保质检的公平性和一致性；另一方面，对人工服务进行事中监控，主动拦截不礼貌用词、错误回复等，降低服务风险。此外，智能客服还可用于客户之声搜集和客户负面情绪识别，提取客户意见或建议，为产品创新和优化提供素材。

智能客服还可应用在未来的电子银行反欺诈领域，将欺诈类交易触发规则模型维护植入系统，对可疑程度高、范围广、影响大的可疑交易实施事中控制，而在可疑程度低、影响小的交易触发规则时，由智能客服主动推送安全提示，降低欺诈风险。

作者：鸿联九五

鸿联九五成立于 1995 年，注册资金 6 000 万元，2001 年正式划拨中信集团，总资产达 8 亿元。全国拥有坐席总数 20 000 席，从业人员达到 1.8 万人，在国内 30 多个城市部署九大交付中心基地，统管十大业务中心；是一家专业的企业综合信息服务解决方案提供商，面向金融机构、电信运营商、互联网公司等上千家企业客户提供客户联络中心、企信通、云通信等全业务流程解决方案。

5

第五章

2018年我国银行卡产业对消费的服务和促进

第一节　银行卡对消费的拉动作用

第二节　银行卡向个人提供综合金融服务

第三节　银行卡助力商户发展

第四节　未来展望

消费在经济发展中发挥着重要作用，2018 年我国最终消费支出对国内生产总值的增长贡献率达到 76.2%，较上年增长 18.6%，消费在拉动经济增长和推动经济结构转型中的作用越来越突出。银行卡作为一种电子货币，具有支付、转账结算以及消费信贷的功能，其便利性和快捷性为消费者带来完全不同于现金支付的消费体验，同时也促使消费者的消费决策更加迅速和消费行为更加活跃。

第一节　银行卡对消费的拉动作用

自 20 世纪 80 年代以来，我国银行卡产业经历了从无到有、从小到大、从起步到完善等一系列变化，其对于消费的支持和拉动作用也趋向于更加强力、更加主动和更加全面。

一、规模持续增长，强化消费基础

伴随着我国居民消费升级的步伐，在国家大力支持消费的战略指引下，银行卡产业蓬勃发展，发卡和交易规模持续扩大，受理网络快速延伸，服务的消费者与商户群体持续扩张，与不同行业的渗透和融合不断深化，银行卡服务覆盖范围日益扩大。

同时，银行卡产业的基础设施持续强化，支付设备、交易介质与结算网络不断优化，便民、利民和惠民的作用进一步发挥。历经多年的发展，银行卡已不仅仅是传统意义上的支付和消费手段，更逐渐成为涵盖信贷、理财和现金管理功能在内的综合化金融工具。发卡机构持续发掘消费者的差异化、个性化需求，在整合银行卡金融功能的基础上，搭载电子商务、社会保险、购票、教育等经济和社会功能，促使其发展成为兼具金融功能和经济社会功能的综合服务平台。

银行卡在消费大发展时代凭借其便利性和安全性，有效地提升着消费交易效率，凭借其信贷功能强力助推消费升级。从长远来看，对于整个社会的消费增长和升级乃至经济增长都有较为突出的积极作用。

二、创新元素驱动，积聚消费动能

近年来，以移动互联、大数据、云计算、区块链为代表的新科技的迅猛发展，包括无感支付、条码支付、生物识别、令牌服务、电子签名等在内的金融科技深入应用，银行卡产业开始加大对相关领域研发的持续投入，充分利用科技手段引领业务及产业发展，推进渠道、服务和功能等全方位创新，提升行业效率与竞争力。

银行卡产业深入布局移动互联应用，通过手机 APP、小程序应用等渠道，全面打造集重点产品、营销活动、线上商城、生活场景以及支付功能为一体的营销服务平台，满足消费者随时随地全天候的服务需求；利用大数据、云计算技术深入洞悉消费者行为和需求，为消费者定制合适的银行卡金融产品，并匹配其乐于接受的服务方式和内容。此外，随着无感支付、生物识别等技术在银行卡产业的不断深入应用，消费者们也将享受到更为方便的办卡流程和更为快捷的支付体验。

银行卡产业的持续创新为广大消费者提供了更优质的产品、更好的消费支付环境和服务平台，为拉动消费增长积聚能量。

三、发展模式转变，焕发消费活力

历经多年的发展，银行卡产业市场主体日趋多元化，市场结构也日趋复杂化，加之产业国际化步伐的加快，新的竞争和发展格局正在形成。银行卡产业已由过去重视规模扩张的粗放式发展模式，慢慢转向集约化重视质量提升的精细化发展路径，继续深入探索并有效实施新的发展模式已成为行业共识。

银行卡联结银行、消费者、商户以及卡组织等多个主体形成路径产业“全链条”。新发展模式下，银行卡产业更应重视消费场景布局，尽力打造链接不同消费场景下的流量聚合入口，将良好的终端体验场景与银行卡业务相融合，全面利用各种服务平台深入开展对消费者的综合服务，着力为消费者打造良好体验，提升其黏性和忠诚度，构建银行卡与消费者的新型关系。同时，加强与各行业商户、卡组织的跨界融合及深度合作，优化互惠互利的合作机制，并通过深层次融合探索新的业务模式和发展空间。

经过多年的成长，银行卡产业必将依据经济社会环境和自身发展阶段转型升级为精细化的发展模式，并保持良好发展势头，持续助力我国消费市场的增长与发展。

第二节　银行卡向个人提供综合金融服务

2018 年，各商业银行客户服务基础不断夯实，人均卡量由 5.06 张提升至 5.61 张，服务覆盖率稳步提升；截至 2018 年底，“云闪付” APP 累计注册用户突破 1.2 亿，绑卡突破 1.1 亿张，较 2017 年底分别增长 124% 和 187%。各商业银行 APP 客户数持续增长，自助服务渠道广泛应用。为了更好地满足居民日益增长的多元化消费需求，持续提升用户体验，各商业银行依托自身平台为客户提供了日益丰富、高效、创新的综合金融服务。通过搭建特色场景，在生活、金融、消费等领域不断推陈出新，全方位提供特色金融服务；变革服务方式，推动服务便易化、精细化、智能化，系统性提升服务质量；探索跨界发展全新模式，构筑互联互通的综合服务生态，持续拓展互联网金融生态圈。

一、搭建特色场景，全方位提供特色金融服务

（一）丰富生活场景，增进民生福祉

“增进民生福祉是发展的根本目的”。2018 年，各商业银行聚焦差异化的客群需求，依托平台打造面向特定客群的产品及服务，深化银行卡在交通、餐饮、医疗、教育等生活领域的推广应用，不断拓展生活场景的广度和深度，提升便民服务质量。

工商银行面向军人客群创新推出包含专享拥军服务、专属金融产品、专有精彩活动三大主题、21 项产品服务的综合金融服务方案“随军行”，大大提升了服务军人的能力，彰显了积极承担和履行社会责任的良好市场形象，荣获《亚洲银行家》“2018 年度中国最佳以客户为中心营销产品”大奖以及《银行家》2018 年“中国金融创新奖——十佳金融产品创新奖（零售类）”。

交通银行聚焦出行、餐饮、在线视频、网络消费等与大众生活息息相关的民生场景，积极开展跨界合作，先后携手上海地铁、“租租车”“饿了么”、腾讯、优酷、京东、苏宁等机构，创新魔都优逸白金卡等交易介质，将基础金融服务嵌入线上线下、衣食住行娱等多个应用领域，提供覆盖“需求满足 + 应用场景 + 惠权益”的综合服务方案，解决特定客户群最关注的生活痛点。

图 5－1　交通银行魔都优逸白金信用卡宣传图片

招商银行聚焦与民生息息相关的场景，提出便民服务、交通出行、健康医疗、教育服务等重点场景的平台建设方案。在便民服务方面，重点面向公积金、社保、税务、非税缴费等核心领域；在交通出行方面，加快建设公交、地铁、客运、网约车、智慧停车等典型场景，丰富招商银行 APP 内的场景生态。

平安银行结合区域特色，面向用户社保、交通等实际需求，推出金融社保卡、广佛卡等特色产品。与地方人力资源和社会保障局合作，发行了集银行借记卡业务和社会保障业务于一体的多功能 IC 联名复合卡，可同时满足社保信息查询、问诊就医、医疗费用结算等社会保障需求和存取款、理财、养老金发放和缴纳等金融功能需求。广佛卡由平安银行与佛山市广佛通电子收费营运有限公司共同发行，该卡片同时具备广佛通交通应用功能和平安银行借记卡金融应用功能，为客户在广佛地区的出行提供了便利，也为佛山地区全力打造面向粤港澳大湾区的综合交通基础设施体系奠定了良好基础。

（二）升级金融场景，满足客户需求

在加快与其他支付方式、支付渠道对接的同时，各商业银行在银行卡

上不断叠加新的金融功能，丰富了客户的金融产品选择，满足了客户的金融安全需求。

交通银行升级“买单吧”APP 内原有的“边花边赚”功能，推出新型理财产品——“买单宝”。买单宝在“买单吧”APP 平台上建立了借记账户体系，补充了平台借记账户属性，实现了余额账户开户、资金转入转出、理财产品购买等系列功能。同时，买单宝引入交通银行活期富基金产品及外部优选基金，丰富了客户可选择的理财产品范围，满足了客户除信用卡以外的金融需求。

中信银行在手机银行 APP 上创建“智慧存款”专区，提供包含定期、大额存单、增利煲、外币薪金煲、组合计划、存款小目标等产品。产品涵盖多币种、多期限、多类型、多种方式计息、多种方式结息、多产品组合等形式，为不同客群提供了丰富的、个性化的存款服务，在为客户提供安全存款服务的同时，也让客户享受到较高的投资收益。

图 5－2　中信银行线上存款产品

平安银行利用集团的保险业务优势，以满足客户需求为原则，实现保险产品与银行主营业务产品的融合。考虑到客户对用卡安全的关注，客户在申请信用卡时可同步订购“卡保保个人银行卡综合保险”，在卡片激活后能够实现自动扣款承保，简化客户投保流程，为客户提供卡片盗刷保障、一键挂失及境外紧急救援金等服务。

齐鲁银行为更好地保障客户银行卡账户资金安全，向客户提供事前安全管理服务，推出包括资金保险箱、一键账户锁、夜间锁、境外锁、快捷支付锁、常用地锁共六项账户保险服务，有效地防范了伪卡欺诈风险，为客户创造了安全的用卡环境。

（三）聚焦消费场景，助力消费升级

2018 年，各商业银行为更好地满足客户个性化的消费需求，创新性地为客户提供多样化的消费信贷产品，深耕消费场景，不断完善消费金融业务体系，助力消费升级。部分商业银行通过深入分析客户需求，不断拓展消费场景，推进消费场景的体系化建设。

中国银行着力打造五彩缤“分”的消费金融业务体系。按照客户消费习惯设计全流程的分期产品组合，搭建 3C、租房、买车、车位、装修、旅游、教育等全场景分期体系，并推出“一点接入，全程使用”的综合化服务。在汽车分期方面，中国银行在辖内全面推广二手车分期、汽车租赁分期等创新产品，实现了零售端主流汽车金融产品全覆盖。同时，推出灵活还款功能，满足客户还款方式多样化的需求，为消费者打造“全量客户服务、全新服务体验”的汽车金融服务。

兴业银行推出分期产品“随兴分”，产品采用与 B 端商户合作、为 C 端用户提供专项消费额度的方式，通过追踪顾客购买流程确认客户的贷款用途，从而降低风险。“随兴分”产品拥有较强的机动性和灵活性，业务初期聚焦租房、教育文化、绿色消费、大健康、居民消费品等场景，后续将依据市场的变化，逐步实现场景的拓展。

江苏银行重点围绕“学乐康安美”场景，为客户提供先消费后付款的分期服务。通过营销人员使用移动金融 PAD 进行客户身份验证和资料收集，基于智能决策和大数据，即可完成在线审批、自主放款的个人消费贷款业务的办理。

天津银行为满足新生儿干细胞存储客户的贷款要求，与中源协和细胞基因工程股份有限公司合作打造了干细胞存储消费场景，开发了线上个人小额消费贷款产品“希望 e 贷”。产品借助人脸识别、大数据等技术，为客户支付储存费用时提供及时、快捷、专业的融资服务，切实满足了特定客群的实际需要。

图 5－3　天津银行“希望 e 贷”

齐鲁银行坚持以市场和客户为导向，推出系列覆盖安居、汽车、车位、旅游等大额消费场景业务，通过特色产品聚焦细分市场，满足客户在家装、购车、婚庆、培训、旅游、健身等方面的中短期资金需求，推动信用卡业务多元发力，凭借“更灵活的授信、更便捷的申请、更具场景化的渠道”优势，持续提升综合金融服务水平。

在实现已有场景的拓展外，部分商业银行坚持以技术驱动，从产品基本要素出发，不断迭代消费金融产品以更好地满足用户需求。

招商银行打造了可实时推荐符合用户个性消费金融需求的智能消费金融引擎——e 智贷。用户打开 e 智贷即可知晓最大可贷额度，在选择金额、还款偏好后，系统会自动推荐相关产品并支持“一键申请”。产品回归客户所关心的“借得到”“借多少”“怎么还”等核心信贷诉求原点，实现消费

信贷服务的个性化推荐。同时，招商银行还推出了“全景智额”授信服务产品，通过创新性的底层风控架构及风控策略，营造有序的风险经营空间，为持卡客户提供“量身定制”的授信服务。产品以坚实的信用风险防控能力为基础，全自助渠道覆盖，向客户呈现经实时策略核准的各类授信产品并提供便捷的1分钟自助办理服务；以开放架构及预测模型为基础，智能感知持卡人身处境外、刷卡失败等授信需求场景，主动提供7×24小时实时响应以及恰到好处的智能额度服务。

民生银行推出全民乐分期业务，该业务针对筛选的优质客户授予分期专项额度，客户既可在此额度范围内办理账单/自由分期，也可申请将一定比例的金额办理现金分期。分期专项额度不影响客户的消费额度，更好地满足了客户多样化的用卡需求。

图5-4 招商银行“e智贷”

华夏银行从传统分期产品结构出发，通过对本金、期数、收费模式等要素进行探索，推出了“轻松还本”分期新产品，即客户可根据自身需求，将最近一期已出账单中的人民币消费选择延迟一定期数进行还款。本金依照不同期数来设定延迟偿还模式，短期数本金延迟到最后一期全额偿还，中长期数每期按照预设的低比例分摊偿还，最后一期偿还剩余全部本金。非等额还本付息的分期方式为客户创造更多分期选择，满足了不同客户的实际需求。

浙商银行创设个人自动贷款业务模式，与借款人签订循环借款合同。在合同约定的最高额度和期限内，借款人通过绑定的借记卡发起支付事项时，若存款余额不足则按照约定的放款起点金额及其规则自动提款并支付，若存款余额超过还款触发金额则按照约定规则自动归还贷款。同时，推出了财富云业务，通过电子银行渠道以金融资产作质押，在金融资产融资的可用额度范围内，可将信用卡额度提升至信用卡最高限额，用于刷卡支付消费，享受信用卡免息期，到期后归还质押资金。通过将个人贷款与银行卡结合，将授信额度与便捷的银行卡使用渠道结合，可使借款人随时随地用款，借款、还款无须主动操作，可较大程度地降低利息支出，满足广大客户的消费信贷需求。

二、变革服务方式，系统化提升服务质量

（一）简化操作流程，实现高效交互

2018 年，各商业银行在满足用户需求的基础上，进一步优化服务流程，为客户提供快速、便捷、高效的一站式服务。

招商银行完成全国网点的“全面无卡化改造”项目，在柜面业务、可视柜台、自动取款机、取号、客户经理面访、金葵花门禁等网点厅堂几乎所有业务均实现了“无卡化”。未来，客户在招商银行全国任何网点办理业务，均无须再携带银行卡，切实为客户提供用卡便利。

光大银行上线借记卡预绑定信用卡还款功能，为客户提供一站式综合金融服务。签约了预绑定还款功能的客户，在信用卡审批通过后即可自动关联客户名下选定借记卡，实现自动还款。此外，光大银行还推出个贷“新 E 贷”流程项目，依托“光大银行个人贷款”官方微信账号，客户扫码关注即可在线申请“房抵快贷”和“光速贷”等房产抵押类贷款和个人信用类贷款名品，一秒钟获知房产最新市值；客户办理贷款时，提供手机端在线录入功能，免去多项纸张资料重复填写；贷款申请后提供在线审批进度查询和账单查询服务，随时随地掌握贷款最新进展；放款后提供免费微信账单推送，按时提醒客户还款，实现个人贷款业务前期、中期、后期的全流程线上服务，全面提升了个贷业务的移动化、电子化、线上化和集中化运作程度。

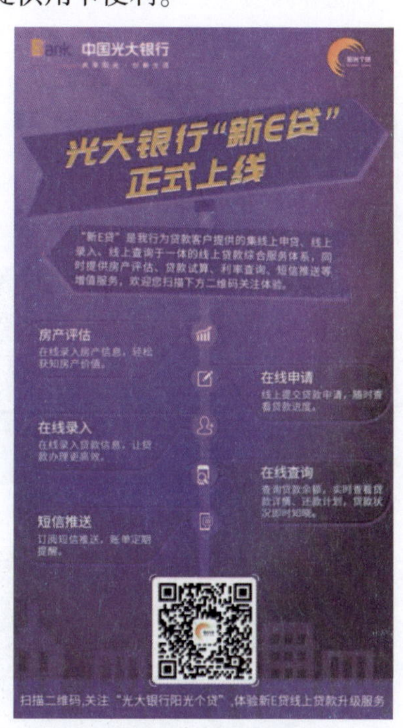

图 5-5　光大银行“新 E 贷”

平安银行提供双卡齐开服务，即客户申请信用卡的同时，亦可开通借记卡，充分打通双卡开户流程，简化申请步骤，显著节省办理时间，为客户提供集消费、还款、理财于一体的一站式服务，提升客户用卡体验。

（二）技术驱动效率，推动精细化管理

各商业银行注重以技术驱动服务效率的提升，借助大数据、人工智能、云计算、5G 新技术，打通服务渠道，提升服务效率，从而实现服务的精细化管理。

交通银行秒级服务持续升级，开卡用卡服务渠道更多、场景更全，实现直销、柜面、网络发卡线上线下全覆盖；争议秒赔性能升级，创新性引入交易异议在线秒核、优化客户标签识别功能；新增航班延误快速赔付服务，为用户提供在线自助理赔，全程电子化无须纸质材料，最快当日到账；新增智能客服场景，线上线下全渠道应用客户标签识别系统、语音识别系统、智能应答知识库，实现“秒级”人机交互体验，为用户提供了全面快捷的精细化服务。2018 年底，秒级服务项目获由人民日报社指导、人民网主办的“2018 中国质量高峰论坛暨第十五届人民直选匠心奖”的“匠心服务奖”称号。

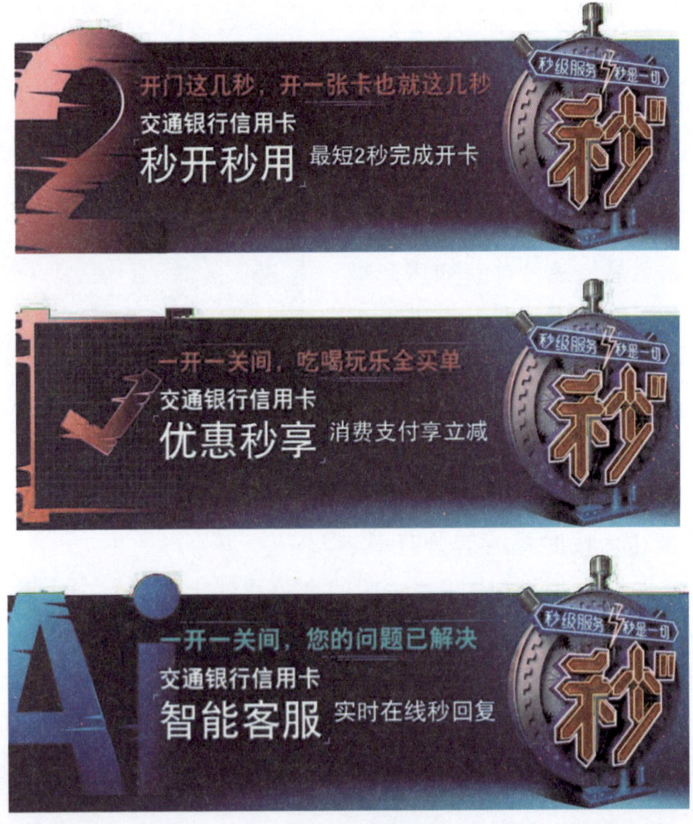

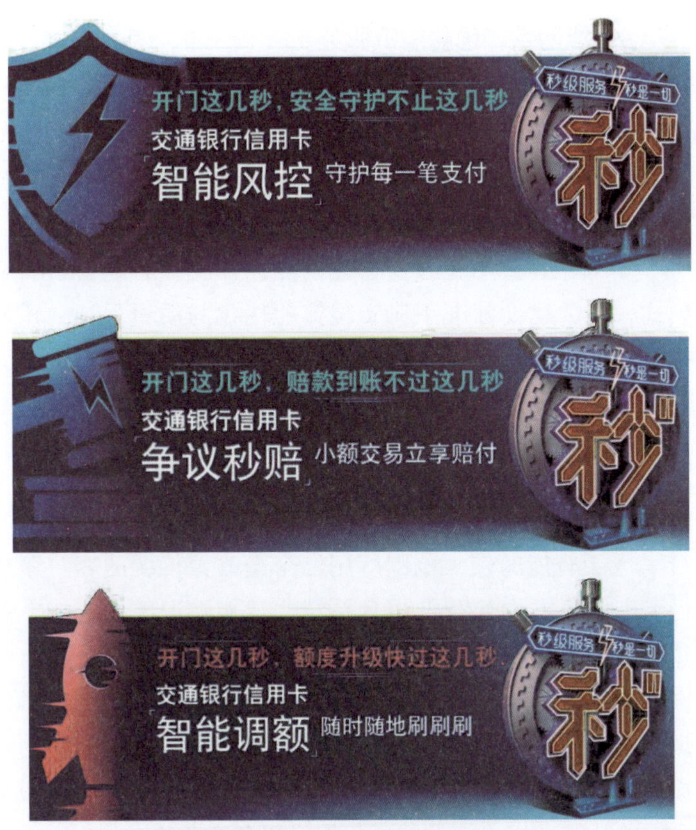

图 5-6　交通银行秒级服务

招商银行首推“一站式智能快捷银行”服务，布局申卡即绑定、开卡即绑定、绑定即唤起 3 大核心功能。客户可享受无感化快捷支付绑定体验，全程无须输入烦琐的信息，支持 1 秒绑定多账户，让客户感受到真正的无卡支付极速体验。

江苏银行依托金融科技实现精准画像和风险扫描，引入包括行政处罚、失信、奖惩类信息、法院、公积金等 27 项个人类外部大数据和 16 项企业类大数据，从地域属性、资产属性、社交属性、金融属性、商业兴趣等 9 大模块对客户进行标签化建模和 360°画像，为消费贷款业务发展提供强有力的数据支持。通过建立有关数据自动化报表，江苏银行对消费贷款业务进行了多维度、多口径的监控及客户画像分析，实现了报表监测的便捷性和实时性展示，切实提升了业务的精细化管理能力。

（三）打造智能网点，优化线下服务

线下银行服务网点作为银行卡产业的大本营，是体现银行客户服务最直接的地方。如今，网点服务智能化已切实投入到日常的客户接待和业务办理中。智能自助终端、刷脸取款机、平板电脑、远程柜员等设施，各司其职同时又高效便捷，大大提升了客户体验。

2018 年，平安银行致力于打造智能网点，开展“智零售，新金融”的创新服务模式，通过建设标准手册实现流程优化与质量保证，用硬件升级促进服务提升，用科技力量赋能网点形态，全年完成 131 家智能网点的建设和运营。同时，平安银行智能网点与高德地图跨界合作，打造周边 5 千米生活圈，进一步为客户提供更便利的服务。

（四）改进服务模式，打造智能化服务

2018 年，人工智能的较大范围应用已全面改善传统的客户服务方式及理念，银行卡产业各方加快智能语音系统、智能知识库、智能客服机器人等的迭代和应用步伐。

广发银行智能语音导航服务于 2018 年 6 月 20 日对客开放，该服务依托智能语音识别、自然语音处理等人机交互技术，打破传统按键式自助服务，客户可直接通过自然语言与系统进行实时交互，快速获得所需服务，极大地改善用户体验、节约银行运营成本、提升服务竞争力。

招商银行不断升级客户服务模式，从最初的电话渠道拓展至多媒体多渠道服务矩阵，从客户服务逐步向智能助理推进。招商银行打造了以“掌上生活”APP 为核心的智能服务矩阵，通过全新的 AI 内核能力升级，机器人服务能力大幅跃进，应答准确率从 90% 提升至 95%，并将服务客户群从已持卡用户拓展至未持卡用户乃至一般粉丝客群，通过核身体系的优化和可信设备的接入扩大在线服务范围，极大地满足了客户在“掌上生活”APP 渠道上的业务咨询及办理需求，减少客户在线下或其他渠道的等待时间，提升金融服务的便利性。在智能服务平台延展能力推进方面，招商银行利用生物识别技术，在第三方渠道首次实现人脸识别、声纹识别，打造最便捷、最安全与最高效的线上服务，不断提升客户交互意愿。

华夏银行持续优化智能语音导航系统，提供优质语音服务平台。根据客户的来电语音诉求，华夏银行持续对客户语音进行分类分解，不断积累语义集优化的经验，丰富语音节点和服务功能，精准识别客户的来电诉求，并直接引导至客户想要的业务节点完成后续的服务。目前，通过智能语音导航系统能够完全或部分解决客户问题的比率高达 83%。同时，华夏银行引入智能机器人服务系统，通过引入自然文字理解和深度学习等人工智能技术，构建了智能知识库和智能机器人在线应答系统，为客户提供了贴心的智能应答服务。

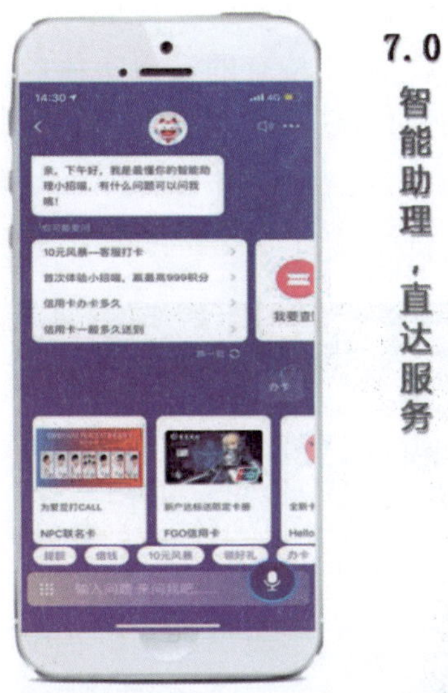

图 5－7　招商银行掌上生活 7.0 智能助理

（五）加码安全服务，护航用卡全程

用卡安全问题不仅是持卡人及社会各界关注的热点，更是各商业银行服务的重点。为应对当前复杂多变的金融环境、高发的伪卡盗刷及电信网络诈骗等外部欺诈风险，提高银行账户反欺诈风险防控能力，打造风险事前识别、事中干预和事后快速响应的风险防控体系，具有重要战略意义。

工商银行推出“工银智能卫士”账户安全服务，以账户安全为核心，将风险管理系统整合重组。客户可依风险偏好、交易习惯及不同场景，自主设置账户支付功能，及时掌握资金动态。2018 年，投产上线手机银行端安全检测和账户安全锁新功能。其中，安全检测是按照客户维度，对客户持有的借记卡、信用卡账户及支付环境进行安全测评，并提供优化链接和检测报告；账户安全锁包括“地区锁”“境外锁”“夜间锁”三项功能。方便客户根据交易习惯控制银行账户的交易功能。“工银智能卫士”服务首创将风控融入场景，打造了客户参与银行账户安全管理的全新体验。

交通银行推出用于移动支付的电子借记卡产品“安心付”。安心付具有安全、便捷的特征，可通过手机银行快速申请、便捷管理，并由交通银行免费提供 10 万元保额盗刷保障。交通银行借记卡持卡人、行外客户均可申办安心付，享受安全的移动支付服务。安心付相当于小钱包，专用于绑定手机银行、三方 APP、手机 WALLET 扫二维码、手机 PAY、缴费等小额支付场景。客户持有的其他实体借记卡则相当于大金库，专用于理财投资。客户通过分账户管理用途，保持账户、密码独立，资金更为安全。安心付产品具有线上开户，即开即用；移动支付，一网打尽；一次签约，自动转入；保险护航，快速赔付；锁定限额，风险可控等特点。

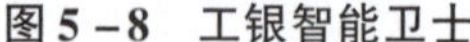
图 5－8　工银智能卫士

图 5－9　交通银行电子借记卡产品“安心付”

三、探索跨界全新模式，持续拓展互联网金融生态圈

2018 年，各商业银行在丰富服务内涵、优化服务体验的基础上，进一步探索新领域，将金融与惠农工程、党建工作等方面有机结合，进一步推动线上、线下相融合，持续拓展互联网金融生态的服务边界。

（一）“网点＋APP＋场景”发展模式

工商银行建立“网点＋APP＋场景”的全新发展模式，搭建了一个联通客户与商家，囊括消费、金融与生活服务的互联网消费金融生态圈，以及微信订阅号、服务号、“工银 e 生活”APP、商户之家 APP 四位一体的信用卡移动互联网服务体系。该模式以工银信用卡微信订阅号和服务号为媒介吸引客户、扩大流量；以“工银 e 生活”APP 为载体向行内外客户提供全方位、场景化、便捷化的衣食住行娱乐刷卡的消费体验，打造智能消费金

融平台；以商户之家 APP 为渠道向商户提供在线对账、设备保修、耗材配送、数据分析等全流程线上服务，通过线上云平台和线下智能网点的有机结合，建立起全新的 O2O 金融服务模式和互联网消费金融生态圈，集成各渠道优势，为客户提供紧贴场景、联通生活的高质量服务。

（二）综合金融发展模式

广发银行积极探索综合金融发展新模式，联合寿险公司推出“白金项目”，将广发卡优势资源与寿险主业深度结合，实现了客户综合经营。依托于“白金项目”，广发银行与寿险公司携手合作开展“白金项目之家庭美好生活圆梦计划”。该计划以客户为中心，创新多项服务举措，为客户家庭提供全方位、一站式、高品质的生活和金融保险服务，助力客户家庭达成美好的生活愿景。目前，“白金项目”已在全国 25 个省、93 个大中城市都先后成立了 3 600 多个国寿广发忠诚客户俱乐部，向万千客户奉上家庭美好生活圆梦计划，为客户家庭提供涵盖“医食住行 + 综合金融”的“一揽子”服务，满足了客户乐享生活、无忧出行、便捷消费、健康养老、财富管理、信贷融资、风险保障等多元化、个性化需求。

图 5－10　广发银行联合中国人寿推出“白金项目”

（三）“金融 + 党建”服务模式

中信银行充分挖掘“金融 + 科技 + 党建”的跨界服务功能，将党建工作和普惠金融有机结合，研发了党费自动化收缴管理系统——中信党费通。中信党费通是集党费交纳、使用、管理和服务于一体的自动化综合管理平台，能够实现党费在线交纳和动态实时管理的平台。平台包括党员自主交纳党费（客户端）和各级党组织实时管理党费（管理端）两部分功能。在客户端，该平台不仅为党员提供自有平台或第三方平台交纳党费服务，还为党员提供读党史、学习经典知识等党性和思想政治教育功能，通过“不忘初心”主题卡，聚集中信金融、文化、健康、教育、公益等多种权益和服务。在管理端，平台为党组织提供创建党委管理员、人力资源管理员和支部管理员等管理角色，并赋予建立和维护党支部、维护党员信息、建立并开启缴费项目、核算每位党员需交纳党费金额、统计党员党费交纳情况以及党费上划等功能。

自2018年5月14日正式对外发布以来，平台服务水平持续提升，已向中央国家机关工委、地方人民银行、地方银保监局、地方海关、全国社保、东方航空、中国国航、中国邮政、中国进出口银行、中航军工等大型企事业单位提供服务。2018年，中信银行累积新增为195个党委，2 025个党支部提供党建服务，覆盖25 425名党员。

（四）跨业合作普惠金融服务模式

北京银行以“富民直通车”惠农金融品牌体系为基础，创新性地将金融与农业相结合，打造跨业合作普惠金融服务模式，引入新产品、升级新渠道，不断提升服务的可得性、便捷性与覆盖度。北京银行通过全面升级富民直通车金融服务站2.0，引智能柜员机、PAD银行入站，实现一站式快捷发卡、产品购买、小额取现等功能，使助农服务智能化、标准化、可复制化。通过深化与京东金融的跨界合作，北京银行与京东针对农村金融业务板块签署合作协议，发布的京东金融联名富民借记卡，开展农村地区京东小站驻点外拓服务，落实建设6家“流动服务站”；同时，北京银行积极创新外拓服务站点模式，建立“农家院服务站”，持续探索“小而灵”的农村服务模式。

图5-11 外交部“12308”APP界面

为迎合中国公民在海外的求助需求，由民生银行信用卡承办的“外交部‘12308’”APP 如约上线。该 APP 结合外交部业务特点，设计了五大功能板块，并与“领事直通车”微信公众号和“领事之声”微博同步发布海外安全提醒、涉及中国公民的海外重大突发事件处置情况、介绍重要的中外签证制度安排、涉及公民各类领事证件的重要政策信息等。此外，中国公民在全球任意地点、任何时间都可以用该 APP 依托 Wi-Fi 或移动网络拨打外交部“12308”热线，无须另行支付国际通话费，进一步畅通海外遇到困难的中国公民第一时间获得外交部和使领馆领事保护与协助的渠道。

第三节　银行卡助力商户发展

如何更好地服务实体经济，是新时代金融工作的重要课题。作为支付领域的一个重要内容，银行卡产业涉及商户业务触点多、延伸性强，正是支持实体经济、服务社会民生的一个重要入口。为商户量身打造综合化金融服务方案，是银行卡产业立足支付这一支点、应对经济新局面、打造商户业务新业态、深入服务实体经济和社会民生作出的积极有效的探索。

一、我国境内商户发展现状

截至2018年底，银行卡跨行支付系统联网商户2 733万户，联网POS机具3 414.82万台，较上年末分别增加140.4万户、295.96万台，同比分别增长5.4%和9.5%。全国每万人对应的POS机具数量245.66台，同比增长8.91%。[①]

表5-1　2018年1-12月全国联网POS商户、联网POS终端和联网ATM终端增长情况

单位：万户/万台

	全年增量	年末总量	总量同比
银行卡跨行支付系统联网商户	140.4	2 733.0	5.4%
联网POS机具	296.0	3 414.8	9.5%

近年来，移动支付的快速发展极大地促进了商户业务范围、收付渠道的发展。如何更好地利用、转化当前移动支付技术，进一步服务商户，是支付产业服务实体经济的重要支点，也是践行“支付为民”理念的重要抓手。

① 数据来自人民银行《2018年支付体系运行总体情况》。

从境内商户规模来看，中小微商户数量众多，且广泛分布于各行各业，与日常生活联系紧密，经营方向灵活、业务开展迅速，但也存在规模小的短板。与此同时，大型商户面临多种方式收款，对账时需要通过不同平台来完成的难点，因而对账工作量大、耗时长。针对商户痛点问题，各商业银行纷纷推出多种支付模式聚合受理的综合性支付系统建设及定制化支付解决方案，从服务单一环节到搭建支付全流程服务，助力商户业务发展。

早期商户与银行的合作，更多侧重于基础支付服务，而随着近年来银行卡产业的不断发展，商户与银行的合作日益深化和丰富，从合作共建场景，到品牌联合营销，从综合支付解决方案，到平台合作引流，合作主体日益多元化，合作方式日渐多样化。多样性的合作也促使商业银行推出更多细分产品与服务，进而助力商户从单一让利吸引客户的模式中转变出来，进一步激发商户的合作积极性和银行卡产业的活力。

二、银行卡产业进一步助力商户全面发展

银行卡产业诞生伊始，就具有帮助商户加强资金管理、减少现金收取的特性，一方面极大地提高了商户的结算效率；另一方面减少了商户点钞、找零、手工记账等大量手工劳动和假币风险，因而在提升商户交易规模、促进商户发展方面具有天然优势。

随着近年来支付方式的日趋多元化，移动支付以前所未有的速度改变和影响着人们的生活，银行卡产业对商户发展的促进作用也更加深刻。作为支付产业链上不可或缺的关键环节，商户的良性发展无疑促进了整个银行卡产业的发展。历经多年的发展，我国银行卡产业不断创新、整合产品，提升服务，持续搭建支付场景，积极助力普惠金融，大力提升了综合支付解决方案设计水平，精准有力地推行营销活动，从多维度、多方面实现了对商户发展的全面促进。

（一）助力移动支付便民工程，提升中小微商户活跃性

支持实体经济、服务小微企业是新时代金融工作的重要任务。中小微商户大多集中在餐饮、商超、便利店、菜场、娱乐、健身、旅游等民生行业，行业门槛较低，竞争激烈，与居民生活息息相关，对支付便捷性要求高。党的十九大勾勒了中国特色社会主义新时代建设现代化经济体系的宏伟蓝图，高度关注民生领域、鼓励普惠金融发展，强调消费对经济发展的基础性作用。银行卡产业积极响应号召，深入贯彻落实人民银行移动支付便民工程工作要求，推动银行卡产业在便民支付领域的广泛应用。

中国银联积极搭建便民场景，并辅以“云闪付”APP 建设，已具备对商超、便利店、交通出行、校园、菜场等重点场景标准化接入能力。截至 2018 年底，全国共建成 962 个移动支付示范商圈、1 685 个移动支付示范街区，活动商户 1 777 万。使用范围覆盖 90 个城市公交、21 个城市地铁、1 105 个高校园区、8 117 个菜场、5 743 家医院、6 万家药店、2 017 个企事业食堂、21.5 万台自助售货终端、25.8 万家便利店超市、43.8 万家餐饮商户。

2018 年，工商银行正式推出向中小微商户群体精心打造的普惠金融整合服务“e 商助梦计划”，为“e 支付”商户提供综合化金融服务方案，联合众多合作伙伴共建集消费、金融、生活于一体的互联网生态圈。并通过全面创建“e 支付惠民示范街”，推动“e 商助梦计划”在城市的文化、旅游、休闲购物街区、景区及特色商圈区的落地推广。

同时，为深入贯彻落实普惠金融政策，提升小微商户服务水平，2018 年末工商银行特别针对无营业执照的小微商户推出“e 支付收款码”，方便无营业执照的小微商户凭个人身份证等信息入网申请，享受工商银行普惠金融服务，更是推出收款费率较低、提现零成本的普惠政策，解决小微商户收款难、成本高的痛点，助力其在追逐“创业梦”的道路上不断前行。

图 5－12　工商银行“e 支付收款码”宣传

上海银行以移动支付便民领域为主要阵地，深耕医院、商超及食堂等便民场景，拓展了如闵行区浦锦社区卫生服务中心、杨浦区定海社区卫生服务中心、光明便利及上海财大食堂等商户，积极助力普惠金融。

（二）整合移动支付方式，为商户提供支付综合解决方案

近年来，伴随产业升级和商户业务范围的扩大，银行卡服务主体更加广泛细分，受理支付载体快速更迭，从传统的 POS 机，到二维码支付，智能终端支付，在给商户带来多样化便捷收款方式的同时，也给商户带来了多种收款方式并行、资金处理不便的痛点。在此背景下，为商户提供多种支付模式的聚合受理，提供灵活的数据分析及对账服务的聚合支付收单方式应运而生。各商业银行逐渐从致力于单个产品创新向同步推进创新型支付平台建设转型，建成了一批可提供移动支付、资金归集、智能营销服务等功能的平台系统，并可为大型商户量身设计定制的综合支付管理解决方案，助力商户提高整体经营效率。

图 5－13　农业银行市场通产品宣传

2018 年，工商银行着力打造能聚合市场主流产品的二维码支付业务。目前已支持市场上 200 余家银行移动跨行绑卡支付、银联“云闪付”、微信、支付宝及京东支付等的聚合受理，并重磅打造商户业务与服务的统一品牌——“e 支付”，全方位涵盖各类支付场景，为商户提供综合受理方案和全面金融服务。目前“e 支付”已实现为 600 多万商户引流超过 10 亿的潜在个人用户。

2018 年，中国银行推进“中银智慧付”聚合支付收单业务，满足线上、线下不同类型商户全支付受理需求及增值服务需求，助力建设支付生态闭环。通过丰富线下产品载体，整合线上产品通道，满足对公及个人商户的全支付受理需要。

农业银行线上针对专业市场的“市场通”产品，为专业市场商户提供全渠道支付解决方案。市场通支持银行卡、微信、支付宝、农业银行掌银、“云闪付”等主流支付方式，还为商户提供理财、经营贷等衍生金融产品服务，全方位满足专业市场商户收款需求，有效地促进收单交易流量。

平安银行推出线上收租解决方案——面向广大房东、出租屋管理的集合房屋管理、房租管理、水电管理、物业管理、收租、缴费等功能于一体的房租租赁行业集成解决方案。该方案实现了通过微信公众号进行线上房源信息发布、申请入住、查询合同、收费缴费、维修申请以及接受通知等一站式管理。

光大银行针对商户痛点，为国药控股国大药房山西益源连锁有限公司量身定制了一码收款产品。该产品实现了一码支持多种支付方式、方便对账、费率优惠、资金到账可靠等功能，获得商户认可。2018 年，该商户旗下已有 300 多家门店使用光大银行二维码收款，年交易量达到了 1 亿元。

（三）合作营销强强联合，拉动商户营业额

2018 年，各商业银行均开展了一系列商户联合营销活动，一方面运用银行先进的大数据技术，助力商户营销更加精准化，从而降低商户营销成本；另一方面，银行积极投入资金与商户开展联合营销，降低商户的营销投入，增强营销效果，双方均达到了积极的业务促进效果；同时，在与银行的联合营销过程中，部分优质商户扩大了自身知名度，从而带动了营业额的提升。

2018 年，工商银行继续打造“爱购”系列促销活动品牌，与超过 1 万家商户合作推出工银信用卡“爱购周末”消费立减最低至五折的促销活动，

覆盖超市、餐饮、便利店、咖啡甜品、时尚购物、电影娱乐、出行旅游七大场景。“爱购”宣传将营销活动打造为系列品牌体系，形成了规范的品牌名称、定位和形象，一方面，通过优惠活动为合作商户引流客户资源；另一方面，营销品牌效应提升了商户的知名度，实现了营销活动与品牌建设的无缝衔接。

招商银行 2018 年和超过 1 万家的连锁便利类商户合作，通过对接商户收银系统，以“掌上生活”APP 二维码支付为载体，在客户消费时通过实时随机立减、消费后领取二次消费红包等多种形式，促动超过百万客户到店消费。同时，在咖啡、甜品等轻餐饮类商户中，通过扫码积分支付的方式持续开展合作，助力商户发展，受到商户的欢迎和支持。

图 5－14　招商银行“掌上生活”APP 连锁便利类商户合作活动宣传

2018 年 9 月至 12 月，民生银行开展了为期三个多月的全国核心商圈主题特惠活动，聚焦消费者生活中必不可少的餐饮，并辅以超市便利店、观影行业等。活动期间，全国共计 3 371 家优质核心商圈餐饮、超市及观影类商户参与其中。本次活动覆盖范围广泛，在市场上产生热烈反响，各核心商圈合作商户也表示期望继续联合开展相关活动意愿。

（四）平台合作持续引流，为商户提供入口

为提高客户服务水平，多家商业银行及中国银联都推出了信用卡专属 APP，如工商银行“工银 e 生活”、招商银行“掌上生活”、浦发银行“喜大浦奔”、光大银行“阳光惠生活”及中国银联“云闪付”等，集聚了信用卡行业海量客户。各银行借助平台优势，积极拓展与商户的合作、营销，为商户引流大量优质客户。

2018 年招商银行为顺丰速运上线一款网通支付产品，支持几十家主流银行支付，并进一步将顺丰速递服务引入自身平台，为顺丰提供更优质的业务入口。同时为满足中小商户流量经营的需求，以“掌上生活”APP 为平台，线上打造基于客户行为的智能流量分发功能“天天红包”“聚客拼团”等功能，线下推出基于客户消费场景的“支付随机立减”“回头客红包”等功能，有效引导客户流量到店，助力商户经营。

交通银行在“买单吧”APP 内联合商户开展“交惠买单　酒玩低价”活动，活动期间客户新注册买单吧及品尚汇官网，即可免费获赠红酒一瓶。首次尝试单外商户联合获客模式，大大加深了银行和商户间的合作关系。

图 5－15　交通银行“买单吧”APP“交惠买单　酒玩低价”活动宣传

北京银行信用卡中心积极开拓互联网渠道，搭建线上消费场景，助力商户与银行的共同发展。2018 年联合多家商户共同开拓网申业务，与多家消费场景类商户共同开展活动，通过新户活动和普惠活动相结合的方式互相引流，从而达到合作共赢。

第四节　未来展望

银行卡作为现代社会最重要的个人支付方式，多年来在我国消费市场中发挥了巨大的作用。通过服务于消费的两端——个人消费者与商家，银行卡产业积极地促进了消费的增长。未来，随着金融科技的深入应用和消费观念的更新升级，银行卡产业将不断自我突破，通过在场景搭建、技术创新、跨界合作等领域持续发力连通上下游产业各方，为用户提供更为便捷的一体化综合金融服务，成为不可或缺的金融管家。

一、进一步完善金融服务链条，完善服务生态

随着向消费型经济转型的不断深入，国人的消费潜力将不断释放。同时，消费理念的更新转换必将更大限度地激发个人和家庭的消费信贷需求。在此背景下，银行卡产业顺应经济发展新常态，继续依托金融场景、消费场景进行产品和服务升级，深入探索客户生活各个环节、优化服务方式与流程、加强与多个行业头部企业合作，通过多样化创新打造消费金融生态圈，完善“金融＋生活”服务链条，化金融服务于无形，满足更加生活化、个性化、多元化的消费需求，助力千家万户消费升级，追求美好生活。

二、进一步与商户加深合作，整合优势资源

近年来，新型支付技术对支付场景搭建、客户引流方面的作用持续凸显，银行与商户作为支付链条上不可或缺的两个重要参与方，合作方式早已从单一的银行为商户提供支付服务发展为相互引流、相互促进、资源整合的良性合作。银行作为支付服务方，在商户收单系统建设、综合金融服务、互联网金融创新等方面具有相当优势；而商户作为支付实际发生场所，拥有越发重要的消费场景和客户触点。未来，银行与商户将进一步发挥双

方资源优势，创新合作模式，携手合作，努力为客户提供更优质实惠便捷的服务，同时实现双赢。

三、拥抱金融科技革命，促进科技成果有效转化

大数据、云计算、人工智能、区块链及各类生物支付技术的快速发展和深入应用进一步提升了银行卡产业的数字化、智能化、精细化发展水平，为新型管理方式与数据处理方法的研发与运用、支付手段更快更有效地转化为生产力提供了更多可能。未来，银行卡产业将进一步迎接金融科技革命，促进科技成果有效转化，一是将新的科技不断融入产品与服务中，为大众提供更加智能的支付手段、更加差异化的产品、更加优质精细的流程服务；二是将继续全方位助力商户提升资金收付效率、营销和运营能力，着力打造普惠金融服务体系，为产业各方的互利共赢作出新的探索与贡献。

业界聚焦

怀普惠之心　耕服务之田　银行卡激发潜能助消费升级

自我国第一张银行卡诞生以来，这种只有扑克牌大小的介质就成为人们支付结算不可缺少的工具，被消费者广泛使用。近年来，伴随着科技的不断革新，银行卡业务迭代升级并焕发出新的活力，其消费便捷、资金安全、交易高效等相关服务能力的日益提升，不仅满足了人们对于资金运用愈加多样化的需求，也使消费升级成为有根之木，有源之水。

基础账户丰富精神内涵

如今，互联网早已成为千家万户的必需品，购买方式也发生了翻天覆地的变化，人们坐在家中，动动手指，就可以在线上商超中买回心仪的产品，在这个过程中，一张有支付功能且可支付金额充足的银行卡不可或缺。

随着金融机构普惠金融的持续深入，网点覆盖面持续增加，使偏远地区的人们也可以享受到金融服务的便利，开卡、补卡、换卡不再困难。《2018 年第四季度支付体系运行总体情况》显示，截至 2018 年底，全国银行卡在用发卡数量为 75.97 亿张，同比增长了 13.51%。其中，借记卡在用发卡数量为 69.11 亿张，同比增长了 13.20%；信用卡和借贷合一卡在用发卡数量共计 6.86 亿张，同比增长了 16.73%。全国人均持有银行卡 5.46 张，同比增长了 12.91%。我国银行结算账户和银行卡广泛普及，全国人均持有量平稳增长，总体上实现了“人人有户”。

满足了人手有卡，只是满足了支付的最低层次需要。如何使银行卡的服务适应持卡人的精神文明需求，这就要求银行有敏锐的市场洞察力。

2017 年，工商银行发行了工银奋斗信用卡，卡片镌刻着“奋斗”二字和“撸起袖子加油干”的时代标语，虽是一张看似很小的信用卡，却于方寸之间彰显了中华民族最深沉的精神追求，代表着中华民族最独特的精神标识，旨在向伟大的时代致敬、向金融的情怀致敬、向拼搏的人生致敬。

该卡发行一年就收获了 730 万名持卡人，他们当中有的是教师、有的是工人、有的是运动员，虽然行业不同，但持卡人都有一颗拼搏与奋斗的心。

这样的抢手卡片几乎家家银行都有，光大银行推出的栋梁卡、中信银行推出的世界杯信用卡、民生银行推出的故宫文创信用卡、北京银行推出的世园会主题银行卡，都是当下信用卡中的流行元素。

百花齐放的银行卡世界色彩纷呈，生机盎然，这些精美做工的卡片已经不仅仅只做支付用途，其所承载的是持卡人对于美好精神生活的向往与追求，这也使原本朴素的基础账户介质在精神内涵上得以被区分，是各家银行差异化竞争的不二法门。

分期业务助消费升级

党的十九大报告指出，要增强消费对经济发展的基础性作用。国家统计局年初发布的数据显示，2018 年我国社会消费品零售总额突破 38 万亿元，同比增长 9%，消费连续五年成为经济增长的第一拉动力。人民银行数据显示，截至 2018 年 12 月，我国金融机构个人消费贷款余额为 37.79 万亿元，同比增长 19.90%。

随着经济发展和居民收入水平提高，持卡人的消费需求日益多元化和多样化，银行陆续推出的各类分期产品助力客户消费升级，装修分期、购车分期、租房分期、教育分期等业务受到了持卡人的追捧。

在汽车消费方面，招商银行信用卡汽车分期业务早在 2006 年就面向持卡人提供相关服务，目前该信用卡分期业务的合作汽车厂商达 40 余家，无论持卡人选择高端品牌如特斯拉、凯迪拉克，还是价格亲民的品牌汽车，都可以享受到对应的购车分期产品提供的优惠服务。不仅如此，通过科技水平的提升，传统填表审查这种烦冗的申请流程已经完全被电子化流程所取代，智能审核使持卡人的体验感大幅提升。

在租房消费方面，建设银行、浦发银行等机构推出的信用卡租房分期业务，备受年轻人的喜爱。刚迈入社会的年轻人往往手头没有多少积蓄，而押一付三的租房花销动辄数千上万，让现金并不充裕的他们犯难。银行租房分期业务由银行先行向出租方付清租房款项，再由持卡人按月向银行还款，不仅大大缓解了租房者的经济压力，也使租房过程更加透明，减少了不少黑中介带来的不必要的麻烦。

在服务学生方面，多家银行 2017 年开始重返校园市场。中信银行在 2018 年 6 月发布了大学生信用卡“校园 i 卡”，“校园 i 卡”紧贴大学生日常消费需求，在申请和用卡环节为大学生提供多重优惠，包括零门槛免年费、最长 50 天免息还款、本行免费取现、网络消费双倍积分、保障金额最高 5 000 元的盗刷保障险等。

事实上，在市场上不法分子非法提供贷款的现象时有发生，校园贷、套路贷屡禁不止，正规金融机构的产品“进场”，能够正确引导年轻人学会个人信用管理，合理支配消费资金。

同时，受益于银行减费让利的行业号召，银行业刷卡手续费持续降低，为客户带来优质实惠的服务。2017 年大中型商业银行对普惠金融客户取消收费项目 335 个，对 387 个项目实行收费减免，全年减费让利总金额约 366.74 亿元。

金融科技重构便捷安全服务

以大数据、云计算、区块链、人工智能为代表的金融科技不断发展，重构了银行卡支付场景与支付流程，使消费更加便捷，支付更加随心，购物更加安全。

2018 年 4 月，建设银行联合中国银联在深圳停车场首次尝试无感支付，无感支付是指不用带钱、卡和手机，通过车辆的车牌直接与信用卡绑定，扫描车牌就可直接付款的形式。场景覆盖了停车场、加油站、洗车场等多个领域。

中信银行于 2018 年 9 月也开始试水无感支付，持卡人只需在微信公众号预先绑定头像信息与支付账户信息就可以完成支付活动，该功能可以广泛应用于公交地铁、餐饮、校园、商超便利店、医疗卫生等银联“移动支付便民工程”场景建设。

在 2018 年的“双十一”狂欢节上，支付宝利用大数据获得的数据显示，“双十一”通过生物信息完成支付的占比高达 60.3%，相当于每 10 笔支付就有 6 笔是通过指纹、人脸识别等生物支付完成，意味着生物支付时代已经来临。

“工欲善其事，必先利其器”，移动支付与商业场景的不断融合，为消费升级展开了翅膀。借助二维码支付、NFC 近场支付、人脸支付、指静脉支付等支付手段，人们可以实现在不同场所实现支付渠道的自由转换。

对于持卡人而言，便利的消费同时必须有支付安全的保证。2018 年 4 月，央行发布的《条码支付业务规范（试行)》正式实施，人民银行要求银行业金融机构、非银行支付机构和清算机构加强条码支付技术风险防控，合理运用支付标记化、可信执行环境、条码防伪识别等手段，并提升条码支付客户端软件安全防护能力等。

此外，针对超过1亿人在使用的“云闪付”支付业务，各家银行均已联合中国银联建立了“风险全额赔付”保障机制。对于正常用卡客户发生的双免盗用损失，经过核实确认都可以得到全额赔付，保障持卡人的消费安全。

跨境综合服务能力持续提升

沧海桑田，时代巨变，消费者的钱包鼓起来，人们出境也变得更为频繁，尤其是对中国开放免签政策的国家越来越多，出国成为家常便饭。起初，许多人选择携带大量现金出门，直到信用卡的普及，才正式开启了人们的“买买买”之路。

经商务部初步估算，目前我国居民一年去境外购物消费大约2 000亿美元，购物清单中包括高档商品、日用消费品等。为持卡人构建畅通的境外支付渠道，是信用卡全面化、国际化发展的必然过程。

以银联为代表的卡组织和支付公司正在不断为消费者拓展海外市场。数据显示，银联卡线上受理网络已覆盖境外200多个国家和地区、超过1 000万家商户，涉及航空公司、订购平台、全球零售、交易缴费、数字内容、旅行六大方面。银联由此建立起完善的受理网络，与境外150多家收单机构及100家发卡机构建立了合作关系。

此外，银联还建立起基于区块链的全球跨境支付追踪平台，以此解决跨境汇款中交易查询问题，通过该平台用户可以及时追踪交易过程，解决跨境汇款过程中查询不便的问题。

各家银行为出境持卡人也准备了内容丰富的刷卡活动。中国银行VISA卡为持卡人提供的境外消费叠加返现活动，在活动期间，持卡人在境外线下实体店单笔消费满5 000元等值人民币，就可以获得交易金额10%的返现奖励。

招商银行为持卡人打造的“非常”系列境外主题营销活动，“非常香港”“非常亚洲”“非常美国”“非常欧洲”“非常澳新”等均广受好评，并针对持卡人情感需求，打造如亲子游、蜜月游、留学游等更为个性化的境外路线。

在信用卡增值服务中，也有多家银行提供出境相关服务，涵盖了持卡人出境旅游、公务等各个方面的需求，既包括出游前的签证办理、机票购买、酒店预订，也包括旅游期间旅游线路、租车接机优惠，免费境外Wi-Fi、货币转换，以及退税等服务。

值得提出的是，各家银行近两年尤其重视出境旅游以及出国留学业务，并借助大数据等分析客户行为。广发银行推出了《2017—2018 出境旅游及消费白皮书》，招商银行发布了《英国寄宿高中白皮书》等。

一言以蔽之，消费繁荣的基础保障，需要银行卡充分发挥其基石作用，基石稳固，则安全城墙固若金汤，基石精巧，资金运用事半功倍。而纵观消费者数十年的支付习惯变迁，由现金支付到数字支付的转变不过十余年，这也时刻提醒着银行，保持银行卡服务体系的优化与产品创新，不断进行流程再造、科技再造、服务再造，是行业的必然选择，这种自我突破的涅槃重生，乃大势使然。

作者：《证券日报》

《证券日报》是经济日报报业集团主管主办的证券专业报纸。《证券日报》秉承价值投资理念，以全新的运营模式和新闻传播理念，全心全意为资本市场参与者提供资讯服务。作为中国证监会、中国银保监会指定的信息披露报纸，承担着证券、保险、金融、国企产权四大市场的政策发布、信息披露、舆论监督、投资者教育、市场文化建设等方面的使命和职责。

6 第六章

我国银行卡产业的前方之路

伴随着改革开放和经济发展的进程，我国银行卡产业攻坚克难、抓住机遇取得了一系列辉煌的成就，对民生的服务进一步加强，对经济效率的提升发挥了关键性的作用。进入新时代，面对互联网、大数据、云计算、人工智能、区块链等科技的迅猛发展和在金融领域的广泛应用，面对金融开放进程的进一步加快，银行卡产业将迎来新的发展机遇，同时也面临巨大挑战。展望未来，银行卡产业如何在转型中充分运用科技赋能，开创产业新篇章，本章将呈现来自行业内不同的声音。

第一节　在变革中前行

当今世界正在面临百年未有之大变局，变局中危和机并存。对银行业而言，金融科技蓬勃发展，互联网企业及金融科技公司持续冲击银行业竞争格局，正逐步颠覆银行信用卡业务的发展模式，信用卡的转型变革迫在眉睫。

一、深刻认识时代变革的大潮流

有三股重要的且相互关联的力量正将社会变化的节奏推得越来越快，即科技、消费者行为的转变以及日益激烈的竞争，其中先进的科技是最主要的，因为同时也推动着其他两股力量。

从科技发展来看，金融科技改变银行业经营模式。大数据、云计算、人工智能、区块链等前沿技术与金融深度融合，彻底改变了金融生态。一方面，科技发展开辟了触达客户的新路径，有效突破地理和距离限制，极大地提升了触达及连接客户的能力，让“银行业务无处不在，唯独不在银行发生”变为可能。另一方面，通过挖掘客户信息、产品交易、信贷行为、征信、合作方和第三方平台等多个不同领域的风险数据，金融科技解决了商业银行信息不对称和风控难题，降低了交易成本。

从市场竞争来看，科技企业对银行零售业务的冲击越来越大。蚂蚁金服、腾讯等科技企业打破传统银行思维，回归银行功能本源，不仅囊括了老式零售银行所有业务，而且还通过开发更简明、更高效并更能满足新时代客户需求的业务，以灵活的组织架构、敏捷的技术迭代、智能的数据分析、广泛的场景触角为客户提供极致的金融服务体验。从银行一家提供金融服务，到各类公司以其他方式提供，银行不再是唯一提供服务的途径。传统银行业面临转型考验。

从客户行为来看，个人客户的行为正在快速实现全面的网络化。在互联网、移动智能终端和各类金融科技大行其道的时代，客户生活方式互联网化，线上、线下消费边界逐渐模糊，智能手机、平板电脑及其他数字产品的全面推广使用正日益影响客户的服务预期。客户为银行业务的期望将更多的来自其他领域的体验，对金融服务提出了更加灵活、个性化和多元化的要求，希望能随时随地、快捷、方便的享受。客户不断变化的行为，为银行商业经营模式带来了很大的挑战。

在这三股力量的冲击下，传统银行迫切需要改变思维，利用科技手段，重塑金融服务。以客户为中心，提供开放式、平台式的新型服务模式，基于目标客户的需求和行为设计独有的服务，利用数据挖掘和科技创新，完善客户体验。

二、深刻把握支付行业新趋势

移动支付渐成新主流。以塑料卡片为主的卡基支付工具正逐步转向以账基为基础的无卡支付、虚拟支付等移动支付方式，手机将成为单一的最大获客渠道，移动支付将是支付历史中的关键拐点。2018 年第四季度，银行业金融机构共处理移动支付业务达 177 亿笔，金额 78.22 万亿元，同比分别增长 78.79% 和 45.47%，所有第三方支付交易中，75% 的交易是通过手机完成[①]。伴随移动支付“嵌入”寻常百姓的日常生活，信用卡将不可避免地成为生活的第二张名片乃至第二张身份证，客户身份认证、信用消费将与移动支付有机融为一体。

场景建设拓展新空间。移动互联时代，用户的所有行为，包括支付在内的金融服务与社交互动，都融入具体的场景。从 C 端客户看，实体店的经营模式发生转变，线上及 O2O 模式的日常消费占比不断攀升，支付深度内嵌于场景之中，无场景则无支付；从 B 端商户看，商户需要基于场景的一体化解决方案，支付不再独立存在。移动支付通过与消费场景的深度融合，构建新一代、碎片化、场景化金融生态，让支付服务触手可及。

“强监管”提供新窗口。人民银行规范支付服务市场秩序、深化支付产业结构性改革、引导支付回归本源，为商业银行提供了更加规范的市场环境。一方面，对支付机构实施对等监管，通过整治支付市场乱象、实施备

① 人民银行：《2018 年第四季度支付体系运行总体情况》。

付金集中存管、建立网联清算平台和银联无卡清算、组织支付机构“断直连”清理实施等一系列有效措施，支付市场更加透明、统一、规范。另一方面，强化消费者权益保护，鼓励银行在规范的基础上开展业务创新，树立服务实体经济和改善民生的政策导向，为支付产业持续健康发展奠定基础。

支付市场双向开放带来新机遇。我国进一步加快支付产业对外开放，“走出去”全面发力，人民币跨境支付系统（CIPS）已覆盖“一带一路”沿线41个国家和地区。2018年，人民银行发布了进一步完善人民币跨境业务政策的通知，鼓励采用人民币进行跨境支付。同时“引进来”迈出新步伐，外资机构在华展业的政策正在形成。支付产业的开放格局，为商业银行在跨境支付领域合作提供了新的机遇。

信用卡只有适应支付行业的变化，从经营卡产品向经营账户转变，立足智能设备提供服务以及与客户互动，加快跨界合作，打造支付生态圈，才能立于不败之地。如果固守过时的面对面服务以及烦琐的手续、流程，那么客户将逐渐远离银行。

三、深刻理解信用卡转型之路

唯改革者进，唯创新者强，唯改革创新者胜。不转型就没有出路，要牢固树立互联网思维，加快业务模式的互联网化，对支付的产品、服务进行供给侧结构性改革，提高服务客户的能力，打造基于具有互联网和大数据基因的新型信用卡发展模式。

高度重视场景建设。场景化金融时代，金融与非金融业务已经实现全面融合，银行要能够实现金融在各类场景下的互通互联，将银行服务入口嵌入到客户日常生活的各类情境中，让客户不再需要“跑银行”就能被银行感知需求、获取服务。数字一代根据自己的衣、食、住、行、玩等实际需求，随时随地挑选满足这些需求的便捷支付服务，商业银行需要将信用卡账户快速融入社交、旅游、消费等生活场景，实现支付服务在客户工作、生活场景中“即插即用”，提升用户使用便利性。这些便捷支付服务的背后，要求商业银行对整个企业乃至合伙伙伴的资源进行线上、线下的深度整合，成为生态圈的营造者。

重塑客户全旅程。在金融科技的冲击下，银行的终极目标和底层逻辑依然是客户，科技只是将用户体验做到极致的手段。目前信用卡行业已经开始运用科技手段洞察客户需求，但仅做好数据采集、360°画像、客户分群、千人千面、智能推送等还不足以实现从产品思维到客户思维的转变。未来，信用卡行业必须以客户旅程为基础，加快整个客户旅程的数字化改造，向简约、极致方向快速创新和迭代服务，消灭服务的断点痛点，增强端对端的服务能力。客户是聪明的，谁真正以客户为中心，客户就会不离不弃。

挖掘数据的力量。理论和实践表明，信用卡具有天然的大数据基因，信用卡面向海量用户，交易小额高频快捷，风险管控遵循大数法则，持卡人在申请环节以及消费过程中提供了丰富的身份数据、交易行为数据等，是商业银行中应用数据量最大的业务。这些基本特征决定了信用卡必须用数据说话，数据是信用卡业务的心脏，是信用卡经营重要的生产资料。以人工智能、机器学习等技术为生产力，推动信用卡各项业务进入数据化经营、智能化决策、自动化生产，这是信用卡业务不可逆转的发展趋势和规律。商业银行应充分利用信用卡数据密集型、数据依赖型业务的特征，遵循信用卡业务发展的本质规律，将大数据思维融入信用卡产品设计、业务运营、市场营销、客户服务、风险管理中，形成系统化、全流程的生态体系，充分发掘金融科技的爆发力，将业务发展带入快车道，实现跨越式发展。

重新定义风险管理。随着业务线上化和技术深度应用，金融风险更加隐蔽、波动性更大、传染性更强，模型错误、网络攻击等技术性风险日益凸显，这对商业银行风险管理的智能化水平要求越来越高。风险管理能力决定着信用卡业务发展的边界，是信用卡业务的核心竞争力。一方面，要积极探索基于大数据挖掘的风控应用。风险控制的核心是，通过机器学习和数据挖掘技术进行人工智能分析，为风险防控系统练就“火眼金睛”，识别隐藏在海量交易中涉及违规和欺诈的资金交易。另一方面，从产品的多个维度加强交易的事前、事中和事后控制，重点提高交易的事前和事中风险阻断能力。同时，通过快速迭代风险管理系统、数据应用能力、规则设计方案，打造强大高效的风险管理体系，筑牢信用卡发展的安全屏障。

建立敏捷组织。为了适应客户的变化，信用卡业务必须建立一种运营模式，使其以高效的方式进行跨渠道的产品和服务交付，并跟上快速更新的客户需求和快速迭代的创新技术。这就要求组织的敏捷化，通过把原有机构人力资源重新配置，赋予敏捷组织更多的自由裁量权和资源支配权，减少组织的中间环节，改变决策和信息的反馈方式，从而以全新的方式思考客户体验，加快需求响应速度，才能在激烈的市场竞争中立于不败之地。

作者：薛亚芹　中国农业银行信用卡中心总裁

第二节　信用卡风险管理现状及趋势展望

信用卡行业经过十多年快速发展，在消费市场、互联技术、政策制度日趋成熟的情况下，业务规模在持续增长，市场影响力也在不断增强。

新技术革新、新业态开启了信用卡产业转型发展的新阶段，面对当前技术进步、支付创新与移动互联带来的新机遇，信用卡行业正由传统的粗放式经营向精细化管理转型。与此同时，宏观经济下行、欺诈形势加剧、业务模式转型，为信用卡业务发展带来全新挑战。为保障信用卡行业的持续健康发展，风险管理肩负着重大使命，任重道远。

一、信用卡风险管理现状及主要成果

从主要指标表现来看：

一是行业市场规模持续增长，以信用卡为载体的消费金融成为促进消费发展的核心动力。中国人民银行《2018 年支付体系运行总体情况》报告显示：截至 2018 年底，信用卡和借贷合一卡在用发卡数量共计为 6.86 亿张，同比增长了 16.73%；人均持卡 0.49 张，同比增长 16.11%；2018 年全年信用卡消费交易额为 32.42 万亿元，同比增长了 34%。截至 2018 年底，银行卡[①]授信总额为 15.40 万亿元，同比增长了 23.40%；银行卡应偿信贷余额为 6.85 万亿元，同比增长了 23.33%。

二是信用风险水平总体可控，风险暴露有所加快。从成熟信用卡市场来看，美国信用卡行业在非金融危机时期信用损失率在 4% ~6%，金融危机期间则超过 6%，我国信用卡资产质量持续保持平稳较好水平，风险水平总体可控。截至 2018 年底，我国信用卡不良率为 1.68%，且连续 5 年保持

① 银行卡授信总额为信用卡和借贷合一卡的授信总额之和。

在 2% 以下的较低水平。同时也应看到，受宏观经济下行、去产能、去杠杆、互联网金融“风险溢出”等因素影响，信用卡行业风险暴露加快，2018 年全国信用卡业务累计核销 862 亿元，通过资产证券化处置不良贷款 349 亿元①，还原核销和证券化后不良率将上升 1.7 个百分点，达到 3.38%，信用风险上升趋势需引起高度重视。

三是欺诈风险远低于全球水平，各类风险形态交织融合。2018 年第三季度，我国信用卡欺诈损失率万分之 0.07②，连续 6 年持续低于全球及亚太地区水平，我国信用卡欺诈风险水平整体稳定可控。与此同时，在移动互联网时代背景下，支付产业与电子商务、信息技术、数据服务等行业不断融合，电子化、智能化、综合化、场景化程度不断提高，风险形态也随之发生深刻变化，呈现隐蔽性、传染性、交叉性等新特点、新趋势。一方面，随着国内关闭境内芯片复合卡降级交易、全球芯片卡迁移进程不断深化，传统欺诈风险得到有效控制，但呈现跨境、跨网络的风险特征。另一方面，创新支付存在诸多风险隐患，不法分子借助大数据、互联网等主流前沿技术，从线下实体向线上网络渠道转移，从撒网式向精准化转变，欺诈行为更为隐蔽，欺诈成本更加低廉，欺诈规模更加扩大。此外，虚假资料申请、电信诈骗、薅羊毛等持卡人主动或被动参与的第一方欺诈风险快速上升，欺诈、信用、合规等多种风险形态相互交织融合，威胁信用卡产业健康发展。

从主要发展成果来看：

一是监管体系日趋完善。我国信用卡行业从萌芽期步入成长期，随着信用卡发卡量持续快速增长，信用卡逐渐走进千家万户，成为人们重要的支付工具，监管部门对行业发展的关注度也持续提升，监管法律法规逐步完善，多方规范信用卡行业的合力日渐形成。近年来，监管部门围绕规范发展消费信贷、深化整治银行业市场乱象、推进第三方支付机构规范发展等方面先后出台多项政策措施，2018 年，银保监会印发《关于进一步做好信贷工作提升服务实体经济质效的通知》，鼓励消费金融创新，提升金融对促进消费的支持作用；人民银行发布《关于进一步加强征信信息安全管理的通知》《关于支付机构客户备付金全部集中缴存有关事宜的通知》等，加

① 数据来源为 2018 年第四季度在银监会集中办公时各家银行交换数据。

② 数据来源为中国银联《2018 年第三季度中国银行卡欺诈风险报告》。

强征信信息安全管理、规范支付市场秩序；百行征信作为首个市场化个人征信机构获批建立，满足了互联网金融快速发展下的信息共享需求，进一步完善了信用基础设施建设。

二是风控机制日益成熟。信用卡风险管理机制伴随着行业的发展不断趋于成熟。管理理念方面，发卡机构的风险管理从侧重风险防控到注重风险与收益平衡，风险管理责任落实到全机构和业务全流程，通过设置统一风险偏好，将风险管理与业务营销相结合，在经营中兼顾利润创造与风险控制。管理模式方面，发卡机构逐步探索优化适应信贷规律和互联网金融发展趋势的组织架构，近年来，部分银行已从分散化作业模式向集中征信审批模式转型，进一步统一风险偏好、提升管理效率。互联互通方面，发卡机构之间逐步建立了风险信息共享机制，通过人民银行征信系统、中国银联风险信息系统等共享数据信息，从原先相对封闭的风险管理转向互利共赢的风险管理合作，有效降低了行业的总体风险水平。

三是支付格局更加多元。随着收单机构、清算机构、征信机构等逐步开放，产业多元化发展提速。网联正式开展清算业务以来，非金融支付机构加快终止直连银行业务模式，跨机构清算业务向具有合法资质的清算平台平稳迁移。与此同时，支付市场逐步开放，美国运通境内合资公司“连通公司”已获准加入人民币清算网络，万事达为第一股东的“万事网联”公司、VISA 国际组织亦在积极申请入网。随着互联网企业的加入，非金融支付机构打破了传统的银行收单的垄断地位，凭借其对支付场景及商户服务的精准切入成为支付产业中的重要成员。随着手机厂商、移动运营商、支付服务提供商等参与方的加入，支付主体更为多元化，呈现百花齐放、百家争鸣的蓬勃业态，支付规模快速增长，支付工具创新多样，消费金融场景的全面深入。从扫码支付、闪付、刷脸支付乃至虹膜支付，信用卡已从卡基支付升级到账基支付，并围绕人民群众的“衣食住行游娱购”各项需求，不断拓展各类便民场景，给消费者带来全生态、广覆盖的支付体验。

四是技术工具广泛应用。信用卡行业的风险管理经历了定性管理、初步量化管理到智能化管理三个阶段。行业发展初期，并未大范围使用系统和计量工具，贷前、贷中和贷后管理大多通过简单模型与人工管控。行业快速发展期，在规模高增长、风险多样化、人力成本上升等背景下，发卡机构初步建立以申请评分、行为评分、催收评分等模型为基础的智能化工具，应用自动化处理系统，形成定量与定性分析相结合的业务模式。近年来，突飞猛进的金融科技改变了传统金融服务模式，人工智能、云计算、大数据等技术为建立大数据决策引擎、实时决策平台、智能催收系统等奠定了基础，设备指纹、关系图谱、神经网络模型等金融科技不断被应用于信用卡的身份识别、交易验证及反欺诈领域，发卡机构的风险管控效率和精准度大幅提升，风险管理正向智能化阶段大步迈进。

二、信用卡风险管理存在的主要问题

一是经济波动的应对能力有待提升。信用卡行业具有明显的经济周期性，与宏观经济联系紧密。近十年的行业扩张期恰逢中国经济高增长，充分享受了 GDP 高增长与消费市场扩张的红利，而应对经济周期、市场波动、政策变化的经验尚不丰富。在当前复杂多变的经济形势下，我国居民杠杆率增长较快，由于信用卡具有客群分散、涉及行业多、客户量大等特点，在防范外部风险的交叉感染方面要求更高。随着供给侧结构性改革的持续，低附加值、低效的传统过剩产业面临退出，非银信贷机构清理压缩带来的挤出效应和传染性风险将进一步加剧，多头借贷所形成的共债风险等隐患将继续暴露蔓延。未来几年将是信用卡风险管控的攻坚期，发卡机构如何提升对宏观经济、金融市场波动的提前预判与应对能力，将是保障业务实现长远可持续发展的关键。

二是外部欺诈的防范能力有待加强。随着移动互联网发展和金融技术革新，以金融支付场景为依托，衍生出花样繁多的欺诈类型，并渗透到各个金融领域和各个业务环节，欺诈形态和对象较以往有很大的扩展和变化。一方面，信用卡欺诈风险日趋集团化、科技化、产业化，并借助互联网渠道在支付链条上下游快速传递，无论是信息泄露还是虚假伪冒，均已通过一点入侵，对全产业链形成波及。另一方面，信用卡欺诈风险类型也发生了显著变化，伪卡盗刷等传统欺诈风险下降，骗贷、薅羊毛等第一方欺诈风险快速上升，并且风险随着移动金融业务的发展向线上渠道聚集，欺诈手段随之演变为技术攻击和数据攻击，新的欺诈方式更加智能、隐蔽，增加了信用卡风险防控的变数，要求发卡机构在传统监控系统中不断研发新模型，提升识别和监控能力。

三是业务创新的风控能力有待强化。以大数据、云计算、移动互联、人工智能和区块链为代表的金融科技发展变革形成一股无法逆转的潮流。在这场变革中，信用卡以其作为支付工具的基本功能及“先消费后还款”

的消费信贷天然属性，无可争议地成了转型先锋。一方面，面对互联网企业的竞争，发卡机构必须在产品、服务、风控等方面全面创新，从“体验”和“场景”上拉近客户理想与现实的差距，形成新的核心竞争力。另一方面，随着信用卡线上获客占比快速提高，传统的风控模型和防控手段已不能满足线上业务发展要求，数据驱动和技术驱动将成为银行风控能力提升的核心，针对线上客户的风险识别、客户画像、交易管理、风险处置能力等都有待进一步挖掘和提升。

四是合规经营的管理能力有待提升。近两年监管部门密集开展乱象整治行动，核心是推动金融行业回归本源、聚集主业、脱虚向实、规范发展。信用卡领域同样面临严峻的风险监管形势。一方面，随着供给侧结构性改革进一步深化，金融杠杆持续降低，信贷投放将更加科学均衡，部分资金需求不能得到充分满足的企业或个人，转而利用信用卡、消费贷款等从银行套取资金，集中归集至企业经营、投资甚至非法集资等领域，成为潜在风险隐患。另一方面，在经济增速放缓和结构调整背景下，个人或企业的偿债能力和意愿下降，资产劣变速度加快，潜在信用风险上升较快。此外，当前居民家庭杠杆率升高，家庭债务风险上升，在消费信贷市场竞争白热化背景下，部分机构的多头授信、过度授信一定程度上助长了居民消费朝不合理方向转变，进一步稳住居民部门杠杆、满足合理消费需求将成为行业监管导向。随着互联网金融风险专项整治工作进入深水区，外部金融风险逐步释放，信用卡作为服务于居民消费的金融工具和载体，应提前筑牢堤坝，守住底线，防止风险跨界传染和蔓延。

三、未来信用卡风险管理的三大趋势

趋势一：管理目标科学化，注重风险管控与价值创造。良好的风险管理水平是保障信用卡业务持续健康发展的前提。伴随行业发展的进一步深化，风险管理理念和目标也需要与时俱进。基于净盈利导向的风险经营管理是发卡机构未来应对外部压力、提高经营效益的重要手段。

信用卡经营本身就有风险。从国际大型发卡机构经验看，风险管理不单纯是控制风险规模和不良水平，更是从机会成本与收益角度考虑，在风险与收益之间不断寻找最佳平衡。经营风险的关键是做好风险选择和管控，不重视风险管控，发卡机构将会时时面临不虞之患；只盯着风险管控、一味规避风险，发卡机构将会丧失发展活力和市场竞争能力。因此，科学精准地主动选择风险，以提升风险调整后的盈利水平为管理目标，将是赢得和稳固信用卡经营基础的必然趋势。尤其是在经济下行周期下，“二八法则”等历史经验已被打破，仅定位于中高端客群已无法支持消费市场的可持续发展，长尾的规模效应不断显现，在此背景下，信用卡客户偏好需要重新定位，客户结构的年轻化、客群成长性的培养成为市场选择的重点。

趋势二：管理体系全面化，实施全流程风险管理。巴塞尔新资本协议推动现代商业银行实施全面风险管理。从国际先进发卡机构经验看，信用卡风险贯穿于信用卡全流程、生命周期的各个阶段，基于流程银行管理模式，有针对性地制定各环节的风险管理策略符合业务发展要求。

未来信用卡市场发展环境更加复杂化，借鉴流程银行管理理念，实施全面风险管理是一大趋势。流程银行的建立从根本上是将风险管理通过流程这条主线联结起来，将原来分散化、弱相关、不易辨识的、用于量化考核和改进的关键风险点通过流程合理联结起来，使信用卡业务流程的风险管理成为一个反应及时、动态敏捷的闭环。同时，风险管理需要与相关业务策略进一步结合，覆盖客户获取、客户准入、客户经营、客户维护、客户退出的全生命周期，使风险管理要求体现在每个业务环节，发现的问题和风险隐患能够得到及时反馈，及时修正经营管理行为。

趋势三：管理工具多样化，运用大数据及新技术甄别风险。随着信息网络化发展、IT 技术进步、征信体系不断完善，发卡机构在获取内外部信息的能力、掌握信息的广度和深度、处理信息的技术和方法等方面都有了质的提升，尤其是近年来基于大数据逻辑的风险控制方法快速发展，原先困扰发卡机构的信息不对称问题得到明显缓解，以大数据、人工智能、区块链等为主的科技力量为识别管理风险提供了科学基础。

信用卡业务具有天然技术基因，顺应金融科技蓬勃发展潮流，应用大数据和创新技术实现风险智能决策成为趋势。各家发卡机构正加大对于创新科技的研发，建立实时响应的风险策略平台，积极探索大数据、人工智能、区块链、人脸识别、声纹识别等新技术应用，全面增强风险管理的前瞻性与有效性，实现智慧授信、智慧监控、智能催收。

四、新形势下信用卡风控对策

一是促进公平监管，营造良好环境。当前消费信贷市场主体日益多元化，包括银行业金融机构、持牌消费金融公司、小贷公司、资金中介等，产品日益多元化、创新化，但行业统一监管机制尚未建立，对网络小贷公司、银行业金融机构的监管规则并不一致，互联网金融领域的风险隐患也不断积累，包括过度借贷、暴力催收、违规经营、风控模式简单粗放等，加剧风险扩散和交叉传导。为保障消费者权益，营造公平的竞争环境，需要进一步改革监管模式，推动地方金融监管部门与银保监会等中央金融监管部门的协调监管，强化互联网金融平台的准入、退出机制和运行规范，加强非金融机构的信贷信息披露，进一步规范金融市场秩序，为行业有序发展创造良好的市场环境。

二是强化合规意识，加强行业自律。从发卡机构角度看，监管规则与风险经营的内在逻辑是一致的，要时刻保持风险意识与合规意识，强化科学、合理的业务发展和经营策略，摒弃粗放式营销发卡，对有正常消费需求的客户精准营销，不能为追求规模而降低客户准入门槛；要加强综合授信管理，严格落实“刚性扣减”监管要求；要主动管控持有多张信用卡的客户相关风险，清理长期不用卡，着力减少未激活和睡眠卡数量；要加强交易用途真实性管理，防范中介代办、虚假交易等风险；依法依规开展催收工作，切实保障消费者权益，以优质的发卡质量和合规经营能力为业务长远可持续发展夯实基础。

三是创新管理工具，有效管控风险。经济扩张期，发卡机构跑马圈地抢占市场，经济下行期，前期快速膨胀的信贷资产风险开始释放，信用卡行业风险将持续暴露。为进一步维护信用卡市场健康发展的良好态势，发卡机构高度重视信用卡债务风险苗头，创新风险管理工具，及时采取有效预防措施，防止发生系统性债务风险，要密切跟踪居民杠杆率水平，设定合理的信用卡授信/收入倍数，探索建立涵盖个人消费贷款的收入偿债比例管理机制，遏制信用卡不良上升势头；主动跟踪宏观经济波动，建立行业风险预警机制，及时调整风险行业客户准入标准，主动选择风险可控的客户；加强客户交易行为监控，及时发现异常情况，应用大数据分析提升风险识别效率和准确率，有效预警风险，降低风险敞口；采取灵活多样的不良资产处置手段，通过批量转让不良贷款、打包出售资产收益权等方式，提高不良贷款的处置规模和效率。

四是主动经营风险，实现价值创造。银行的风险管理不应该是业务的绊脚石，而是精细化业务经营管理的基石，甚至是银行利润增长和品牌溢价的核心，信用卡风险管理需要从被动控制风险向主动经营风险转变，从传统的标准化服务向个性化、智能化服务转型，创新数据处理方式，满足客户个性化需求，运用大数据分析进行风险识别与定价管理，主动承担风险并获取风险溢价，在守住风险底线的前提下，有效平衡风险成本、资本成本、资金成本和运营成本，不断提升风险调整后的业务盈利水平，实现风险管理的价值创造。

五是加强联防联控，促进产业健康发展。支付市场是一个竞合市场，而欺诈风险是全行业共同面对的挑战建立跨产业合作，打造全方位、立体的行业风险防控体系是大势所趋。包括重视持续上升的第一方欺诈及黑产渗透风险，将虚假申请、黑中介、骗贷、商户合谋、薅羊毛等风险纳入银行卡欺诈风险管理范畴。建立覆盖银行、非金机构的行业性风险信息共享机制和平台，对包括商户黑名单、黑中介、合谋、骗贷、薅羊毛等风险信息进行共享交流，加大行业制裁。建立与上下游产业链的信息交互和联动合作，与工信部门、司法部门建立产业合作，建立覆盖金融支付行业、金融科技行业、通信行业、行政监管、司法保护、公民意识、社会征信等全社会多层面多层级的风险管理生态体系，加大银行卡黑产打击力度，共同构建的银行卡产业健康发展生态圈。

作者：魏春旗　中国建设银行信用卡中心总经理、建行大学上海金融创新学院（上海国际金融学院）院长

第三节　AI + 信用卡，迈进智慧金融新时代

伴随着第四次工业革命，人工智能凭借其强大的赋能性对金融全价值链产生了深刻影响。信用卡行业顺势而动，积极推进人工智能技术发展，做强技术基础，做优业务应用，正稳步迈进智慧金融新时代。

一、人工智能的新发展引领信用卡行业变革

人工智能（Artificial Intelligence，AI），在 1956 年夏美国达特茅斯学院举办的“侃谈会”上被首次提出，被定义为“以人类智能相似的方式做出反应的智能机器”。人工智能自诞生至今，历经以智能计算为标志的第一次浪潮和以专家系统、知识工程为标志的第二次浪潮，并随着硬件、软件、网络、成本等方面的突破而不断进化。

如今，得益于移动互联网、超级计算、脑科学等相关技术的突飞猛进，人工智能迎来以大数据分析和机器学习为标志的第三次浪潮，深度学习、知识图谱、自然语言处理、计算机视觉等新兴成果呈现人机交互、跨界融合、自主操控等特征，被广泛应用于生产生活的各个领域，为经济增长和社会进步的新旧动能转换培育了强劲引擎，“AI + X”也已渗透至金融行业的各个领域。对信用卡业务而言，人工智能技术构建智慧营销体系，打造智慧运营平台，增益智慧风控能力，创新智慧系统应用，影响深远。

（一）“千人千面”——构建智慧营销体系

为全面了解客户特征及需求，信用卡行业抓取海量、实时和完整的客户交易行为基础数据，以客户为唯一 ID 整理为统一信息网格，不断丰富和完善客户 360°标签体系，并通过机器学习的自感应和自决策功能智能诊断客户“痛点”，实现对用户特征的精准刻画及深度挖掘。招商银行上线“微消息进化论”项目，能利用机器学习模型预测客户潜在需求，确定每个客

户最适合的产品。

与此同时，开发从新客获取、存量经营到流失挽回的营销模型，指导线上外呼团队与线下营销团队提供 O2O 型场景化、个性化、精准化的信用卡服务，实现了业务产能的亿级增收。万事达卡收购分析软件公司 APT，以实现对各信用卡产品定价、营销及促销计划的智能测算与调整，提高盈利能力。平安银行利用客户分群模型、钱包份额模型及财富度预估模型，筛选了超高/中高消费、高潜力客群进行专项促动。

（二）“云端大脑”——打造智慧运营平台

面向消费金融大发展的黄金时代，信用卡行业积极利用 AI 技术推动管理模式创新，打磨精细化的管理体系，为业务发展注入新动能。

客户服务领域，一方面智能会话系统赋能在线客服。智能会话系统具有自然语言处理、语义分析和理解、知识构建和自学习能力，能够通过文本、语音、多媒体等方式与客户开展交流，被广泛应用于信用卡 APP 的银客交流渠道。光大银行阳光惠生活 APP 上线在线客服功能，由智能对话服务类机器人为分期、现金、催收、发卡等信用卡获客创收业务搭建营销服务场景。另一方面智能 IVR 赋能热线客服。智能 IVR 透过智能语音导航、智能语音外呼、声纹认证等功能，催生了具有预处理音频数据、自动搜寻知识点、自动匹配最优方案等功能的智能语音交互机器人，以“人机协作”方式提升服务效率，减少人力依赖。工商银行不断扩充“工小智”机器人的应用场景，辅助人工坐席精准推送服务权益信息、收集客户意愿、解答客户问题。

业务管理领域，得益于云计算与大数据技术的广泛应用，信用卡行业打通渠道、客户、作业等领域的数据孤岛，建立了统一的报表平台，助力业务数据可视化展现。这不仅替代了大量简单、重复度高的数据统计工作，而且为各渠道、各业务条线提供不同层级的“管理驾驶舱”，实现“认证—报表—监控”的全生命周期 AI 辅助决策，管理者能实时监控企业运营状态，提高管理水平。

（三）“强势升级”——增益智慧风控能力

在复杂的经济形势下，信用卡行业运用智能风控技术对消费信贷的关键业务节点进行管控，构筑起贯穿“贷前—贷中—贷后”的风险管理机制。工商银行、交通银行和招商银行等以大数据建模技术为抓手，开发新算法和新系统，构建信用卡业务的智能化风险管控体系。

一是结合行内客户交易、资信数据源及人民银行、公安、工商、社保等外部数据库，推进信用风险统一视图建设。并利用人脸识别、指纹（声纹）识别等智能化生物识别技术确认用户身份，在信用审核环节前移风控。

二是搭建风险预警平台，推动多模型库和算法库的构建，侦测资产业务之间的关联，利用多维度、多特征的数据预示和反映出用户欺诈的意愿和倾向，及时发现问题并发出预警。

三是扩展智能语音、智能标签、智能质检、智能监控的运用范围，探索“自动外拨 + 智能语音交互机器人 + 人工辅助”的技术密集型催收手段，巩固化解不良资产的终极防线。

（四）“鼓荡劲风”——创新智慧系统架构

物联网、云计算等技术的快速迭代，促动信用卡行业的传统系统架构更好地融入 2C 端的服务与应用中，由“集中式”向“智慧化”转型，最大限度地满足群体性需求，激发、创造新需求和新商业模式。

在前台层面，建立最佳客户体验的银行“超级 APP”，能统一支持手机银行、信用卡、理财等多种业务在移动端办理。在中台层面，打造以各类生物识别技术为支撑的智能化客户体验平台；组建以客户中心、产品中心、资产中心等为主体，提供“前店后厂”快速敏捷业务工厂能力的业务平台；优化以客户画像、智能营销、智能风控、智能客服等为依托的智能化数据应用平台；提供具备企业端、商户端、开发者开放合作能力，能与第三方机构进行联合数字化运营的开放平台。在后台层面，通过微服务、云计算等技术构建分布式的数字银行基础平台，实现架构层面的高容错、高性能、高扩展。

二、人工智能在交行信用卡中心得到广泛深入的应用

近年来，交通银行信用卡中心在人工智能技术在金融领域的应用积极展开探索实践，已逐步建立了智能知识管理平台、大数据平台、机器学习平台、私有云平台四大自有支撑平台以及“智慧运营”“智慧决策支撑”“智慧运维及安全防控”三大智能应用体系，在辅助决策、降本增效、精准营销、优化体验等方面均呈现巨大的发展潜力。

（一）以大数据、机器学习为核心，形成主动精准的营销系统

交行信用卡中心自主研发了基于大数据分布式存储、流计算开源框架

的大数据平台，对 PB 级的应用日志、业务数据、多媒体数据进行集中分析，结合采用业内领先的机器学习平台，为业务快速有效地决策提供了有力支撑。以好享贷业务为例，通过大数据筛选使用好享贷产品意愿较高的客户，好享贷营销效果提升了近 50%，年均提升分期手续费约 10 亿元；又以在买单吧 APP 新上线的消费金融智能决策引擎为例，通过机器学习向客户智能推荐最合适的消费信贷产品，有效提升客户消费信贷自助签约率近 10%。信用卡中心基于大数据平台累计开发客户标签 1 000 多个，在客服外呼、买单吧 APP、市场营销等多维度领域开展应用，有效识别客户诉求、区别客户偏好，主动为客户提供服务，实现精准化营销。

（二）以知识管理、智能问答为抓手，打造人机协作的运营平台

交行信用卡中心积极探索生物识别、自然语言处理（NLP）、机器学习等人工智能技术在信用卡各个业务领域的实际应用。依托自主研发的智能知识管理平台，在传统的按键菜单 IVR 的基础上，引入智能机器人技术，提供智能问答服务，形成了以智能语音虚拟坐席、人机协作、主动外呼服务为核心的智能化客户服务体系。并通过"人机协作"创新智能服务模式，在人机交互过程中智能辅助专家针对机器人置信度较低的问题进行实时介入解答，使智能机器人的问题解决率提升了 20 个百分点。同时，通过事中人工干预及标注纠偏，实时完成了针对机器人的训练，改变了以往针对机器人的定期批量训练模式，有效地提升了机器人的知识训练效率及更新迭代速度，成功实现了从 AI（人工智能）到 IA（智能增强）的跨越。目前，智能机器人每日访问量达到 4. 5 万人次，分流客服人工来电的 13%。

（三）以决策引擎、关系图谱为突破，筑牢安全稳固的风控体系

交行信用卡中心推广关键 AI 技术的场景应用，有序推进智慧风控领域的顶层设计：一方面整合内外用户信息资源，在搭建风险数据集市和监测报表的基础上，自主研发"灵睛"智能风控平台，于消费预测模型中嵌入新一代决策引擎，实现消费信贷授信业务自动化和智能化，提高优质客户甄别能力；另一方面以申请反欺诈监控系统和 FALCON 系统上线为切入点，形成可视化的客户画像和调查档案，搭建以关系图谱为底层支撑的"鹰眼"申请反欺诈智能防控平台，应用流计算等技术持续优化交易欺诈策略，靶向甄别欺诈风险点，减少欺诈案件发生。

（四）以微服务、私有云为基础，构建高效可用的系统环境

交行信用卡中心自主研发的Touda微服务私有云平台具有高可用、高性能、弹性可伸缩和多中心分布式部署等特点，有效支撑了互联网业务短时业务流量高峰等场景下的应用处理资源“瓶颈”。目前已在互联网渠道、移动支付等系统上推广应用。根据现有数据统计，Touda私有云平台上已部署的信息系统可用性达到了99.99%，其中Touda－Stream流计算平台，每日处理5亿多条流水，实现指标实时加工和秒级告警；Touda－Onesight可视化平台，支持大数据多维度实时展现，辅助业务快速决策。

三、推进信用卡行业迈进智慧金融新时代

面对人工智能新浪潮和客户需求新变化，信用卡行业迫切需要加快金融科技布局，充分激发AI在场景拓展、客户维护、新技术试用等方面的优势，下好先手棋，打好主动仗。

（一）“提领而顿，百毛皆顺”：构建人工智能总体方略

人工智能涉及众多领域，推进人工智能为业务“赋能”是一个复杂的系统工程，涉及范围广，触动利益深。建议相关协会组织牵头成立人工智能委员会，将新一代人工智能技术在信用卡行业的产业化和集成应用作为重点，为AI发展提供顶层设计。

首先，搭建研修平台。组织会员银行，跟踪与AI相关的行业热点与技术突破，定期编制AI发展报告，开展AI知识培训，为将AI技术嵌入信用卡业务的各环节做好理论储备与政策指引；其次，搭建沟通平台。预判AI应用深化中需要解决的“AI布局与信用卡产业架构调整”“AI创新与信用卡产业机制创新”等行业共性问题，加强与有关政府部门、监管部门的沟通联系，推动AI产业规范发展，维护行业权益；最后，搭建服务平台。定期收集、反馈会员单位在发展AI过程中的业务诉求，向成员单位发布关于AI案件的风险提示，代表行业与外部科技单位、产业联盟进行接洽等。

（二）“举孤者难起，众行者易驱”：联创人工智能合作生态

建立协调联动的科技研发机制，凝聚人工智能发展新合力。信用卡行业可一方面积累和建设行业层级的人工智能数据集，促进大数据的有序聚合和合理利用，研究在有效利用大数据的同时保证数据安全和用户隐私的

技术、流程与规范；另一方面吸引高校、金融科技公司、互联网公司、科技创新企业等产学研各方，探索“联合实验室”等多种合作模式，围绕智能感知、智能认知、智能决策等共性关键技术联合攻关，并扩展即有研究成果的外部应用场景，完成前沿科研成果向商业应用的转化，提升行业资源配置效率，高效响应客户和社会需求。

（三）“远见于未萌，避危于无形”：出台人工智能行业规范

探讨有序发展人工智能的路径，建立规范、合力、健康、可持续发展的人工智能产业生态。一是统一 AI 产品的设计标准。可尝试规范人工智能信用卡领域的技术、格式、接口、服务的标准化，避免行业内的无序竞争和资源浪费，提高人工智能在更大范围内的普及程度。二是建立健全监管机制。建立和完善多重安全风险防范机制与行业自律机制，加强对人工智能技术新产品设计环节、验收试用环节和投入市场环节的监督管理工作，保证智能技术的发展不会危及信用卡领域的金融安全。三是警惕“反 AI”恶性作用。密切关注不法分子利用现有人工智能技术应用中机器深度学习不够及“算法黑箱”难以回溯等缺陷，泛滥新的科技化金融欺诈行为（如通过某种算法骗过人脸识别技术），建立行业“反人工智能”的恶性事例互通机制，加快针对性风控模型开发和迭代速度，进行有效布控。

作者：王卫东　交通银行信用卡中心总裁

第四节　数字引领　开放共生：信用卡产业由大到强、活力迸发

一直以来，信用卡行业与民生消费领域息息相关，已成为居民日常生活中的重要组成部分。近年来，随着金融科技的蓬勃发展，大数据、AI 等前沿技术与传统金融业务深度融合，加快了信用卡数字化进程，给产业发展注入了新的活力。截至 2018 年底，我国信用卡和借贷合一卡在用发卡数量共计 6.86 亿张，同比增长 16.73%，全国人均持有信用卡 0.49 张，同比增长 16.11%①。我国信用卡产业正迎来加速发展的黄金时期，进入由大到强、活力迸发的快车道。

一、信用卡产业数字化转型方兴未艾

数字化时代，数据是重要生产力，各行各业不断拓宽数字技术的应用范围，重塑自身的核心竞争力。随着数字化转型的推进，信用卡产业传统的获客方式、服务模式、风控技术、运营体系也发生了深刻变化，成为零售银行数字化转型与创新的先锋。

（一）信用卡产业具有数字化基因

信用卡具有金融和数字双重属性。不同于传统金融业务，作为信用交易的互动媒介和电子化载体，信用卡在金融领域收集数据、运用数据的时间最早，对数据的敏感与依赖与生俱来，它实时记录着包括持有者的经济和消费行为踪迹在内的大量信息，是一项伴随着技术发展而发展的电子金融业务，可以说，信用卡天生具备与数字化和互联网等新技术结合的能力。

信用卡产业借由规模效应与集中经营模式双轮驱动，数字化经营体系

① 人民银行：《2018 年第四季度支付体系运行总体情况》。

得到锻造并日趋成熟。信用卡客户基数庞大，连接多样消费场景、在交易过程中沉淀海量数据，可以深度应用于客户经营、风险防控、运营管理等领域。同时，相较传统金融业务，信用卡产业市场化程度较高，服务场景更丰富，关联行业众多、延伸性更强，也拥有更多的创新机会，中国信用卡产业一直以来创新迭出。

（二）数字化时代赋予产业发展新动能

数字化时代，客户需求已发生改变，对于金融服务的期望和要求日益提升。信用卡业务模式与金融科技的不断融合，使经营思路更加开阔，信用卡产业进一步迸发创新活力。比如，深度链接、嵌入各类消费场景的流量入口；在客户体验、内部运营等方面也更加个性化、智能化。

更重要的是，在新技术手段的支持下，信用卡自有渠道的服务“围墙”被逐步穿透，边界变得越来越模糊，内外部互动也更加直接，信用卡产业价值链从简单、线性结构逐渐进化为开放的生态网络，金融与非金融的跨界业态合作将碰撞出更多的创新火花。

二、中信信用卡的数字化战略实践

数字化转型给信用卡产业管理创新、业务创新、模式创新等带来前所未有的灵感。中信信用卡顺应产业发展趋势，抢抓战略机遇，以“科技+数据+业务+组织”深入实践数字化转型，探索实施了一系列具有成效的创新举措。

（一）基于场景的智能化金融服务

任何“智能”的发展都离不开持续深度的学习，而学习的“教材”正是不断丰富的大数据。中信信用卡依托大数据，深入细分场景，推动智能化在客户管理、营销、服务等领域的应用。

在客户管理方面，利用大数据技术，对海量客户信息进行深度挖掘，形成覆盖基本属性、资产特征、交易特征、营销信息等八大主题的客户 360 度标签体系，构建基于分布式计算，具备自学习、自优化的客户生命周期精细化经营体系，针对客户获取、经营、挽留等不同阶段，建立了 70 多个数据模型，有效提升了信用卡对客户分层分群的经营管理能力，客户收入、价值贡献增长显著。

智慧营销领域，利用机器智能技术和大数据工具，实施精准营销与智慧推荐，实现了对信用卡发卡、消费金融、中间业务等多种经营活动营销投放的全流程数据化管理。例如，在消费金融类产品领域，自主研发“营销触点与客户体验管理系统”，通过大数据工具建模和机器自学习技术，使客户模型和评分规则不断迭代优化，带来了经营收益、客户体验的双提升，荣获了中国人民银行直属金融电子化公司、深圳市金融办等机构评选的重要奖项。

智能客服方面，通过客户研究和数据分析，结合服务流程及场景应用，引入生物识别、自然语言理解、深度学习、知识图谱等新技术，推动客服系统的智能化升级。例如，在业内首推深度学习机器人，根据客户需求，在全量知识体系下快速输出最佳服务策略，问题解决率显著提升；应用生物识别技术，实现了在线客服人脸识别核身，为客户打造了“秒级”核身极致体验；智能360标签平台，实现了客户需求预判和服务资源精准适配。

（二）基于效能的数字化管理创新

中信信用卡通过“智慧风控”“精益管理”项目的实施，夯实风控决策能力，提升内部管理综合效能，对整体业务的支撑更加有力。

在智慧风控方面，充分利用人机交互、萃取专家经验，动态识别风险点，实施差异化风险策略，达到了“千人千面”的欺诈防控效果；积极丰富评价维度，探索前沿算法，通过对海量征信数据的深度挖掘与应用，提升了风险计量模型的监控效能；建立覆盖全生命周期的风险监控预警机制和多触点异常行为监控预警体系，实现了风险及时预测与有效化解，提升了信用卡的整体抗系统性风险能力。

在精益管理方面，通过“基础资源数字化、服务管理数字化、质量管理数字化、人员管理数字化”，有序推进全流程运营监控体系建设，取得重要进展。例如，建成设备资源配置地图，实现“监控主动告警、配置自动管理、智能巡检报障”；通过搭建微服务治理体系，实现对基础组件应用从性能、服务状态到API的有效管控；通过持续完善数据质量监控体系，大幅缩短了缺陷修复周期，更好地支撑场景获客与营销；构建了IT人力投入分布地图，并以此为轴心，实现了对项目成本、进度、范围、风险等全交付周期的“监、管、控”。

三、数字化浪潮下信用卡产业未来展望

数字化日益影响着一个企业的能力边界，解构并重新定义着企业中人

力、财力、物料、信息、架构等各生产要素对业务增长的价值贡献。信用卡与生俱来的支付与信贷业务、风险控制与客户服务都是数字化转型的最佳应用领域，产业数字化转型蕴含着巨大潜能。

（一）聚焦普惠金融，深化信用卡数字化转型

信用卡作为大众化的消费信贷载体，需要深入到实体经济各个部分，从而充分拉动居民消费大市场，有效释放了经济活力。新时代背景下，信用卡产业服务实体经济和社会民生的模式日趋多元，更应该大力发展普惠金融，提升信用卡服务的覆盖率、可得性、满意度，以支持实体经济发展。

在客户端，借助数字技术的深度应用和创新，提高目标客户甄别能力，将信用卡发到真正需要信用支付且信用良好的人手中，扩大普惠金融服务群体的覆盖面，进一步提升金融服务的广度和深度。

在服务端，打通多渠道数据加快创新步伐，更好地理解用户多元化金融需求，更精准的捕捉潜在消费场景，将消费、金融、教育、旅游、生活服务等民生有机融合，推出一系列普惠金融产品与服务。

在环境端，利用大数据、云计算等数字技术优化普惠金融的发展环境，提供线上线下消费便利、深入下沉区域市场、引导合作商户健康运营、健全丰富征信市场等，处理好安全与便捷的平衡关系。

（二）以用户为中心，探索增益化生态连接价值

伴随“以用户为中心”时代的来临，信用卡成为一系列经济活动的切入点、载体、渠道，服务形态更加网络化、数字化。未来，信用卡产业更需要向金融与非金融合作伙伴开放，秉持共创共赢的理念，为客户创造更多价值。

在生态圈，围绕用户生命周期切入多个场景，以金融生活化、场景化做触点，融合不同行业参与者，依托多元场景与海量数据，覆盖产业价值链各环节，为用户提供单一入口即可获取的产品与服务的综合解决方案，构建综合服务生态圈。

在平台中，积极建构平台账户、大数据等统一信息系统，吸纳第三方合作伙伴、金融产品与基础资产。打通数据信息在平台内外和前中后台的流动，通过与第三方数据、算法、业务、流程等融合共享，创造更丰富更专精的合作。

在能力上，增强平台数据生产能力、产品研发能力、大数据协同应用

能力。深耕客户，挖掘价值增益空间，找准未被满足的客户需求和冗余低效的流程，建设跨渠道、跨地域的快速响应系统，加快智能化应用落地，提升业务效率、优化客户体验。

中国市场体量庞大，居民信用观念逐步成熟，消费驱动强劲，数字科技加速普及，客观为中国信用卡产业健康发展提供了一个极具潜力的外部环境。未来是科技与数据全面赋能的时代，是一个朝气蓬勃的新时代。随着信用卡数字化转型向纵深发展，信用卡服务与组织也会更智能、更敏捷，信用卡产业必将大步迈入市场化的更高阶段，迎来更广阔的发展空间。

作者：张明　中信银行信用卡中心总裁

第五节　以科技创新助力信用卡场景金融业务发展

随着我国经济发展步入新阶段，社会消费需求和消费模式都发生了天翻地覆的变化。面对新形势，信用卡产业作为消费金融市场的主要参与者，通过科技创新，大力发展基于真实交易背景的，适应广大商户和消费者需求的场景金融业务，成功地将线上线下、集中和分散的各类资源有效整合，形成推动消费增长、促进经济发展的新型循环动力。未来，随着互联网科技和大数据应用的全面深入，大大小小的场景化金融生态圈将快速遍布全国，信用卡产业服务消费、发展普惠金融的作用也将愈加凸显。场景金融将成为信用卡产业的主要发展方向之一。

一、顺应新形势下消费模式变化，信用卡产业布局发展场景金融

（一）经济结构不断优化过程中，场景金融更能有效地支撑普惠金融的健康发展

当前，中国发展面临着复杂的局面，经济出现新的下行压力，面对新情况新变化，经济结构不断优化，消费拉动经济增长的作用进一步增强。2018 年最终消费支出对国内生产总值增长的贡献率同比上年增长 18.6%，达到 76.2%。国内消费市场整体增长的同时，消费市场出现分层：一方面，一、二线城市和经济发达地区的消费由高速增长转为适度增长，消费者需求转向更高品质的产品和更好的生活体验，消费金融市场竞争激烈；另一方面，三、四线城市和县域消费市场则涌现出旺盛的需求，成为消费金融市场新的蓝海。

面对上述变化，包括商业银行（含信用卡）、持牌消费金融公司、电商巨头、互联网平台等消费金融市场参与主体纷纷加快填补消费金融市场空白，使普惠金融覆盖率得以提升。越来越多的人群享受到了消费金融服务带来的便利。然而，在消费金融和互联网金融快速发展的同时，一部分市场主体为追求短期利益，开展不规范竞争，引发一系列利率畸高、无交易场景依托的现金贷风险事件，其“弱风控、暴力催收”的特征造成了一定的社会危害，折射出消费金融市场需求旺盛和普惠金融发展不充分、不规范之间的矛盾。相比之下，信用卡产业科学审慎面对普惠金融的市场机会与潜在风险，坚持以真实消费场景为依托，提供合规的金融服务解决方案。

（二）新兴金融科技的应用发展，为发展场景金融提供了技术条件和发展动力

移动互联网、云计算、人工智能、区块链等金融科技的快速发展和普及，不断满足新的消费需求，引导新的消费模式发展变化，也促成了新零售的迅速崛起。科技发展为信用卡业务创新发展、建设场景化金融生态圈提供了技术条件和发展动力。当前信用卡产业发展场景金融的核心竞争力主要体现在通过科技和数据驱动业务模式创新，整合信用卡的发卡、收单、特惠、用卡生态环境建设各环节，提升对客户风险和需求的洞察力，同时结合客户生命周期管理和客户经营加强全流程垂直化和标准化的综合运营管理。

在移动互联技术应用领域，信用卡产业大力创新，以线上、线下场景化获客开展新一轮“跑马圈地”，获客效率大幅提升。民生信用卡通过拓展优质渠道，布局商户网络，构建场景金融生态圈，将金融服务嵌入到消费环节，整合支付、信用卡分期和手机应用等产品，建立与客户的长期关系，获得客户持续贡献，增加高价值客户占比。同时以金融服务促商户交易，将海量商户资源构建成民生信用卡的发卡、收单、特惠、用卡的生态环境。

大数据应用方面，信用卡产业加强对存量客户的精耕细作和深度经营，围绕客户生命周期全面提升客户价值；同时在风险管理领域依托大数据分析建模，实施“贷前—贷中—贷后”一体化的风险管理，全面提升风险控制能力。通过大数据分析的应用，信用卡产业全面提升客户洞察力和风险控制能力，使场景中的快速获客和分期交易的完成成为可能。

在金融科技手段的综合运用方面，信用卡产业加大投入，借助各种创新科技手段，提升客户经营服务能力。民生信用卡“全民生活”APP 作为线上综合服务平台，正承载着越来越丰富的功能和消费场景，既包括线上申请办卡、支付、分期、查询、还款、转账、调整额度等基本功能，也包括购物、推荐亲友办卡、积分查询兑换、手机充值、购买保险、ETC 等服务功能，在场景方面，更涵盖了线上、线下“吃喝游购娱”各个领域。

二、科技驱动线上线下融合，场景金融发展即将进入快车道

随着技术应用与消费场景广泛深度结合，场景金融将从试水探索快速进入规模化发展阶段。而在征信体系持续完善的背景下，场景金融必将成为信用卡产业进入消费金融长尾客户群体的有效商业模式，解决普惠金融风险过高、收益不足的长期困局，获得长期可持续发展。未来场景金融的发展策略将主要体现在场景化获客、场景化金融服务、风险控制以及数据驱动四个方向：

（一）依托场景实施线上线下融合的获客新模式

传统的信用卡获客，无论是早期的线下模式，还是后来发展出来的与渠道方合作开展的线上模式，大多没有基于交易场景。与渠道方开展的线上获客模式，由于大的渠道客户来源复杂，风险难以控制；小的渠道流量不足，获客效果不理想，通过与无场景的流量类渠道方合作的获客模式渐渐难以支撑信用卡业务进一步发展的需要。而在场景类渠道中，银行可以通过大力开发场景商户，开展营销活动，打通场景获客、扫码分期等业务，实现线上线下的相互导流，甚至可以通过场景的裂变进一步加强引流能力。同时，基于场景的真实交易背景，又为市场端控制风险提前竖起一道屏障。

（二）加快场景化产品功能开发、渠道建设和营销推广

场景金融业务需要将消费金融服务紧密且流畅的嵌入到丰富多彩的消费场景中的不同环节，让客户体验到现场的、实时的、便捷的服务。任何环节体验的下降、服务的缺失，都可能导致全流程业务的失效。因此发展场景金融业务对信用卡产业提出了更多的挑战。既要对新形势下零售消费需求、模式和发展方向有深刻的理解和把握，能制定准确的业务发展方向，并结合市场变化不断的优化场景金融产品和业务流程设计，调整授信策略，提升风控效果和客户体验；还要能大规模布局线下渠道，联合大型品牌连锁和大型商业体，对重点商圈及平台进行全覆盖，提高品牌影响力；还要具有较强的渠道整合能力，使线上与线下渠道结合，分散型和集中型渠道

结合。

民生银行信用卡中心经过对新零售发展方向把脉，明确了以科技创新助力信用卡场景金融业务发展的基本方向，在场景金融业务领域通过产品创新突破，追求客户极致体验，结合“互联网+”、大数据、人工智能等先进技术发展应用成果，在行业内首次实现从申请到审批、激活、交易的全流程3分钟内完成。

（三）构建匹配消费场景的全面风险管理体系

建立场景化金融生态圈，要求银行风险管理部门实现能力和水平的跨越式提升。风险部门需充分利用大数据互联网征信发展带来的技术条件，统筹政策管理体系，深化市场部门和风险部门间的全流程联动，建立风险条线预警工作机制，提升全面风险管理能力。

贷前环节需制定契合场景金融业务发展需求的风险策略，配套完善的风险管理措施，完善场景内B端商户与交易的准入标准等，对于线上、线下场景均需根据渠道风险等级配套相应的策略。

贷中环节应强化风险监测体系的系统化、机制化运行，搭建风险处置平台，实现常态化的风险识别与处置工作，识别和退出套现高风险B端商户和C端客户，识别和干预高共债高杠杆客群，识别并处置深度循环等还款能力异常的高风险客户群。

贷后环节应加强早期风险预警，应用大数据模型驱动策略，提高早期预警工作的时效性与有效性。完善客户风险评级体系，并力争能将贷后数据模型结果反馈应用于贷前风险策略中。

（四）以“大数据+科技”双引擎驱动支持场景金融业务发展

面对消费需求的转变，信用卡产业发展场景金融业务需依赖于快速升级的大数据科技支撑和驱动能力。大数据和科技支撑需要由传统的、被动的、业务驱动的开发模式转变为具有前瞻性的、平台化、产品化和标准化的服务支撑模式，提高市场需求响应效率，实现科技对业务的引领。

同时，快速发展场景金融业务要求银行在大数据建设和应用方面全面提升，实现大数据智能驱动战略，夯实数据基础和平台基础，进行数据源整合，加强全面数据治理，防范数据风险。

信用卡产业作为消费金融市场最重要的参与主体，未来将继续发展普惠金融，大力推广场景金融业务，依托互联网科技、大数据应用，勇于创新，为广大小微企业主和中小商户，提供丰富的产品服务体系、健全的风险管理机制以及全面的资源整合服务，积极履行社会责任，切实发挥金融服务实体经济的作用。

作者：陈大鹏　中国民生银行信用卡中心总裁

第六节 科技赋能变革 场景决胜未来

20 世纪 80 年代中期，随着改革开放的深入，国民的消费视野在逐渐拓宽，消费需求也随之增强。在这种情况下，信用支付工具初步具备在中国诞生的市场环境。1985 年，中国开始探索信用卡业务，由于政策限制和个人信用制度的缺失，只能发行“先存后贷”产品，当时称之为“准贷记卡”。1995 年，广发银行在国内推出真正意义上的信用卡——符合国际标准的 VISA 信用卡，真正做到了先消费、后还款，推动了中国进入信用消费时代。可以说，广发信用卡是与中国信用消费同步诞生，相伴成长。自广发信用卡跨出具有划时代意义的第一步后，国内同业纷纷跟进，中国信用消费市场自此走向繁荣发展的局面。经过多年的发展，信用卡不再是高高在上的金融产品，而是放下身段，走入寻常百姓家。

当前的信用卡行业在内外部共同角力的时代背景下，正在发生着结构不断转型、产品持续创新、客户体验改善等变化，依然是消费升级不可失去的力量。未来，植根于国家经济社会环境中的信用卡产业，在新形势、新常态下，通过各方的努力，相信中国消费金融市场将进一步茁壮成长，信用卡行业也会迎来新的辉煌十年。

一、持续创新是行业发展的根本动力

如果说最近十年最大的变革，毫无疑问是移动互联网的快速发展。而由移动互联网带动起来的创新，更是将整个社会的创新氛围推向了前所未有的热度。由于移动互联网用户使用互联网的工作场景、消费场景发生了裂变，带动移动互联网实现客户群裂变。同样的事情，也发生在信用卡行业，以场景为导向的细分市场创新正在不断地激活各垂直细分市场，如时空场景、客户群活动场景等。

随着不同使用场景的细化，信用卡行业的客群将快速向深度和广度裂变，从而不同客群场景中的产品有了发展空间。其实，早在 PC 时代，广发信用卡就率先进行客群细分尝试，在 2002 年，推出国内首张女性信用卡广发真情卡，拉开信用消费行业客群细分序幕。在过去的十年，广发信用卡推出国内首套全系列白金信用卡产品，形成了完善的高端产品体系，这也是行业内首次全面细分高端市场的创新举措。同时，网购、车主、旅游、游戏、音乐、视频等客群领域的创新产品也在此期间渐次推出，真正做到了深耕细分市场，精准服务不同客群。时至近年，广发信用卡更是在行业内率先推出全新产品，针对年轻客群，推出了可自选权益和卡板的 ONE 卡，填补了信用消费行业各个专属服务领域的空白，推动信用消费市场走向更加精细化的发展之路。广发信用卡为不同层次、不同需求的客户提供专属服务，并把服务根植于信用消费的各种生活场景。2009 年广发信用卡在客群细分的基础上，推出大型客户专属活动——“广发分享日”，以银行补贴商家的形式回馈消费者，开启了信用卡主动在市场上引导、吸引消费者的新时代。这一创新体验形式很快成为各大银行争相效仿的对象，并发展成信用卡市场营销方式的主流。十年间，这种营销模式带动了零售、交通、餐饮、旅游等各行业在消费领域的百花齐放，数万家商户成为广发信用卡的合作伙伴。

移动互联网的进步不仅是带来场景裂变和客群细分，更是对信用卡行业进行了提速赋能。信用卡能够普及，能够达到今天这个市场占有率，跟互联网技术尤其是移动互联网的飞快发展可是密切相关的，移动互联网功能日益多样化，让几乎所有的金融业务都可以足不出户即可轻松办理。

以信用卡前端发卡获客来说，早期的信用卡发卡渠道主要以柜台为主，但随着信用消费观念的普及，传统渠道已无法满足客户的办卡需求。秉承着以客为先的理念，广发信用卡始终在探索更加便利、形式更多样的渠道，在移动互联网时代，广发信用卡首批打通微信渠道，以满足客户“随时随地”办卡的需求。与此同时，首创网络进件模式，首家提出将人脸识别技术用于信用卡发卡过程中的风险识别。这些行业领先的举动助力广发信用卡进入行业第一梯队。2018 年，广发信用卡革新传统发卡模式，结合先进的人脸识别风控技术、电子签名技术等，将获客、申卡、审批、激活、消费等环节一站式打通，开启信用卡发卡 3.0 时代。信用卡客户从申卡到审批再到使用该卡享受优惠，变得更加便捷，仅需数分钟。

进入移动互联网场景消费时代，很多银行的信用卡都开始形成了以手机客户端和微信公众平台为中心，基于接口开放和开发者广泛参与的新型商业模式。广发信用卡推出专属 APP“发现精彩”，围绕智能交互和生活场景为年轻客群构建开放的移动生活平台，在业内掀起了信用卡场景革命，用“无形的卡”和有形的优惠及服务获得年轻客群的青睐。

创新是信用卡行业持续发展的基因，而创新离不开信息技术的支撑，信息技术的每一次革新都推动信用卡行业向前发展。比如，大数据技术的到来，让信用卡行业清晰地认识了自己客户的模样。通过大数据的分析，可以对信用卡客户数据进行归类、分析、管理，预测客户需求。2011 年，广发信用卡引入了业内首个探针系统，开始了客群画像的新时代，提前迈进“互联网 +”时代。近几年，大数据更是成为大型互联网企业发展的战略性支撑技术，信用卡作为银行业务中互联网化速度最快的板块之一，实时决策、机器学习等建立在大数据技术之上的平台，开始被迅速运用。广发信用卡也在行业内首批上线了实时风控、实时营销等创新应用，极大地提升了信用卡的风控能力，开启实时营销新模式。

此外，与权威机构、互联网巨头、商业翘楚的多层次合作，以大数据的获取及运用整合多方资源，满足客户的个性化需求，这也是十年前行业发展的一个动因。以互联网合作为例，传统银行在资金、管理、风控等方面具有先天基础，而互联网巨头在平台、流量、大数据等方面具有后发优势。随着互联网对传统金融业的渗透，各大信用卡发卡行纷纷携手互联网巨头布局市场。多年间，广发信用卡陆续与航空、零售、交通、电商、旅游等领域的商业巨头进行战略结盟，在“互联网 +”时代又寻求与百度、腾讯、亚马逊国内外互联网巨头携手，在不同的消费领域定位消费群体，进一步挖掘客户的消费需求，为客户提供有特色的产品和个性化服务。

二、体验改善是行业壮大的保障

数字化革命的到来，社会的方方面面都在变化，其中包括消费模式、生活方式等。更重要的是，它深刻影响到了思维观念。因此，人们对金融服务的需求也在发生变化。

在过去的十年当中，银行客户服务已由过去传统的金融业务、客户营销和客户服务转变为以客户体验为核心的新模式。传统银行占据庞大的客户资源和客户资产，在市场规模、业务广泛性和系统化管理上具备先天优势，数字化为银行变革客户体验模式的诞生提供了天然的便利。十年间，客户服务不再是“以银行为中心”或“以产品为中心”，“以客户为中心”是客户体验模式转型的内核。拥抱并加入金融科技前沿是银行客户体验转型的共同选择，信用卡同业们也都已在大力投入金融科技进行客户体验升级改善。

在众多的客户体验中，客户对安全体验感知最为敏感，直接影响客户对信用卡产品的信任度。广发信用卡站在客户角度严把风控关，解决客户最担忧的欺诈及盗刷风险，被业内誉为“不怕丢不怕盗刷”的最安全信用卡。广发信用卡率先运用人工智能技术开发出实时风控—首笔反欺诈模型，将识别异常交易的速度缩短到“毫秒”，几乎在交易发生同时即判断出是否为客户本人，实现异常交易实时拦截。把风控主体从单一的银行管控发展到银行与客户两个主体同时管控是广发信用卡在风险管控的另一大创新，广发信用卡“交易开关”平台具备交易限额管理、境内无卡交易管理、港澳台交易管理、境外交易管理四大管控功能，一改银行与信用卡主客体关系，让持卡人实时操控安全“开关”。

客户对便捷体验感知最为感性，直接影响客户对信用卡产品的忠诚度。对于信用卡而言，支付是最为核心的功能。能否在使用信用卡支付的过程中感受到便捷，在过去的十年中，成为影响客户是否选择使用信用卡的不可避谈的影响因素。2012 年起，移动支付方兴未艾。作为试水移动支付的“先头部队”，各家银行的信用卡中心开始涉足手机支付领域，纷纷推出了各自特色的移动支付方案。

广发信用卡就捕捉到“手机变钱包”的发展趋势，当年即推出基于手机存储卡的支付全方案。顺应移动支付的潮流，“广发无卡付”现已集成 APPle Pay、Samsung Pay、Huawei Pay 等主流手机 PAY 方式和“云闪付”、微信支付、支付宝支付等多种移动支付方式，成功开启了手机即卡的无卡支付时代。随着越来越多的线下消费通过第三方支付进行结算，广发信用卡实施无卡第三方支付消费累计积分，使用微信支付、支付宝绑定广发信用卡消费也能获得积分。在智能穿戴方面，2016 年，广发信用卡发布“广发 G - Force 智能支付手环”，集“运动健康、移动支付、公交地铁、慈善捐步”四大功能于一体。目前，G - Force 手环已发展到二代产品，除了原有的四大功能以外，又加入了 NFC 非接感应技术，实现了共享单车、门禁系统、园区饭卡等非金融场景的应用。随着移动互联网的普及，客户在选择服务渠道上更加注重线上渠道。广发信用卡在业内首批开设微信银行，成功抢占线上客服高地，建立了线上线下立体化服务平台。在微信银行，客户可以办卡、激活、调额、还款、实时查询交易明细等，颠覆传统线下客服模式，给客户提供更加便利快捷的线上服务。

从当前整体环境来看，我国移动支付产业正处于发展利好期。政策环境优化，技术创新活跃，市场需求旺盛，呈现出支付场景多元化、支付市场多极化、支付产业融合化等发展趋势。未来，移动支付的战场还将继续围绕衣食住行全方位、线上线下全场景、国内国外全布局展开。银行系作为主要的参与方，依旧需要走场景和服务创新之路，才能持续领跑，在推动中国无现金社会的进程中发挥更大的助力。

拥有创新基因的广发信用卡清楚地知道，唯一不变的就是变化。因此广发信用卡持续通过动态的客服管理体系来提升客户服务水平。对内，广发信用卡建立了先进的客服品管优化体系，不断收集客户声音、寻找客户服务痛点，改善客户体验。对外，广发信用卡坚持通过第三方客户满意度调研不断改进、优化客服流程，有针对性的改善客户服务质量。为了给客户提供现代化、立体化的客户服务，广发信用卡将柜面、电话、IVR自助语音、网银、手机银行、短信、微信等多媒体服务资源进行整合，让客户不受时间、空间限制享受7×24小时客户服务。2018年，广发信用卡“新在线客服系统”正式上线，朝着智能化方向演进，全速向转型下半场进发。该系统深化了“线上+线下”全流程融合，对接了APP、微信、WEB自助渠道，是集全场景业务办理及多维营销于一身的全渠道智能服务平台，能够解决客户90%以上的业务问题。

三、场景化是行业未来进步的关键

2018年，消费金融继续发展，信用卡市场也在迅猛前进。人民银行数据显示，截至2018年，信用卡和借贷合一卡在使用的发卡量共计6.89亿张，同比增长16.73%。居民贷款中用于信用卡消费的比例也在增加，同比增长了27.2%。数据说明，消费金融的主力人群在向信用卡靠拢，市场在回归。

如果单论卡量等数据，当前的信用卡行业确实在一个上升的通道中，但是在互联网金融依然具有强大影响力、行业同质化发展的当下，信用卡仅仅依靠发卡难以保持长期优势。当前，移动互联将场景化逐步推为消费市场卖家服务买家的主要形式。场景化营销针对买家在具体情景中的消费需求，将产品卖点有效植入各种形式的内容中，并以此来打动买家，进而影响到购买行为。对于未来的信用卡行业而言，场景化也是一个必然的战略选择，未来谁能够在场景化运营中紧紧把握住消费者对产品和服务的个性化需求，谁就能在消费金融市场大有作为。近年来，广发信用卡从后台技术、营销活动以及跨界合作方面全方位深入发力场景布局，重构了以广发信用卡为核心的场景消费生态圈，围绕消费者的需求将信用消费更加自然化，通过场景将消费者的衣食住行需求深度链接，重塑消费者与消费金融的关系。

在国民经济进入新常态的历史大背景下，未来的蓝海当属信用消费。这对于作为信用消费市场支柱的信用卡行业而言，既是机遇，也充满挑战。凭借厚积薄发的行业经验，超前的国际视野，现代化的经营管理机制，开放的思维，信用卡行业在新旧经济发展动力衔接的关键历史阶段，必将继续以科技金融为信用消费探寻更先进的发展模式，服务实体经济，促进金融普惠，为广大消费者带来更极致的客户体验。

作者：林德明　广发银行行长助理、信用卡中心总裁

第七节　迎接新时期信用卡业务的挑战与机遇，打造平台经济

新时期，消费结构不断升级、新型科学技术应用不断加强，尤其是随着互联网金融的异军突起，以移动支付、云计算、社交网络、搜索引擎、生物识别为代表的现代信息科技正深刻改变着人们的消费方式和支付格局，消费金融市场竞争主体日趋网络化、多元化，对信用卡各项业务创新发展提出了新的要求。商业银行必须加快创新才能及时把握市场机遇，保持长久市场竞争力。

未来，商业银行将进一步加速推进银行卡业务的金融科技转型进程，着力打造具有核心竞争力的生态圈体系，利用金融科技推进产品和服务的创新，推进与金融科技公司生态圈的融合发展，积极打造“互联网＋”服务平台。

一、信用卡业务面临的挑战

回顾近十年，国内信用卡市场环境发生了巨大变化，消费主力更加年轻化、技术应用更加前沿化、金融服务更加互联网化，这使信用卡业务面临更加激烈的竞争与前所未有的挑战。

（一）消费主力年轻化

近年来，年轻客群的消费需求不断增长，消费规模持续扩大。各大银行紧盯年轻目标客群，不仅在卡面上追求“高颜值”和“时尚感”，而且积极通过明星代言、线上申请等新颖的营销方式引流，加大与平台电商、影音文娱、社区便利店、餐饮商圈等商户跨界合作。特别是在监管机构全面叫停“校园贷”的背景下，大学生信用卡重返校园，各大银行纷纷提前布局高校，推出大学生卡，培育庞大的潜在客群。信用卡年轻客群市场竞争

进一步升级。

（二）技术应用前沿化

金融科技浪潮中，刷卡和插卡支付逐步被随处可见的“扫码支付”等新型支付方式所取代，支付模式从传统的卡基支付逐渐升级为账基支付。在此背景下，实体信用卡的支付媒介功能正被颠覆，实体信用卡的必要性面临质疑，这就给商业银行的信用卡业务发展带来了新的挑战，要求商业银行进行信用卡业务的自我革命，以适应时代发展潮流。

（三）金融服务互联网化

当前，人类社会各方面正在变得“互联网化”，互联网生活、互联网制造、互联网贸易正在逐步取代传统的经济运行方式。互联网金融也得到了迅速发展，形成了服务互联网经济的主流金融模式之一。相比传统金融服务，互联网金融具有自身的独特优势，它的参与主体更加多元、市场更加繁荣、服务更加便捷。互联网金融的兴起不仅带来了银行业务的分化，甚至改变了原有的金融生态，给信用卡业务带来了巨大的冲击。

二、信用卡业务面临的机遇

人们消费理念的变化、科学技术的应用、互联网金融的兴起和市场的分化，对信用卡业务来说，既是挑战也是机遇，“金融”与“科技”碰撞产生的火花无疑也为信用卡业务发展带来了更多的活力与创新。

（一）消费金融市场潜力巨大

从用卡环境来看，我国居民的消费理念不断向前发展，近几年来兴起的消费金融就是最好的体现。“用明天的钱圆今天的梦”，随着信贷思维的不断深入，我国居民特别是年青一代，不再依赖储蓄存款进行消费，更多的是利用银行信贷、信用卡分期等进行超前消费，进一步促进了信用消费的整体发展。

目前兴起的各类消费贷款以及消费分期业务直接嵌入各类消费场景中，对信用卡业务产生了一定挑战，但换个视角来看也是一个机遇，消费金融的快速发展将促进信用卡业务的升级转型，消费结构的升级也将加速推动信用卡业务发展，银行可以结合移动支付手段拓展更多的场景化应用。

（二）金融科技带动支付方式升级

金融科技催生了新场景和新生态，带来了支付模式的变迁和生活场景的升级，消费场景更加多元化、复杂化，消费特征更加小额化、低频化，越来越多的银行开始追求科技元素在信用卡业务中的应用。除了AR技术广泛应用于卡面和信用卡APP等，数字信用卡、智能客服、智能审批、智能风控等也频频成为热搜词。这种发展趋势对商业银行提出了信用卡业务转型升级的迫切需求，直接加速推进了信用卡业务的金融科技转型升级进程。

（三）跨界融合实现互利共赢

互联网金融的快速发展为银行创新服务模式提供了借鉴经验。银行将持续研究、探索、创新自身信用卡业务与金融科技公司生态圈相互融合的方法和路径。一方面，“迎进来”，将金融科技公司生态圈及其场景和技术引入自身生态圈体系中，持续增强自身生态圈的获客、活客、粘客、留客能力；另一方面，“走出去”，将自身产品和服务融入金融科技公司生态圈之中，借助金融科技公司（尤其是巨头金融科技公司）场景和流量优势，大幅增加自身获客、活客的渠道方式，强化自身获客、活客能力，最大化自身支付和消费信贷业务量。

三、信用卡业务未来发展方向

未来的市场一定是属于创新者的，如何在竞争激烈的市场环境中突出重围是新时期商业银行需要思考的重要课题。对于信用卡业务而言，认清当下的市场形势，顺势推出符合新时期趋势的产品和服务，才是真正立足于激烈竞争的市场环境中的必经之路。

（一）打造年轻化经营服务体系

围绕客群年轻化，创新推出与之配套的产品、支付、商户、消费信贷、渠道、促销活动、授信政策、增值服务等一体化、综合化、年轻化的经营服务体系。一是针对细分年轻客户群设计推出年轻化产品；二是创新推出现金转出业务，做大教育、留学、旅游分期，探索推出婚庆、租房、驾校等分期产品；三是大力拓展餐饮、休闲娱乐、电影、读书教育、旅游等年轻人喜闻乐见的特惠收单商户；四是对接年轻人支付习惯深化移动支付产品创新，加快推进“云闪付”、二维码支付等；五是加强年轻客户行外数据信息挖掘，优化完善授信政策及调额策略，研究不同区域市场差异化授信；六是加强年轻客户经营，优化产品权益、积分兑换、特惠促销、增值服务等策略，打造增值服务平台。

（二）整合资源，打造平台经济

整合内外部资源，面向客户需求，打造产品、服务、场景一体化的综合金融服务平台。获客方面可以与电商、物流等拥有一定客户资源的企业合作，实现客户流量的导入。服务方面，打通物理网点、自助设备、网上银行、手机银行等不同服务渠道，形成渠道优势。产品方面，除实现线下产品线上化外，更加大力开发推出面向互联网客户的金融产品，形成一站式、多层次、全方位的产品销售平台。通过互联网技术整合各类商业场景，打造融合生产、消费、生活、投资、娱乐等全方位的平台，增强用户与银行的黏性。

（三）构建多方合作渠道，借力发力

积极寻求与各类机构开展合作，拓宽渠道，共同打造互联网金融生态圈。积极与电商、第三方支付机构等联合开发金融产品，借助其平台宣传推广自身品牌；积极探索与电信运营商和手机厂商的合作，实现营销前移，将自身金融产品和服务与手机捆绑，达到与客户的深度连结；与实体商户合作，快速获取各类应用场景；与金融同业合作，研发各类适合互联网特点的金融产品。通过合作融合，实现互利共赢。

作者：陶嵘　浙商银行零售银行部总经理

第八节　聚焦普惠金融　融创美好生活

——银行卡产业发展十年回顾与展望

回望过去的十年，是中国银行卡产业快速发展的黄金十年。我国银行卡产业领域的政策红利不断释放，市场前景广阔，吸引了众多参与者，支付产业规模和增速在国际上均走在前列。同时，监管政策日臻完善，引导市场向着更加稳健、有序的方向发展。展望未来的十年，更是产业聚变、涅槃重生的铂金十年。伴随着居民消费升级、移动互联网和大数据的发展，具有逆周期、风险分散和利润稳定特点的银行卡业务将迎来开放发展又一机遇期。无论载体如何日新月异，中国银行卡产业始终不断为振兴实体经济、服务社会民生的方方面面添砖加瓦、焕发生机。江苏银行作为产业其中一员的上市银行，坚持聚焦普惠金融，致力于建立适应市场化的普惠金融体系，努力为持卡人“融创美好生活”，发力银行卡业务也正成为我行大零售业务板块的重要增长点和生力军，更是我行优化结构调整、推动高质量发展的重要方向。

一、不忘初心、与时俱进，江苏银行信用卡不断成长

近年来，江苏银行不断转型变革谋发展，创新突破促提升，信用卡业务经营成果逐步显现，并持续保持向好趋优态势，行业影响力逐步增强，初步实现了规模、效益、质量、渠道、品牌的全面提升。

（一）精准定位、顺势变革，信用卡管理稳健高效

江苏银行围绕信用卡，紧贴市场需求与客户痛点，推行集约化经营。通过建立优惠商户网络和获客渠道来拓展大众客户、长尾客户，大力发展普惠金融，提供家装、车位等综合金融服务方案，并逐步转向具有小额、分散、线上化、批量化的特定消费场景，与全行大零售业务板块有效互补，

形成适当错位经营。江苏银行自 2007 年 10 月开办信用卡业务，最初由零售银行部下设银行卡中心团队发展而来；2009 年实现总行在线集中化审批；2011 年分设成立银行卡部，作为总行整体领导下的一级部门；2014 年全面组建直销团队，开始转型发展，重点拓展以信用卡为载体的卡分期业务；2015 年 4 月，秉承多元化发展策略，紧跟市场热点，着力创新突破，成立准事业部，推行市场化考核，线下“信用卡 + 卡分期 + 购 e 融商户贷”，线上“购 e 融消费贷 + 联合贷”的齐头并进发展态势；2018 年初，为执行监管业务属地化管理要求，管理模式由事业部制垂直管理调整为总、分行条线管理，强化了分行主体责任以及“双重”风险管理，并推行扁平化的组织架构、差异化的产品营销、一体化的决策部署以及市场化的经营考核模式，整体经营水平显著增强。

（二）数据驱动、主动创新，信用卡经营合作共赢

江苏银行信用卡业务大力推动大数据挖掘与流程线上化改造。前端直销队伍采用 PAD 及多渠道网申开展移动营销；中端通过系统自动化审批，实现网申信用卡和网贷 100% 全自动实时审批，卡分期自动化审批率已达 55%，实现秒批；后端持续推进风控决策模型迭代，客户由“一次授信、坏账后自然退出”的传统模式向全周期风险管理转变。在上游配套强有力的大数据支持，下游正建立强大的反欺诈防火墙，引入多项外部先进技术，欺诈发生率大幅降低。同时，坚持质效并重，线上主动对接外部机构及商户打造多维渠道，广泛与 BATJ 等有流量、有数据、有金融科技能力的优质互联网“独角兽”企业合作；线下注重选择高频场景、品牌和商誉相对较高的合作商户，并实行负面清单管理。此外，基于税务、公积金等大数据并联合超过近万家商户开展“购 e 融”等各类强场景分期产品的营销，自营业务稳步增长。

（三）聚焦普惠、服务民生，信用卡业务蓬勃发展

江苏银行积极响应居民消费需求，提升品质消费水平。一是聚焦支持城乡人才创新创业，打造了人才主题信用卡；其次，不断下沉客群，通过互联网覆盖三、四线城乡区域，服务小镇青年以及相对弱势人群，推出了美团联名卡以及慈善爱心认同主题卡，持续提升城乡居民生活水平；二是计划与共青团中央共同发行“青年守信荣誉”联名信用卡，为青年守信者提供专享金融服务及费用减免；三是大力推进移动便民支付示范工程，让

百姓体验便捷安全的随心支付体验；四是通过将线上线下丰富多彩的积分、打折等优惠活动相融合，不断推陈出新，为个人客户提供涵盖教育、培训、旅游、电影、购车、停车位、家装专项分期等多方面的消费金融服务。截至2018年12月底，江苏银行信用卡累计发卡166万张，同比增长16.47%；信用卡透支余额159亿元，较年初增加36.86%，极大地支持了省内外城乡居民的消费需求。

二、春风化雨、万象更新，银行卡产业更加开放升级

为适应经济发展的新形势、金融环境的新变化、不同客户的新需求和科技提升的新条件，推动银行卡业务转型发展势在必行。展望未来，移动互联网将更广泛地引领用户需求，产业各方对账户的争夺会将进一步加剧，争相成为消费者移动端首要账户，并基于支付账户获取新用户，打造链式生态体系，并以支付交易数据为基础实现跨界融合发展。商业银行发展银行卡产业更要以信用卡为载体，聚焦普惠金融，服务长尾客群，从“被动防御”转变为“主动进攻”，加速探索互联网化、智能化、数字化、开放化转型。

（一）优化产品服务，提升用户体验

可以预见，国家支持消费拉动内需的政策将更加积极，持续实施的个人支付账户分类及评级管理、支付机构牌照管理、客户备付金集中存管、断直连等措施，将进一步规范并鼓励商业银行提供更加优质的银行卡服务。一是要“走出去”，加大开放，与互联网平台开展深度合作，拓展金融服务消费场景，创新金融支持消费渠道，将封闭账户体系转变为开放用户体系，将信用卡作为零售客户的抓手，实现产品交叉、联动销售。同时，围绕“更快解决资金难题、提升生活品质以及优化个人负债管理”等痛点，持续推进线上化营销活动，为客户带来线上化、便捷化的消费金融服务新体验。二是要“引进来”，加强联合。重点关注场景建设，主动引入高频消费商户资源，打造分期商城、权益、团购等消费场景，围绕吃喝玩乐等生活化、民生化主题，推出多种爆款联名卡和主题卡，打通线上线下消费场景，提高特约活动商户数量，提升客户使用黏性，构建更加完善、丰富的用卡生态，为商户提供“一揽子”金融服务，有效增加商户交易量，服务企业成长，促进实体经济发展。

（二）攻坚科技赋能，促进提质增效

当前，央行积极推进账户分类及规范管理，各商业银行的信用卡专属APP、微信银行、网银、手机银行等功能及客户数将不断提升；虚拟信用卡、PAY、二维码等移动支付也将成为核心竞争点。同时，大数据、云计算、物联网、人工智能等方面的运用正逐步深化，人脸识别、智能语音、声纹识别等一系列新技术投入应用，金融科技将助推新型支付方式和互联网消费金融等快速发展，助推银行与金融科技公司的合作不断深入。作为商业银行，一是要树立“互联网大数据思维”以及“从卡片经营向APP经营转型”的发展思路，深挖用户需求，聚焦核心场景，迭代升级功能，搭建生态丰富、服务营销一体化的渠道，打造千人千面的客户服务新体验。不断优化升级APP渠道业务功能，突出客户差异化展示、个性化定制功能。二是要充分运用金融科技手段，通过多类型、涵盖线上线下的渠道开发和营销策略，推进API“开放银行”标准化接口的跨界融合，触达不同结构、行业特性、消费目的与行为特征的目标客群，提升获客的广度与深度，形成完整合理的客户结构，分散风险。

（三）强化风险防控，提高发展质量

新一轮信用卡业务快速增长的背后，潜藏了诸如714高炮、非法套现、多方骗贷、暴力催收、坏账率与居民债务杠杆率持续升高等多种问题，行业过度竞争加剧了风险可能向银行业传导，市场整顿和处罚力度将不断加大，商业银行唯有不断强化自身数字化建设，加强全面风险管理水平，才能在将来更加激烈的市场竞争中持续高效发展。一是要不断优化风控模型。利用数据分析结果，充分掌握长尾、下沉客户特征，定制弱征信变量模型，反哺信用卡业务；利用机器建模，构建业务规模走势、市场研判能力预测模型。二是要加强商户风险监控。针对线下分期业务商户风险多发、极易引发群诉群访案件的情况，在进一步加强前端营销管理、完善相关制度的基础上，参考对公风险防控模式，对商户风险进行排查防控，严防批量化获客风险。三是要加强贷前咨询和数据引入。通过外部咨询、内部调研等方式，引入丰富的交叉验证数据作为身份和设备核实的基础，不断升级反欺诈模型和规则，应对互联网黑产风险和共债风险。

（四）加强人才培养，提高竞争能力

未来业务的更加国际化、开放化以及与互联网公司合作的日益增加，

均对部门人员结构和人才培养能力提出了更高的要求。加快引进和培养具有用户思维、平台思维、跨界思维、大数据思维以及迭代思维等思维模式和新型知识技能相结合的复合型互联网金融人才，尤其是底层支付、渠道管理、大数据挖掘、人工智能开发等岗位人才的培养建设需求已迫在眉睫。加快建立银行卡领域行业产品、风险、金融科技、审批等专业技术序列，打通人才成长通道，提高人才引进和培养能力，为产业更好的发展增加储备，更为百姓更加便捷美好的支付体验与金融生活蓄积能量。

作者：杨巨人　江苏银行消费金融与信用卡中心总经理

附件

附表一　我国银行卡业务数据

附表二　2018 年银行卡产业大事记

附表三　国外银行卡业务数据

附表一

我国银行卡业务数据

表　　我国银行卡业务数据

	2015 年	2016 年	2017 年	2018 年
银行卡累计发卡量（亿张）	56.1	63.7	70.3	78.3
借记卡累计发卡量（亿张）	50.9	57.4	62.4	68.6
信用卡累计发卡量（亿张）	5.3	6.3	7.9	9.7
银行卡人均持卡量（张）	4.09	4.62	5.06	5.61
借记卡人均持卡量（张）	3.72	4.16	4.49	4.92
信用卡人均持卡量（张）	0.39	0.46	0.57	0.70
银行卡活卡量（亿张）	36.9	41.8	47.1	52.9
借记卡活卡量（亿张）	33.3	37.3	41.3	45.8
信用卡活卡量（亿张）	3.6	4.5	5.8	7.1
银行卡交易笔数（亿笔）	852.3	1 154.7	1 494.3	2 103.6
借记卡跨行交易笔数（亿笔）	154.6	177.1	192.7	227.7
信用卡跨行交易笔数（亿笔）	77.5	89.3	96.1	108.4
银行卡交易金额（万亿元）	614.8	743.6	734.6	789.6
借记卡交易金额（万亿元）	593.1	718.2	704.0	751.4
信用卡交易金额（万亿元）	21.7	25.4	30.6	38.2
银行卡卡均交易金额（元）	109 590	116 735	104 480	100 843
借记卡卡均交易金额（元）	105 722	125 122	112 840	109 534
信用卡卡均交易金额（元）	41 028	40 317	38 619	39 381
社会零售总额（万亿元）	30.1	33.2	36.6	38.1
受理商户数量（万户）	1 670	2 067.2	2 592.6	2 733.0
受理银行卡 POS 机数量（万台）	2 282.1	2 453.5	3 118.9	3 414.8
ATM 数量（万台）	86.7	92.4	96.1	111.1
受理市场（个）	150	160	168	171
受理商户（万户）	1 720	2 020	2 359	2 637
ATM 数量（万台）	125	133	164	175

附表二

2018 年银行卡产业大事记

表 1　　2018 年银行卡产业大事记（按时间顺序）

序号	时间	事件
1	1 月 1 日	国家外汇管理局颁布的《关于规范银行卡境外大额提取现金交易的通知》于 1 月 1 日正式实施，该通知规范了银行卡境外大额提取现金交易，完善了跨境反洗钱监管
2	1 月 17 日	中国人民银行发布《关于开展为非法虚拟货币交易提供支付服务自查整改工作的通知》，要求辖内各法人支付机构自文件发布之日起在本单位及分支机构开展自查整改工作，严禁为虚拟货币交易提供服务，并采取有效措施防止支付通道用于虚拟货币交易。各单位应于 1 月 20 日将自查情况、已采取措施等上报营业管理部
3	1 月 19 日	中国人民银行印发《关于改进个人银行账户分类管理有关事项的通知》，对银行Ⅱ类、Ⅲ类账户的开户和使用要求进行了细化和改进，并要求所有银行于 2018 年 12 月底前实现柜面、网上银行手机银行等电子渠道支持Ⅱ类、Ⅲ类账户开立等业务
4	1 月 29 日	新一代银联无卡业务转接清算平台经过近半年的运营检验，正式向各类成员机构全面开展大规模的各类业务承载服务
5	2 月 22 日	央行发布“设立经营个人征信业务的机构许可信息公示表”，百行征信有限公司由中国人民银行批准获得个人征信机构设立许可
6	3 月 21 日	中国人民银行印发《中国人民银行公告〔2018〕第 7 号》，放开了外商投资支付机构准入限制，明确了准入规则和监管要求。公告在商业存在、业务系统、信息保护等方面对外商投资支付机构提出要求，进一步完善了非银行支付机构监管制度
7	4 月 1 日	中国人民银行《关于印发〈条码支付业务规范（试行）〉的通知》（银发〔2017〕296 号）正式实施，该通知从业务资质、清算管理、市场公平竞争秩序、条码生成和受理、商户管理和风险管理方面提出了五点要求
8	5 月 2 日	中国人民银行发布《关于进一步加强征信信息安全管理的通知》，要求运行机构和接入机构健全征信信息查询管理，严格授权查询机制，未经授权严禁查询征信报告，规范内部人员和国家机关查询办理流程，严禁未经授权认可的 APP 接入征信系统

续表

序号	时间	事件
9	5月10日	中国人民银行发布《支付机构备付金集中存管账户试点开办资金结算业务的通知》，要求试点支付机构向法人所在地人民银行申请开立备付金集中存管账户，用于办理相关支付业务的资金结算。首批试点支付机构24家，条件成熟后推广至其他支付机构
10	6月6日	最高人民法院发布《关于审理银行卡民事纠纷案件若干问题的规定》（征求意见稿）向社会公开征求意见，明确了信用卡透支、伪卡交易、网络盗刷等领域的司法实践问题
11	6月6日	中国支付清算协会启动2018年支付安全宣传周，主题为“移动支付便民安全”。移动支付风险正在逐渐成为主要支付风险类型，并呈现出隐蔽性、复杂性、交叉性等新趋势
12	6月28日	中国银联正式发布全球首款手机POS产品，率先将POS机从一个硬件终端产品转变成一款智能手机上的应用产品
13	6月29日	中国人民银行发布《关于支付机构客户备付金全部集中交存有关事宜的通知》，提出自2018年7月9日起，按月逐步提高支付机构客户备付金集中交存比例，到2019年1月14日实现100%集中交存
14	7月4日	中国人民银行印发《中国人民银行公告〔2018〕第10号》，规范旅游、餐饮、零售、交通运输等行业以及行政事业、公共服务等领域的现金收付行为，要求任何单位和个人不得以格式条款、通知、声明、公告等方式拒收现金，依法应当使用非现金支付工具的情形除外
15	7月5日	中国人民银行公布《2018年7月非银行支付机构〈支付业务许可证〉续展决定公示信息》，支付宝、财付通、银联商务等21家支付机构通过续展；中汇金、国华汇银、安徽长润、永超源等4家不予续展；湖北蓝天星支付此前主动申请注销支付牌照，未参加此批牌照续展
16	7月5日	中国人民银行发布《关于非银支付机构开展大额交易报告工作有关要求的通知》，要求非银行支付机构与银行机构加强信息传递，为对方履行大额交易报告义务提供完整、准确、及时的客户身份信息和交易信息，进一步健全了大额交易和可疑交易报告工作机制，提高了资金监测有效性
17	8月2日	全国金融标准化技术委员会就《聚合支付安全技术规范》（征求意见稿），在聚合支付的平台框架、系统实现、安全技术、安全管理、风险控制等方面对聚合支付提出了较高的要求

续表

序号	时间	事件
18	8月14日	中国人民银行发布《关于开展支付安全风险专项排查工作的通知》，相较以往人民银行排查主要聚焦在支付系统安全，此次的排查重点增加了对客户端应用软件的安全要求，对数据安全与交易安全也提出了更高要求
19	9月1日	国家发展改革委、文化和旅游部、中国人民银行联合下发《关于加强规范引导提升旅游支付便利化水平的通知》，要求通过强化收付方式监督检查，严厉查处拒收现金行为，解决境外游客的人民币现金支付困难问题
20	10月10日	中国人民银行、银保监会、证监会联合发布《互联网金融从业机构反洗钱和反恐怖融资管理办法（试行）》，要求开展互联网金融业务的金融机构、非银行支付机构等相关机构制定反洗钱和反恐怖融资内控制度，执行大额交易和可疑交易报告制度，开展涉恐名单实时监测，规范了互联网金融行业的反洗钱和反恐怖融资工作
21	10月18日	银联卡境外发行突破1亿张。“一带一路”沿线市场成为银联卡近年来新增发行的主要区域，30余个国家和地区累计发行了3 500余万张银联卡，比倡议提出前提升了20倍
22	11月8日	中国人民银行会同银保监会审查通过了“连通（杭州）技术服务有限公司”提交的银行卡清算机构筹备申请。连通公司是由美国运通和连连数字科技共同持股的合资公司，获得批复后连通需在一年内完成筹备工作，并依法定程序向中国人民银行申请开业
23	11月20日	中国银联联合各商业银行共同发布小微企业卡产品体系。小微企业卡将在商业银行各类特色金融创新服务的基础上，结合银联在数据与科技创新方面的优势，为小微企业的支付结算、融资经营和企业信息化建设等核心需求提供有力支撑
24	11月26日	中国银联宣布“云闪付”APP用户数突破1亿
25	11月29日	中国人民银行印发《关于支付机构撤销人民币客户备付金账户有关工作的通知》，进一步督促支付机构及相关银行制定销户目标和销户计划，并向中国人民银行支付机构及时报备，以切实保障支付业务连续性
26	12月4日	中国银联联合各大商业银行及华为、小米、三星、OPPO、魅族等主流手机厂商，正式启动银联手机POS产品首批应用试点合作

表 2　　2018 年国内商业银行借记卡大事记

银行	类别	事件
中国工商银行	产品	1. 推出故宫联名借记卡 2. 推出麒麟卡 3. 推出工银 e 钱包 4. 推出定制借记卡面服务
	服务	1. 借记卡线上办卡直邮业务 2. “惠聚周一”借记卡促销活动
	荣誉	1. 2018 年银联卡风控合作突出贡献奖 2. 国家金卡工程信息化开拓奖 3. 支付清算协会“移动支付安全便民宣传周”优秀组织奖 4.《零售银行》最佳智慧零售金融大奖
中国银行	产品	1. 万事达品牌高端借记卡“世界卡” 2. 长城冰雪卡 3. 铁路 e 卡通 4. 粤港澳大湾区主题借记卡、港珠澳大桥联名卡，庆祝改革开放 40 周年纪念版借记卡
	服务	1. 中银来聚财 2. 事中风控系统 3. 免费更换芯片卡 4. 二维码支付
	荣誉	1. “金融理财”类优秀移动应用、杰出手机银行奖 2. 最佳个人手机银行用户体验奖 3. 2018 卓越竞争力网络金融银行
中国建设银行	产品	1. 发行面向住房租赁平台客户的“建融家园龙卡” 2. 发行面向大学生群体的“金蜜蜂龙卡” 3. 发行面向有境外用卡需求客户的“EMV 龙卡” 4. 发行“电子社保卡”
	服务	1. 完善“龙支付”功能，新增“乘车二维码”“无感停车”“快贷付”、信用卡“贷吧”以及“龙钱宝”等功能 2. 积极配合开展人民银行移动支付便民工程建设，目前已上线校园项目 464 个、医疗领域项目 464 个、“信用 + 溯源 + 支付”智慧菜场 1845 个、公交可通过移动支付方式受理的市县 485 个、地铁可受理的城市 12 个 3. 与小米、海尔等二十余个机构开展了账户出海合作，在其互联网平台嵌入建设银行Ⅱ类、Ⅲ类账户
	荣誉	1. 荣获《亚洲银行家》金融峰会颁发的“中国最佳大型零售银行奖” 2. 荣获中国银联颁发的“银联卡跨行交易突出贡献奖”“银联卡技术合作贡献奖”“移动支付优秀推广奖”

续表

银行	类别	事件
中国交通银行	产品	1. 推出“安心付”移动支付专用卡产品 2. 银信通“用卡无忧”产品
	服务	1. 手机银行借记卡扫码支付促销活动 2. “安心付”扫码领券促销活动 3. 手持终端外拓，方便客户外拓开卡 4. 提供“军人保障卡”业务服务
	荣誉	1. 银联卡受理环境优秀奖 2. 银联卡营销合作优秀奖 3. 中国支付清算协会移动支付微视频二等奖
中国邮政储蓄银行	产品	发行绿卡通新时代卡
	服务	推出 ATM 刷脸取款功能
	荣誉	1. 2018 年银联优秀合作伙伴奖 2. 2018 年银联国际优秀合作伙伴奖 3. 2018 年银联卡营销合作优秀奖 4. 中国支付清算协会 2018 年优秀案例“便民服务奖”
	其他	1. 个人储蓄存款余额突破 7 万亿元，成为第四家储蓄存款余额规模超过 7 万亿元的银行 2. 金融 IC 借记卡结存发卡量首次突破 4 亿张
中信银行	荣誉	1. 2018 年度十佳金融科技产品创新奖（中信银行信智投） 2. 2018 年度十佳银行智能网点创新奖 3. 第九届金鼎奖——年度卓越财富管理银行 4. 2017—2018 年度杰出产品营销创新奖（英国如意签） 5. 第 16 届中国财经风云榜，2018 年度杰出出国金融服务银行 6. 第九届金融理财金貔貅奖——年度金牌创新力金融产品（信约宝）

续表

银行	类别	事件
中国光大银行	产品	1. 发行中青旅联名借记卡 2. 发行嘉事堂联名借记卡 3. 发行军华联名借记卡 4. 发行海南30周年纪念联名借记卡 5. 发行中车年金联名借记卡 6. 发行运满满联名借记卡
	服务	1. 上线借记卡境外取现控制功能 2. 新增借记卡预绑定信用卡功能 3. 开立借记卡时新增短信验证环节 4. 优化借记卡开卡打印内容，增加关于提示客户双免功能开通的确认内容 5. 优化银联贷记业务提示信息内容：向持卡人发送的贷记业务提示短信内容增加付款方姓名、付款方账号后四位、交易附言等
	荣誉	1. 荣获“2018年银联卡营销合作奖” 2. 荣获“2018中国银行业创新先锋榜” 3. 荣获“金龙奖2018年度最佳普惠金融服务平台”
	其他	1. 在建立客户信息环节增加格式校验机制 2. 新增身份证件到期客户交易限制机制
招商银行	产品	1. 推出招商银行APP 7.0 2. 商业化试点“刷脸支付” 3. 招商银行APP小程序向分行和合作商户开放，打造丰富的招商银行APP生态 4. 率先实现与支付宝、微信“断直连”
	服务	1. 网点全面无卡化环境构建 2. 私人银行管理客户资产规模超2万亿元 3. 正式发布金葵花财务规划服务体系 4. 正式启用“小招智呼”智能外呼系统

续表

银行	类别	事件
招商银行	荣誉	1. 荣获《亚洲银行家》杂志“亚太区最佳零售银行”，第9次荣获“中国最佳零售银行”，第14次荣获“中国最佳零售股份制银行”；“摩羯智投”被评为亚太区“年度最佳自动化咨询服务”，“闪电贷”被评为亚太区“年度最佳消费者金融产品” 2. 荣获“中国最佳金融机构创新中心”“中国最佳托管银行”“中国最佳股份制交易银行”“中国最佳股份制现金管理银行”“最佳网上银行（U－bank）”“中国最佳现金管理项目（华谊兄弟）”六项国际大奖，同时获得“中国最佳企业手机银行”“中国最佳个人手机银行”两项国内奖项 3. 荣获“最佳金融创新奖”，同时，公司金融总部业务获“十佳财富管理创新奖”，私人银行业务获“十佳家族信托管理创新奖”，“招赢通同业互联网服务平台”产品获“十佳金融科技产品创新奖”，“招商银行 APP 6.0”产品获“十佳金融产品创新奖（零售业务）” 4. 荣获“全国性商业银行财务评价第一”“全国性商业银行核心竞争力评价第三”“最佳商业银行”“最具盈利能力银行”四个奖项
	其他	1. 荣获“2017 年银联卡营销合作优秀奖”“2017 年创新合作优秀奖”“2017 年银联‘云闪付’推广突出贡献奖”“2017 年银联卡风控合作突出贡献奖” 2. 荣获 2017 年度特别致敬大奖；招商银行储蓄柜员山吉文先生荣获 2017 年度公益人物奖；“招商银行定点帮扶云南武定、永仁地区（项目）”荣获 2017 年度公益项目奖 3. 荣获“2017 年度中国银行业最具社会责任金融机构奖” 4. 荣获“改革开放 40 周年特别贡献奖”
华夏银行	产品	1. 手机银行、个人网银上线电子卡（Ⅱ类、Ⅲ类账户）相关功能，支持电子卡（Ⅱ类、Ⅲ类账户）在线开户、充值、提现、绑定银行卡、修改交易密码、变更手机号等功能 2. 推出京津冀一卡通卡、北京公积金联名卡、河北老年大学联名卡、健步走协会卡 3. 实现华夏卡三类账户接入“云闪付”APP 4. 推出小米、魅族等手机闪付业务，实现华夏卡三类账户支持手机闪付功能
	服务	1. 推出借记卡交易锁功能 2. 完善“95577”客服中心功能 3. 账户分类

续表

银行	类别	事件
华夏银行	荣誉	1. “95577”客户服务中心获得中国银行业协会主办的银行业客服中心综合评估“综合示范单位”和“人才培养突出单位”称号 2. 在CFCA第十四届中国电子银行年度盛典上，荣获2018年度“最佳手机银行功能奖”和“最佳直销银行功能奖”双项大奖 3. 在“2018金融界领航中国年度评选”中，凭借直销银行、平台通宝产品，荣获“杰出直销银行品牌奖”“杰出现金管理银行奖”“杰出电子银行品牌奖” 4. 荣获中国银联机构合作部颁发的“2018年银联卡创新业务合作优秀奖”“2018年银联卡受理环境建设优秀奖”
平安银行	产品	1. 金融社保卡 2. 二维码支付 3. 智慧校园项目 4. 线上收租方案
	服务	1. 2018年，以“超凡服务．更懂你”为宗旨，从产品创新和服务管理方面不断改善优化，提升服务水平，打造特色服务文化，在市场上树立良好的服务品牌形象 2. 2018年平安银行全面开展“智零售，新金融”的创新服务模式，打造智能网点，为客户提供线上线下融合的服务体验 3. 携手平安银行“村官工程”，推出新门店公益计划，为客户送上扶贫农产品
	荣誉	1. 荣获“最佳股份制银行” 2. 荣获“年度优秀金融机构”“智能银行创新奖” 3. 荣获“2017年度亚洲卓越零售银行”奖 4. 董事长谢永林荣获“2017年度银行家”称号 5. 荣获“十佳金融产品创新奖（对公业务）”“十佳金融产品创新奖（零售业务）”“十佳互联网金融创新奖” 6. 荣获亚洲银行家颁发的“亚太、中东、非洲最佳进步零售银行中国最佳进步零售银行”称号 7. 荣获21世纪经济报道颁发的2018年度最佳智能银行奖 8. 荣获新浪网财经频道颁发的最佳零售银行奖

续表

银行	类别	事件
渤海银行	产品	推出狗年生肖卡
	服务	上线智能语音客服项目
	荣誉	1. 荣获移动支付“银联优秀合作伙伴奖” 2. 荣获“人才培养突出单位”奖项
浙商银行	产品	1. 发行盐城市总工会联名卡、陕福彩联名卡等 2. 创设借记卡个人自动贷款产品 3. 上线浙商银行官方小程序
	服务	1. 在手机银行等移动客户端全面上线人脸识别技术 2. 推出“专家预约”在线服务平台、“寰球无忧”优惠活动等 3. 在电子渠道新增借记卡境外降级交易开关功能 4. 推出 ATM 扫码取款功能
	荣誉	1. 荣获中国银行业协会授予的“创新成果突出单位”以及“先进示范单位”称号 2. 荣获 2018 年《银行家》杂志授予的“十佳财富管理创新奖”及“十佳金融产品创新奖” 3. 荣获中国支付清算协会授予的“移动支付安全便民宣传周活动”优秀组织奖 4. 荣获 2018 零售银行领导者年会授予的“年度最佳零售银行客户体验奖”及“年度最佳零售银行私人财富管理奖”
	其他	1. 积极推动捐资助学、环境保护、赈灾扶贫、关注弱势群体等主题公益项目，持续打造“浙商银行彩虹计划”“致敬城市守护者”等特色公益品牌 2. 荣获中国金融认证中心“中国电子银行金榜奖”双料大奖：“2018 年度最佳网上银行用户体验奖”及“2018 年度最佳手机银行功能奖”
恒丰银行	产品	推出了 Huawei Pay、小米 Pay、锤子 Pay、金立 Pay、魅族 Pay 以及可穿戴设备（佳明手表、出门问问手表、华为手表、拉卡拉手环、Ora 名片夹）、二维码支付、“云闪付”APP 等相关支付功能
	服务	1. 上线“恒星付”公众号 2. 手机银行新增便捷转账认证方式——手机盾认证 3. 手机银行上线刷脸登录服务
	荣誉	获得网金联盟组织授予的 2018 年度银行业网络金融创新奖最佳移动银行奖

续表

银行	类别	事件
北京银行	荣誉	1. 荣获北京市支付清算协会“2018 年北京地区移动支付便民示范工程先进单位”称号 2. 荣获中国支付清算协会“2018 年工作委员会优秀成员单位”称号
天津银行	服务	1. 上线微信借记卡零钱提现功能 2. 实现手机 APP 上Ⅱ类、Ⅲ类账户开户，通过利用“人脸识别”“OCR 扫描”等先进的技术手段进行跨行账户开户验证
	荣誉	1. 中国金融认证中心（CFCA）颁发的“2018 年区域性商业银行最佳手机银行成长奖” 2. 金融界网站颁发的“2018 领航中国杰出手机银行 APP 奖” 3. 天津银保监局颁发的“‘金融知识进万家’天津银行业金融知识宣传服务月活动优秀组织单位”称号
	其他	推出了线上个人小额消费贷款产品“希望 e 贷”
包商银行	产品	1. 推出Ⅱ/Ⅲ类账户业务，支持升降级功能 2. 发行工会卡、文化主题卡、女士悦享卡、CP 卡等多款卡产品 3. 手机银行正式推出数字证书功能
	服务	1. 小米 Pay、三星 Pay 业务投产上线 2. 小额免密限额提升至 1000 元 3. 银联二维码相关功能投产上线 4. “云闪付”小额账户功能投产上线
	荣誉	1. 宁波分行被评为“2018 年度宁波云闪付用户拓展贡献奖” 2. 连续两年（2017 年、2018 年）获得由中国金融认证中心（CFCA）颁发的“区域性商业银行最佳手机银行功能奖”
鄂尔多斯银行	产品	发行鄂尔多斯银行借记卡理财卡、联名卡
	服务	1. 更换借、贷记卡发卡系统 2. 开通借记卡Ⅱ类、Ⅲ类账户跨行验证服务
	荣誉	1. 荣获“金融服务实体经济先进单位”奖 2. 荣获“内蒙古卓越金融”奖 3. 荣获“内蒙古最具创新金融机构”奖
哈尔滨银行	产品	7 月推出马拉松主题借记卡
	荣誉	1. 中国电子银行金榜颁发的最佳手机银行营销成果奖 2. 第十六届中国财经风云榜颁发的 2018 年度手机银行进步奖 3. 网络金融联盟颁发的 2018 年度银行业网络金融创新奖最佳移动银行奖

续表

银行	类别	事件
江苏银行	产品	1. 发行江苏银行融享江苏建工联名借记卡 2. 推出融享扬中工会会员借记卡
	服务	1. 上线中高端客户线上权益平台功能 2. 发布出国留学品牌“融享四海” 3. 推出“企投家综合金融服务方案”
	荣誉	1. 荣获江苏省最佳零售银行和十大城商行零售银行奖，成为江苏地区唯一获此殊荣的银行 2. 获评“2017—2018 年度卓越创新私人银行”奖项 3. 私人银行斩获“金理财”私人银行卓越奖项 4. 斩获 2018 金融界领航中国年度评选—杰出手机银行大奖
	其他	1. 自主研发的“e 融支付”全渠道二维码扫码支付功能重磅上线 2. 在中国银行业协会 2017 年中国银行业社会责任工作评估中，荣获“最具社会责任金融机构奖”，成为唯一获此殊荣的城商行 3. 成功入围江苏省工业互联网服务资源池单位，成为首批唯一一家金融保险类的工业互联网配套服务商 4. 制定出台支持民营企业的 20 条举措，全力纾困民营企业，助推民营经济健康发展
南京银行	产品	1. 发行盐城工会卡 2. 发行杭州萧山人才卡
	服务	1. 上线交易安全锁功能 2. 提高“小额免密免签”单笔交易限额 3. 实现借记卡境外大额取现管控功能
	荣誉	1. 荣获中国银联颁发的“云闪付推广快速发展奖” 2. 中国金融认证中心（CFCA）、中国电子银行网发布“中国电子银行金榜奖”，南京银行“你好银行”荣获“2018 年直销银行创新应用奖”，南京银行手机银行荣获“2018 年区域性商业银行最佳手机银行运营奖”
	其他	1. 上线电话智能语音导航功能，加快智能转型 2. 构建消费场景“鑫 e 商城”

续表

银行	类别	事件
徽商银行	产品	1. 推出狗年生肖系列金融借记 IC 卡 2. 完善卡面设计，更新钻石借记 IC 卡版面 3. 根据当地历史、文化特点，推出具有地方文化特色的徽禹卡、徽宁系列卡产品
	服务	推进柜面借记卡业务无纸化办理
齐鲁银行	产品	创新推出齐鲁儿童卡
	服务	1. 全面实施柜面无纸化服务 2. 全面推广智能柜台服务
	荣誉	1. 在“2017 年中国银行业十件大事、好新闻发布会”凭借山东卫视《一份协议推动“驴经济”》的新闻报道获得“2017 年中国银行业好新闻”最佳示范奖 2. 再次获评中国银行业“最佳社会责任实践案例奖”，社会责任工作再崭新荣耀 3. 在中国支付清算协会组织的 2018 年“移动支付安全便民宣传周”活动中荣获二等奖 4. 直销银行荣获中国金融认证中心颁发的 2018 年度“最具特色直销银行奖” 5. 泉城支行获中国银行业协会 2018 年银行业文明规范服务千佳单位 6. 聊城分行营业部获中国银行业协会 2018 年银行业文明规范服务千佳单位 7. 客服中心获中国银行业协会“先进示范单位”奖项 8. 齐鲁银行荣获“济南市 2018 年银行业金融机构人民币知识与技能竞赛”团体一等奖
北京农商银行	产品	1. 发行凤凰军休卡 2. 发行凤凰红卡借记卡
	服务	上线借记卡柜面即时制卡换卡业务

表 3　　2018 年国内商业银行信用卡大事记（按银行排序）

银行	类别	事件
中国工商银行	产品	1. 发布工银粤港澳大湾区信用卡产品 2. 正式推出“工银 e 分期”业务 3. 推出基于个人客户公积金缴存数据进行秒授信的融 e 借子产品——“金闪借”
	服务	1. APP 上线境内机场高铁贵宾厅服务 2. 信用卡账户安全险服务再次升级 3. 在北京西单大悦城推出“刷脸支付”功能 4. APP 上线机场高铁出行服务
	荣誉	1. 宇宙星座卡获得国际卡制造商协会（ICMA）2018 年依兰奖（ELAN）“最佳安全支付卡”奖项 2. 融 e 借荣获《银行家》杂志“十佳金融科技产品创新奖”，《21 世纪经济报道》“2018 消费金融创新科技产品奖” 3. “爱购非洲”获得中国企业海外形象高峰论坛（2018）“中国企业海外形象突出贡献奖”和“2018 国企海外传播好新闻奖”两项大奖 4. 奋斗信用卡品牌整合营销传播项目荣获中国最佳公共关系案例大赛企业产品传播金奖，工商银行也成为首家获得企业产品传播类金奖的金融机构
	其他	1. 正式发布工银信用卡分期付款统一品牌“幸福分期” 2. 发布“e 商助梦计划” 3. 与人民日报、万事达卡组织在北京共同举办“为奋斗者点赞”超千万发布活动，推出“中国很赞”新版奋斗信用卡 4. 联合南非标准银行启动“爱购南非”第二季境外促销活动
中国农业银行	产品	1. 发行钻石等级信用卡—至尊鼎然私人银行信用卡 2. 发行 Emoji 信用卡 3. 上线“市场通”产品，为专业市场商户提供全渠道支付解决方案 4. 发行燃梦信用卡 5. 上线乐分易分期付款产品
	服务	1. 启动第三届“百城千店 农行汽车节”活动，首次将农行汽车节推广到县域地区 2. 上线信用卡线上渠道刷脸办卡项目 3. 与美团支付合作在美团点评旗下 APP 上线信用卡积分支付功能 4. 推出农行信用卡交易安全锁功能
	荣誉	1. 荣获国家金卡工程信息化开拓奖 2. 荣获澎湃新闻颁发的年度信用卡奖 3. 荣获金融界颁发的杰出人气信用卡品牌奖 4. 荣获 VISA 颁发的“卓越世界杯产品合作奖”“卓越社会责任奖” 5. 荣获中国银联颁发的“客户服务杰出奖”“客户服务渠道支持奖”

续表

银行	类别	事件
中国农业银行	其他	1. 开展尊师系列信用卡进校园活动 2. “燃梦信用卡号”高铁专列在上海首发启程 3. 信用卡累计发卡量突破 1 亿张，成功举办信用卡发卡量超亿庆典暨信用卡“WE 竞技”信用卡场景大赛总决赛 4. 与人民日报客户端联合开展“可触摸的幸福”影像征集活动，献礼改革开放四十周年
中国银行	产品	1. 发行“中银大湾区信用卡”，为粤港澳大湾区内的消费者提供全方位的金融便利 2. 发布冬奥冰雪计划，并推出冰雪信用卡 3. 发行艺术级莫奈名画主题系列信用卡 4. 通过信用卡官方微信、微信朋友圈、微博粉丝通对外宣布发行随心女人卡 5. 发行中银赞卡，满足年轻客户个性化需求
	服务	1. 联合北上广深昆渝等 12 大机场商圈、江浙沪等 5 城市 7 大高铁站，推出中国银行银联信用卡立减活动 2. 分别与蚂蚁金服和京东金融合作推出支付宝账单分期产品及合作京东快捷分期业务 3. 电子券交易额倍增，优惠商户达万余家，线上消费生态全新升级 4. 打造“中银智慧付”品牌，实现受理功能全面化、商户拓展便捷化、商户服务体系化
	荣誉	1. 荣膺“2018 最佳汽车信用卡分期服务银行”奖项并再次获选“中国汽车（金融）50 人论坛理事” 2. 中银赞卡荣获“2018 年度北京地区最受欢迎信用卡奖”；随心女人卡荣获万事达卡组织“2018 年度最佳产品贡献奖”；小黄人信用卡荣获 JCB 卡组织颁发的“最佳 C 位产品奖”、环球影业颁发的“2018 环球影业大中华区最佳硬线产品授权商”；美好生活系列信用卡获得 VISA 卡组织颁发的 2018 年度“优秀主旋律产品奖” 3. 荣获 2018 年度万事达卡品牌“最佳媒体营销奖”、VISA 卡组织颁发的“2018 年度杰出跨境新媒体营销奖”、JCB 卡组织颁发的“最佳宣传创意奖” 4. 荣获万事达卡组织颁发的“收单创新贡献奖”、JCB 卡组织颁发的“2018 年度最佳业务合作伙伴奖”
	其他	1. 发卡拓客规模持续扩大，有效卡量突破 7 000 万张 2. 美好生活纪念版卡面在人民日报渠道宣传总曝光量近 2 亿，总点击量达到 165 万次 3. “缤纷生活”APP 注册用户突破 1 000 万

续表

银行	类别	事件
中国建设银行	产品	1. 推出龙卡优享信用卡 2. 推出龙卡贷吧 3. 推出龙卡 MUSE 信用卡
	服务	1. 推出信用卡自助安全管理产品“安全锁” 2. 推出“慧兜圈”智能 POS“追溯码查询”行业应用 3. 与上海市金融消费纠纷调解中心联合举行金融消费纠纷调解工作站授牌仪式 4. 作为承办方之一，开展“全流程金融消保促和谐、防欺诈金融安全进社区”活动
	荣誉	1. 年度信用卡品牌——第一财经“2018 年度第一财经金融价值榜评选” 2. 2018 金融行业先锋品牌奖——国际金融报社“2018 国际先锋金融机构评选” 3. 年度信用卡消费金融品牌——新闻晨报“2018（第三届）年度消费金融品牌评选” 4. 2018 中国信用卡品牌君鼎奖——证券时报“2018 年中国财富管理君鼎奖”评选
	其他	1. 深入五指山市毛阳镇毛路村实地调研，回访“爱心 100 分 情洒五指山”贫困家庭助学捐赠情况，参加春节送温暖活动 2. 在上海市崇明区庙镇小学开展志愿服务精准扶贫活动“龙卡送温暖 微爱助成长” 3. 在上海成功举办“龙卡信用卡发卡 15 周年暨新产品上市发布会” 4. “龙卡信用卡，爱心 100 分”走进云南昭通杉林小学和老店镇法土南学校，开展积分助学慈善捐赠活动
交通银行	产品	1. 发布优逸白金卡、魔都优逸白金卡、京东白条卡、苏宁卡、bilibili 卡、高达卡等为代表的 17 款联名卡和主题卡 2. 上线“买单宝”理财产品
	服务	1. “人机协作”平台正式上线运营，标志着交行信用卡全面迈入智能化服务阶段 2. 实现以“秒开秒用”“争议秒赔”“智能客服”为特色的秒级服务 3. 与星巴克、抖音合作，孵化“最红星期五”新场景；与蛋糕叔叔合作，进军互联网烘焙市场；与京东合作启动“京东年货节”，丰富购物场景；携手共享单车，深入线下生活场景，布局移动支付生态
	荣誉	1. 信用卡中心被国家金卡工程协调领导小组授予“国家金卡工程（廿五年）信息化开拓奖”；被中国人民银行《金融电子化》杂志社授予“金融反欺诈工作成果奖”；被中国银行业协会评为“综合示范单位”“价值贡献突出单位”和“创新成果突出单位” 2. 信用卡中心总经理王卫东荣膺“2018 沪上金融行业领军人物” 3. 秒级服务被人民网评为“2018 人民匠心服务奖”；智能机器人被《银行家》杂志社评为“十佳金融产品创新奖（零售业务）”；买单吧 APP 被 21 世纪亚洲金融年会组委会授予“2018 年度卓越信用卡 APP”；“人机协作”被上海市银行同业公会授予“2018 年度上海银行业年度创新奖”

续表

银行	类别	事件
交通银行	其他	1. 信用卡在册卡量突破 7 000 万 2. 买单吧绑卡突破 5 000 万 3. 牵头编制发布《上海市支付清算协会银行卡收单机构终端管理自律公约》
中国邮政储蓄银行	产品	1. 发行生肖邮票主题系列信用卡——《戊戌年》生肖信用卡 2. 推出腾讯体育联名卡 3. 发行诗经卡产品 4. 与中国人口福利基金会联合发行全国性公益类信用卡产品——卫生健康志愿者联名卡
	服务	全面推进内部客户信用卡交叉营销项目
	荣誉	1. 荣获公安部经济犯罪侦查局、中国银联授予的“反欺诈优秀实践奖” 2. 荣获银联颁发的“客户服务高效奖”“客户服务渠道支撑奖” 3. 荣获中国银行业客户服务中心综合评估“优质服务单位奖” 4. 荣获万事达颁发的“2018 年度万事达卡卓越合作伙伴奖” 5. 荣获《财经》授予的“2018 年长青奖——年度最具成长性信用卡银行”大奖
	其他	2018 年 6 月 18 日，邮储银行信用卡结存卡量突破 2000 万张，发卡方式逐渐从跑马圈地走向精耕细作，精细化管理程度进一步加深
中信银行	产品	1. 发行“中信银行腾讯王卡联名卡” 2. 发行“中信银行小米联名信用卡” 3. 发行“中信银行皇家马德里主题信用卡” 4. 发行“麦当劳专属联名卡”
	服务	1. 推出“健康银行”服务平台 2. 成立“小信管家”团队，开启管家制服务模式 3. VR 客服成功上线，成为首家推出 VR 服务的金融企业 4. 客服中心智能人脸识别技术应用投产
	荣誉	1. 荣获“第八届金貔貅奖——年度金牌信用卡银行”大奖 2. “中信银行 VISA 无限信用卡”荣获 VISA 国际组织颁发的 2017 年度“杰出顶级产品合作奖” 3. “中信银行亚洲万里通联名卡”及“中信银行优悦会联名卡”荣获飞客茶馆颁发的“2017 年度最受常旅客喜爱的联名信用卡”奖 4. 信用卡中心电话销售部在客户世界主办的第十四届年度大会暨“金耳唛杯”中国最佳客户中心评选颁奖大会中，荣获“中国最佳客户中心”奖
	其他	1. “积分打赏”功能成功上线 2. 持卡人专享理财账户“零钱包”推出充值送积分活动 3. 结合 2018 年俄罗斯世界杯赛事，开展“燃情世界杯 0 元之旅”公关活动 4. 罗振宇 2018《时间的朋友》跨年演讲的联合特约合作伙伴

续表

银行	类别	事件
中国光大银行	产品	1. 发行“篮球小黑卡” 2. 发行韶山主题信用卡 3. 发行 Evoke 留学生信用卡 4. 发行光大“Joy&Doga”小白联名卡 5. 推出“刘国梁栋梁主题信用卡”
	服务	1. 打造名为“光大 818 去嗨节”的品牌活动 2. 再次开启“跨年盛宴”主题市场活动
	荣誉	1. “全面客户体验管理模式”项目获得“2018 中国客户管理创新成果奖” 2. “阳光惠生活”APP 由安卓绿色联盟评选为 2018 年度“金融理财”类绿色应用 3. 在由《金融理财》杂志举办的第八届金融理财“金貔貅奖”评选活动中荣获“年度金牌服务力信用卡银行”奖项 4. 第六届金融界“领航中国”年度评选中，获得“杰出信用卡创新奖” 5. 获得由凤凰网颁发的“2017 年度最佳品牌创新奖” 6. 获得中国光大集团“2017 年度新闻宣传先进单位” 7. 在证券时报主办的“2018（第十二届）中国财富管理高峰论坛”中获得“中国信用卡品牌君鼎奖” 8. 在新浪财经主办的第六届银行综合评选中获得“年度最佳信用卡创新奖” 9. 荣获 2018 亚洲旅游「红珊瑚」奖——“最受欢迎旅游金融产品”奖项 10. 获得 2017—2018 年度金融科技 - 介甫奖“最佳机构业务创新奖” 11. 获得由《第一财经》主办的“第一财经金融价值榜”——“最佳服务创新信用卡银行”奖项 12. 在 GBIS 全球品牌创新峰会中获得“2018 全明星品牌——年度品牌创新奖” 13. 在由和讯网主办的十六届中国财经风云榜评选中获得“年度信用卡品牌”奖 14. 在《金融电子化》杂志社举办“2018 中国金融科技年会暨金融科技及服务优秀奖颁奖典礼”上获得“2018 年度金融科技产品创新突出贡献奖”
	其他	1. 举办第八届“光大梦想·爱心启航——2018 全国青少年经典诵读大会”暨母亲水窖公益活动 2.《申请反欺诈流程优化》《短账龄账户催收效能提升》《提高代理保险业务转换率指标》获评全国六西格玛项目发表与研修活动专业级技术成果 3. 与《经济观察报》联合发布《2018 新世代消费成长手册》白皮书

续表

银行	类别	事件
招商银行	产品	1. 发行财新传媒、今日头条联名信用卡 2. 发行尤文图斯、曼城、NBA 球星等多款球类联名卡 3. 发行圣斗士星矢、Fate/Grand Order、第五人格等多款联名信用卡 4. 发行 NINE PERCENT 联名信用卡
	服务	1. 掌上生活 APP 7.0 大版本正式上线 2. 推出掌上生活境外二维码支付业务 3. 推出“一站式智能快捷银行”服务 4. 推出“境外购物·回国退税”服务
	荣誉	1. 荣获胡润百富“最受千万富豪青睐的信用卡”大奖 2. 荣获国内权威品牌顾问机构 Chnbrand 发布的中国信用卡行业品牌力指数（C－BPI）第一名 3. 凭借品牌力、顾客推荐度、顾客满意度均年度排名第一的成绩，荣获 2018 年 TBV 中国全面品牌价值管理大奖 4. 荣获 CCCS 颁发的“中国最佳客户联络中心奖”
	其他	1. 2018 年累计总交易额近 38 000 亿元 2. 掌上生活 APP 月活跃用户数突破 3 900 万
上海浦东发展银行	产品	1. 上线浦发美丽女人信用卡以来，陆续推出了基础版、咪蒙版、巧虎版、花语版等系列产品 2. 推出两岸三地故宫文化主题系列信用卡 3. 浦发万事达卡无价世界高端信用卡耀世首发
	服务	1. 推出多元化酒店产品预订平台——酒店“银行” 2. 携手文汇出版社共同推出全新生活服务权益——“小浦书友荟”
	荣誉	1. 荣获“21 世纪亚洲金融竞争力评选——2018 年度卓越服务创新信用卡”称号（唯一获奖信用卡机构） 2. 荣获“澎湃新闻 2018 TOP 金融榜·年度信用卡奖” 3. 荣获《证券时报》主办的“2018 年度中国信用卡品牌君鼎奖” 4. 荣获中国银行业协会“综合示范单位”“创新成果突出单位”奖

续表

<table>
<tr><th>银行</th><th>类别</th><th>事件</th></tr>
<tr><td rowspan="3">中国民生银行</td><td>产品</td><td>1. 发行傲娇萌主主题卡，产品一经发行即火爆市场
2. 发行国宝系列产品、中国风系列产品及十二生肖主题卡
3. 发行万事达 MORE 世界卡
4. 发行红旗联名卡、美图联名卡</td></tr>
<tr><td>服务</td><td>1. 智能语音分析与质检系统上线，助力提升客户服务体验，挖掘客户之声
2. 推动外交部“12308” APP 成功上线，打造面向移动互联网的领事保护与应急服务能力</td></tr>
<tr><td>荣誉</td><td>1. 荣获“2016—2017 年度银监会系统文明单位”称号
2. 获得中国银行业协会颁发“综合示范单位奖”“价值贡献突出单位奖”“创新成果突出单位奖”
3. 智能客户经营平台项目在《环球金融》主办的“世界最佳消费者数字银行”（The world's Best Consumer Digital Banks）评选中荣获“中国最佳消费者数字银行”（Best Consumer Digital Bank China）称号
4. 在《银行家》杂志主办的“2018 中国金融创新奖”评选中，中国民生银行信用卡中心“全民生活” APP 荣获“十佳金融产品创新奖”</td></tr>
<tr><td rowspan="3">华夏银行</td><td>产品</td><td>1. 发行 VISA 精英足球白金信用卡
2. 发行本来生活 Fresh 互联网联名信用卡
3. 发行腾讯新闻 xin 联名信用卡
4. 营销权益平台完成开发，并正式对客户开放</td></tr>
<tr><td>服务</td><td>在原有的服务模式下，进行了分期营销推广工作，制定了分期营销绩效方案，积极组织客服参加分期营销培训，结合现场实际情况总结营销技巧、制定营销话术及脚本，引导客服向专业营销岗位转变，体现客服中心的价值成效</td></tr>
<tr><td>荣誉</td><td>1. 获得首都精神文明建设委员会评选的“首都文明单位”称号
2. 在中国电子商务协会客户联络中心专业委员会举办的 2018 年（第二届）中国客户服务节活动中荣获“2018 年中国客户联络中心行业感动中国感动组织”称号
3. 在 2018 年中国银行业协会主办的“不忘初心，智享客服”年会中，“华夏银行信用卡中心客服体验‘初心’工程”和“高准确智能引导自助语音”两个项目，荣获 2018 年中国银行业客服中心创新成果突出单位称号
4. 在中国社会福利基金会举办的光爱慈善万里行公益颁奖活动中，获得“2018 年公益榜样奖”</td></tr>
</table>

续表

银行	类别	事件
平安银行	产品	1. 推出曼联红魔白金信用卡 2. 推出腾讯视频 VIP 金卡及白金卡 3. 与同花顺联合推出了同花顺银联金卡 4. 上线汽车之家优享版联名卡
	服务	1. 正式上线智能语音机器人，标志着平安信用卡客服人工业务开始向 AI 转变，同时于 9 月，在行业内首创上线预约回电模式，完善客服功能体系 2. 正式入驻百度知道平台，利用新媒体渠道为客户提供服务，并荣获百度知道“最佳突破奖” 3. 荣获由中国银联颁布的“客户服务合作共赢奖” 4. 荣获 CCCS 客户联络中心标准委员会颁发的“最佳客户联络中心奖”
	荣誉	1. 荣获由《经济观察报》颁发的“2018 最具创新业务模式奖” 2. 荣获由《每日经济新闻》颁发的“年度卓越信用卡奖” 3. 年度品牌微电影《这一刻》入围金投赏社交营销大奖 4. 荣获《第一财经》颁发的“年度用户体验奖”
	其他	2018 年 11 月，平安信用卡流通卡量突破 5 000 万
兴业银行	产品	1. 推出芒果 TV 联名信用卡产品 2. 推出“人保财险联名信用卡” 3. 推出兴享白金信用卡 4. 推出“兴业银行咕咚信用卡” 5. 推出 PP 视频联名信用卡产品
	服务	1. 兴业银行信用卡“6 积分”活动上线 2. 推出机器人智能催收服务 3. 推出“关爱自闭症儿童，抢直通爱心名额”活动
	荣誉	1. 荣获《中国银行业》杂志社首届中国银行业微视频大赛“最佳视频奖”金奖 2. 在《国际金融报》主办的“2018 国际先锋金融机构评选”中，兴业银行艺术主题信用卡荣获“2018 先锋信用卡产品奖” 3. 在金融界网站主办的“2018 金融界领航中国年度评选”中荣获“杰出人气信用卡品牌奖” 4. 兴享白金信用卡获得海西晨报“金太阳・最佳商旅服务银行卡奖”

续表

银行	类别	事件
兴业银行	其他	1. 与科大讯飞、京东金融在京举行战略合作签约仪式，宣布三方联手成立“AI家庭智慧银行联合实验室”，建立“金融智能语音硬件产业联盟” 2. 与京东体育在上海召开新闻发布会，正式启动“金融+体育”全方位战略合作 3. 作为上海国际马拉松系列赛事的荣耀赞助商、官方合作伙伴和唯一指定合作银行，兴业银行与上马赛事携手进入第四年合作期，一场主题为“奔跑致美好”的营销活动围绕“活力人生”品牌形象展开 4. 发卡系统升级成功，交易并发能力提升20倍，交易处理能力从千万级向亿级迈进
广发银行	产品	1. 推出CBA官方联名信用卡，含CBA球星肖像在内的多款卡版 2. 推出国内第一张“非信用卡”的产品——ONE卡 3. 发行大学生专属虚拟信用卡——摆范儿卡 4. 发行固生堂联名信用卡
	服务	1. 结合先进的人脸识别、电子签名等技术应用，推出“即发、即享、即惠”的场景发卡模式 2. 围绕“天天广发日”的主题，无缝衔接分成四个波段打通全年广发日 3. 积极践行国家金融开放政策，于业内首家宣布全卡全免外汇交易服务费，真正做到“一张卡，国内国外无差别使用” 4. “新在线客服系统”正式上线，朝着智能化方向演进，全速向转型下半场进发
	荣誉	1.《云化架构赋能广发分享日》获得“2018中国金融新媒体推广案例奖” 2. 凭借信息安全管理体系和业务连续性管理体系双体系运行的成功实践经验，荣膺“2018中国网络信息安全值得信赖品牌奖”及“中国信用卡业务信息安全创新奖” 3. 在2018年度全国六西格玛项目发表赛及中质协优秀六西格玛项目申报中，8个项目荣获最高级别的“全国六西格玛项目发表与研修活动示范级技术成果奖”，3个荣获“全国六西格玛项目发表与研修活动专业级技术成果奖，4个获评质量技术奖优秀六西格玛项目 4. “移动申请智能化运营体系”荣获“2018年度中国金融信息化与创新案例奖”
	其他	1. 推出年轻化二次元IP、卡通版品牌代言人——小发羊 2. 广发希望慈善基金慈善中国行走进四川 3. 联合寿险公司打造的白金项目完成24省93市的验收工作，覆盖1 415个职场5万出勤人力

续表

银行	类别	事件
浙商银行	产品	1. 上线“零花钱”产品 2. 推出大学生卡——起点卡 3. 杭州分行推出 ETC 卡
	服务	1. 持续优化客服智能语音导航服务系统，新增信用卡激活、账单查询、额度查询等服务 2. 深化打造营销品牌“趣发现”，统一主视觉形象，打造自主品牌活动“周周刷” 3. 联合知名电商平台“网易严选”开展针对 APPLEPAY 用户的专属营销活动，助力手机“云闪付”功能普及
	荣誉	1. 获得中国支付清算协会“移动支付安全便民宣传周”活动优秀组织奖 2. 获得中国银行业客户服务中心综合评估“先进示范单位”和“创新成果突出单位”称号
北京银行	产品	1. 服务国家战略，发行国内首张“丝路卡” 2. 深耕年轻客群，发行 IP 主题产品“萌力星球卡” 3. 跨界合作创新，发行“信用卡 + 互联网”联名产品“爱奇艺联名信用卡” 4. 弘扬传统文化，发行生肖主题系列产品“狗年生肖白金信用卡”
	服务	1. 与多家消费场景类商户共同开拓网申业务，推进网络获客渠道发展 2. 升级“掌上京彩”APP 3.0，提供全新的客户体验 3. 推出线上分期业务“i 易贷”
	荣誉	1. 荣获中国银行业协会颁发的“2018 年优质服务单位奖” 2. 荣获“2018 年度数字金融用户服务奖” 3. 荣获“2018 年度万事达卡卓越合作伙伴奖” 4. 荣获“2018 年度银联国际优秀合作伙伴奖”
	其他	向“大爱基金”受助学校捐建“北京银行爱心电脑教室”，截至 2018 年 12 月底，大爱基金累计捐赠善款达 1 300 万元
天津银行	服务	1. 实现信用卡移动（PAD）进件功能 2. 实现信用卡微信渠道实时还款功能
哈尔滨银行	产品	发行马拉松信用卡
	服务	1. 权益平台全面升级优化完成，并正式投产 2. “哈行信用卡”APP 3.0 完成试运行工作正式对外进行投放
	荣誉	1. 荣获中国金融出版社“品牌营销年度案例奖” 2. 荣获中国财经风云榜“年度信用卡品牌”称号

续表

银行	类别	事件
上海银行	产品	1. 推出酷 MA 萌主题信用卡 2. 推出唯品花联名信用卡 3. 推出蚂蚁庄园联名信用卡 4. 推出途虎养车联名信用卡
	服务	1. 推进信用卡移动端服务功能升级，整合手机银行活动展示、优惠支付、积分兑换、账单查询、分期付款等信用卡核心功能，提升客户用卡便捷度和服务体验 2. 打造长三角都市消费生活圈，聚焦消费场景，围绕美食、出行、商圈等板块持续开展用卡消费优惠活动 3. 成立消费者权益保护部，与上海市金融消费纠纷调解中心联合举行金融消费纠纷调解工作站授牌仪式
	荣誉	1. 荣获中国银联颁发的“2018 年度银联优秀合作伙伴奖”和“2018 年度银联卡营销合作优秀奖” 2. 荣获 VISA 国际卡组织颁发的“2018 年度 VISA 卓越销售转型获客奖”和“2018 年度 VISA 卓越高端产品发行奖” 3. 荣获 JCB 国际卡组织颁发的“2018 年度 JCB 优秀合作伙伴奖”
江苏银行	产品	1. 推出结合行内车生活平台的爱车信用卡 2. 面向团省委、省人才办首批公布的 213 名领军型新生代企业家个人客户发行“新动力认同信用卡” 3. 与上海月星环球港联合发行“环球港卡”
	服务	1. 微粒贷”扶贫项目成功投产，促进了淮安市淮阴区（革命老区，省级重点帮扶地区）地方财税收入的增长 2. 成功投产上线 3D 验证功能，将 VISA 磁条信用卡升级为芯片卡，大大提高了 VISA 卡的支付安全性能
	荣誉	1. 联合 30 余家商业银行与京东金融共同发起成立“京信计划商业银行零售信贷联盟”，促进同业开放合作以及技术和业务创新 2. “我的卡”彩照信用卡获得由标点财经研究院联合《投资时报》社颁发的“金禧奖 · 2018 最佳信用卡品牌”奖项
	其他	消费金融与信用卡业务贷款余额突破 660 亿元

续表

银行	类别	事件
南京银行	产品	1. 发行私行钻石信用卡 2. 发行“我的南京”系列联名卡
	服务	1. 手机银行5.0版上线，增加服务功能模块 2. 信用卡线上申请功能上线 3. 优化IPAD移动营销系统，提升客户体验 4. 推出私人银行专属电话银行功能，实现高端客户差异化服务
	荣誉	1. 荣获中国银联颁发的“云闪付推广快速发展奖” 2. 在2017年江苏地区银联信用卡业务评比活动中，荣获“2017年银联信用卡业务成长奖” 3. 中国金融认证中心（CFCA）、中国电子银行网发布“中国电子银行金榜奖”，南京银行“你好银行”荣获“2018年直销银行创新应用奖”，南京银行手机银行荣获“2018年区域性商业银行最佳手机银行运营奖”
	其他	1. 上线电话智能语音导航功能，加快智能转型 2. 构建消费场景“鑫e商城”
齐鲁银行	产品	1. 发行齐鲁信用卡人保卡 2. 发行齐鲁信用卡泉行卡 3. 发行齐鲁信用卡“军享分期”业务 4. 发行齐鲁信用卡“悦分期”业务 5. 发行齐鲁信用卡消费通卡
	服务	1. 开通信用卡中间业务缴费服务 2. 开通信用卡账户资金安全控制功能 3. 开通信用卡支付宝快捷支付功能 4. 开通变更信用卡账单日服务 5. 信用卡多渠道进件系统功能上线 6. 开通信用卡专项分期及循环信用双额度服务
北京农商银行	产品	1. 发行凤凰红卡信用卡 2. 发行凤凰首约联名信用卡
	服务	上线凤凰信用卡APP
	荣誉	2018年度VISA杰出合作伙伴奖

附表三

国外银行卡业务数据

表 1 2017 年全球前 30 位信用卡发卡机构（按未偿余额排名）

排名	发卡机构	中文名称	所在国家或地区	未偿余额/十亿美元
1	JPMorgan Chase	摩根大通	美国	149.51
2	Citibank	花旗银行	美国	110.05
3	Bank of America	美国银行	美国	106.99
4	American Express	美国运通	美国	102.43
5	Capital One	第一资本	美国	98.22
6	China Construction Bank	中国建设银行	中国	86.63
7	ICBC	中国工商银行	中国	82.20
8	China Merchants Bank	招商银行	中国	75.51
9	Discover	发现卡	美国	67.29
10	ShanghaiPudong Development Bank	浦发银行	中国	64.30
11	ChinaGuangfa Bank	广发银行	中国	58.22
12	Bank of China	中国银行	中国	57.53
13	Bank of Communications	中国交通银行	中国	53.43
14	China CITIC	中信银行	中国	51.29
15	Ping An	平安银行	中国	46.67
16	ChinaEverbright Bank	中国光大银行	中国	46.56
17	Agricultural Bank	中国农业银行	中国	41.80
18	Wells Fargo	富国银行	美国	39.33
19	U. S. Bank	美利坚合众银行	美国	37.72
20	ChinaMinsheng Bank	中国民生银行	中国	28.80
21	China Industrial Bank	兴业银行	中国	28.63
22	Barclays	巴克莱银行	美国	27.49
23	Lloyds Banking/MBNA	劳埃德银行	英国	24.28
24	Barclays	巴克莱银行	英国	23.88
25	Synchrony Financial	原 GE 零售银行	美国	22.03

续表

排名	发卡机构	中文名称	所在国家或地区	未偿余额/十亿美元
26	Shinhan Card	新韩卡公司	韩国	21.92
27	Itau Unibanco	巴西联合银行	巴西	20.21
28	USAA	美国汽车协会联合服务银行	美国	19.64
29	Mitsubishi UFJNicos	三菱日联日本信贩	日本	19.42
30	TD Bank	多伦多道明银行	加拿大	15.66

备注：1. 资料来源：The Nilson Report。

2. 数据日期为 2017 年 12 月 31 日。美国运通和发现卡数据不包括第三方发卡机构。

表 2　　2017 年全球前 30 位收单机构（按消费交易笔数排名）

排名	收单机构	中文名称	所在国家或地区	消费交易笔数/百万笔
1	Worldpay	—	美国 *	33 475.3
2	JPMorgan Chase	摩根大通	美国 *	21 883.6
3	Bank of America	美国银行	美国	16 558.0
4	First Data	第一资讯	美国 *	14 803.4
5	Global Payments	环汇公司	美国 *	11 315.1
6	Sberbank	俄罗斯联邦储蓄银行	俄罗斯	9 035.6
7	Cielo	希埃罗支付	巴西 *	7 521.4
8	Citi Merchant Services	花旗商户服务	美国	7 336.8
9	Barclays	巴克莱银行	英国	6 886.1
10	Wells Fargo	富国银行	美国	5 713.4
11	Elavon	—	美国 *	5 491.0
12	China UMS	银联商务	中国	5 375.3
13	BC Card	BC 卡公司	韩国	4 901.0
14	Rede	—	巴西	4 095.6
15	Moneris Solutions	—	加拿大	3 708.6
16	Behpardakht Mellat	—	伊朗	3 547.3
17	Nets	—	丹麦	3 509.1
18	Credit Mutuel CIC	国民互助信贷银行	法国	3 255.5
19	Credit Agricole	法国农业信贷集团	法国	3 228.7
20	KBKookmin	韩国国民卡	韩国	2 945.3
21	Swedbank	瑞典银行	瑞典	2 809.8
22	JCB	—	日本	2 728.1
23	Saman e – Pay	—	伊朗	2 695.8
24	EVO	—	美国 *	2 629.2
25	Asan Pardakht Persian	—	伊朗	2 346.5
26	BBVA	墨西哥商业银行	墨西哥 *	2 193.2
27	ANZ	澳新银行	澳大利亚 *	2 171.6
28	Parsian E – Commerce	—	伊朗	2 131.0
29	Santander	桑坦德银行	西班牙 *	1 952.9
30	Worldline	源讯科技	比利时	1 915.1

备注：1. 资料来源：The Nilson Report。

2. * 包括其他国家交易在内。

3. Worldpay 数据包括 Vantiv，Global Payments 数据为预估数。

表 3　2017 年全球前 30 位 POS 终端机生产商

排名	生产商	中文名称	所在国家或地区	台数（台）
1	Ingenico	银捷尼科	法国	10 932 400
2	Newland	新大陆	中国	8 662 908
3	Centerm	升腾资讯	中国	7 437 081
4	VeriFone	惠尔丰	美国	6 237 360
5	Pax Technology	百富科技	中国	5 906 417
6	Itron Electronics	艾创电子	中国	3 778 670
7	BBPOS	环汇系统	中国香港	3 057 390
8	Dspread Technology	鼎合远传	中国	3 008 000
9	Xinguodu Technology（Nexgo）	新国都	中国	2 219 764
10	Castles Technology	虹堡科技	中国台湾	2 000 700
11	SZZT Electronics	证通电子	中国	1 974 500
12	New POS Technology	华智融	中国	1 594 825
13	Bitel	—	韩国	1 431 650
14	Sunyard Technology	信雅达	中国	1 104 188
15	MoreFun Electronic	魔方电子	中国	1 102 908
16	Justtide Technology	九思泰达	中国	788 000
17	CyberNet	思渤科技	韩国	772 900
18	Spire Payments	—	英国	742 969
19	First Data	第一资讯	美国	720 200
20	Datecs	—	保加利亚	617 382
21	Spectra Technology	瑞柏科技	中国香港	552 757
22	Yarus	—	俄罗斯	432 800
23	Vanstone（Aisino）	艾体威尔	中国	419 058
24	Wiseasy Technology	微智全景	中国	368 000
25	WizarPOS	慧银信息	中国	343 000
26	YouTransactor	—	法国	316 000
27	Linkwell Telesystems	—	印度	272 573
28	Equinox Payments	—	美国	241 000
29	Bluebird	蓝鸟	韩国	235 100
30	Worldline	源讯科技	比利时	206 875

备注：1. 资料来源：The Nilson Report。

2. 排名首位的 Ingenico 数据包括福建联迪。